古代歷史文化研究輯刊

十五編

王明蓀 主編

第 10 冊

魏晉南北朝史事考釋（下）

李文才 著

國家圖書館出版品預行編目資料

魏晉南北朝史事考釋（下）／李文才 著 — 初版 — 新北市：
花木蘭文化出版社，2016〔民 105〕
目 4+208 面：19×26 公分
（古代歷史文化研究輯刊 十五編：第 10 冊）
ISBN 978-986-404-607-2（精裝）
1. 魏晉南北朝史 2. 史學評論
618   105002218

ISBN-978-986-404-607-2

9 789864 046072

古代歷史文化研究輯刊
十五編　第 十 冊　　　　　ISBN：978-986-404-607-2

魏晉南北朝史事考釋（下）

作　　者　李文才
主　　編　王明蓀
總 編 輯　杜潔祥
副總編輯　楊嘉樂
編　　輯　許郁翎
出　　版　花木蘭文化出版社
社　　長　高小娟
聯絡地址　235 新北市中和區中安街七二號十三樓
　　　　　電話：02-2923-1455／傳眞：02-2923-1452
網　　址　http://www.huamulan.tw 信箱 hml810518@gmail.com
印　　刷　普羅文化出版廣告事業
初　　版　2016 年 3 月
全書字數　597026 字
定　　價　十五編 23 冊（精裝）台幣 45,000 元
版權所有・請勿翻印

魏晉南北朝史事考釋（下）

李文才　著

目
次

統萬城建設的歷史考察：從制度、文化層面的探討

　　有關十六國時期赫連氏夏政權的都城統萬城的學術討論，學界業已取得豐碩成果。綜觀這些研究論著，或直接以統萬城作爲研討對象，或在研究鄂爾多斯高原、河套平原或毛烏素沙漠等地環境變遷問題時有所涉及。從研究路徑和內容來看，前者所關注的多爲微觀性課題，如契吳山的地理位置、十六國時期統萬城附近的生態環境等，這就直接涉及到赫連氏夏政權歷史變遷的問題；後者多爲關注自然生態地理方面的宏觀性課題，諸如鄂爾多斯高原、毛烏素沙地的環境變遷、中國生態環境敏感地區的人地關係、人類活動對周圍環境的影響等，在這類研究論著中，統萬城更多地只是被學者用作研究問題的觀察點，旨在通過統萬城的興衰討論其周邊環境的變遷。〔註1〕

〔註 1〕相關代表性研究論著主要有：（1）史念海氏：《兩千三百年來鄂爾多斯高原和河套平原農林牧地區的分佈及其變遷》，《北京師範大學學報》1980 年第 6 期，第 1～14 頁；（2）侯仁之氏：《從紅柳河上的古城廢墟看毛烏素沙漠的變遷》，《文物》1973 年第 1 期，第 35～41 頁；（3）王北辰氏：《毛烏素沙地南沿的歷史演變》，《中國沙漠》1983 年第 4 期，第 11～21 頁；（4）朱士光氏：《評毛烏素沙地形成與變遷問題的學術討論》，《西北史地》1986 年第 4 期，第 17～27 頁；（5）趙永復氏：《歷史上毛烏素沙地的變遷問題》，《歷史地理》創刊號，第 34～47 頁；（6）牛俊傑氏、趙淑貞氏：《關於歷史時期鄂爾多斯高原沙漠化問題》，《中國沙漠》2000 年第 1 期，第 68～71 頁；（7）鄧輝氏、夏正楷氏、王瑜瑜氏：《從統萬城的興廢看人類活動對生態環境脆弱地區的影響》，《中國歷史地理論叢》2001 年第 2 輯，第 104～126 頁；（8）王尚義氏、董靖保氏：《統萬城的興廢與毛烏素沙地之變遷》，《地理研究》2001 年第 3 期，第 347～353 頁；（9）吳洪琳氏：《試論十六國時期契吳山的地理位置》，《中國歷

　　按，上述研究重在考察統萬城及其周邊自然環境的物理性變遷，在多數研究論著中，統萬城的角色更多地被表述爲分析和考察相關問題的參照物。至於統萬城作爲十六國時期赫連氏夏政權的都城，其在社會、制度、文化、歷史等層面的人文涵義，上述研究則明顯關注不夠。實際上，赫連氏夏政權所興建的統萬城蘊含十分豐富的人文內涵，統萬城在河西都城建築史，乃至中國中古時期的城市建築史上，都理應佔有一席之地。職此之故，本文擬在參考前人研究的基礎上，從都城建築史的角度，對統萬城建設在社會、制度、文化等層面上的意義略加陳述，以補既有研究之不足。

一、統萬城在「河西」築城史上的地位

　　原始社會氏族村落採用濠溝或圍牆作爲防護安全的措施，並且開始有一定的佈局，既可視爲城市的萌芽，也可以說是都城的起源。不過，眞正意義上的都城，是在國家產生以後才出現的。作爲某一朝代或政權的政治中心，當每個新王朝創建的時候，開國君主及其輔政大臣，總是把都城的建設作爲其首要政治任務，從地點的選擇、規劃的制定，到具體的施工，建築的最終完成，都體現出統治階級的政治意圖，因而，每個都城的建設，都必然會對其時政治、經濟、文化的發展，產生重大作用和影響。〔註2〕因此，對中國古代都城制度進行研究，有助於深化對中國古代政治、經濟、軍事、文化等方面的認識和理解。

　　魏晉南北朝爲中國古代都城制度發展史上的重要時期，以北魏洛陽、六朝建康爲代表的都城建築佈局，直接影響到其後隋、唐長安城的建設。正是鑒於都城制度研究所具有的特殊重要意義，故而陳寅恪氏在其名著《隋唐制度淵源略論稿》首篇《禮儀》之後，附帶討論隋唐「都城建築」的淵源流變，其中關於隋唐新都長安之營造，他明確指出：「實受北魏孝文營建之洛陽都城及東魏、北齊之鄴都南城之影響，此乃隋代大部分典章制度承襲北魏太和文化之一端」〔註3〕，而「太和洛陽新都之制度必與江左、河西及平城故都皆有

史地理論叢》2005 年第 1 輯，第 70～76 頁；（10）任世芳氏、趙淑貞氏、任伯平氏：《再論北魏契吳的眞實地理位置問題》，《山西大學師範學院學報》2002年第 1 期，第 41～43 頁。

〔註 2〕前揭《中國古代都城制度史研究》上編《中國都城的起源和發展》，第 9～10頁。

〔註 3〕陳寅恪撰：《隋唐制度淵源略論稿》，第 69 頁，北京，三聯書店，2009。

關無疑……蓋北魏洛陽之全體計劃中尚有平城、河西二因子，且其規畫大計亦非（蔣）少游主之。然則不得依南齊書魏虜傳之文，遽推斷北魏洛陽新都制度悉仿江左之建康明矣。」〔註4〕陳寅恪氏之所以特別關注隋唐都城制度淵源流變的問題，這是因爲在他看來，都城建築作爲制度建設的重要內容之一，更具有文化層面上的特殊意義。

陳寅恪氏所言「太和洛陽新都之制度必與江左、河西及平城故都皆有關無疑」，已然指出，北魏孝文帝在興建洛陽新都時，受到江南（建康）、河西、平城故都這三個方面的影響。其中所說的「河西」一因，究竟何指？陳寅恪氏曾有頗爲詳細的申論，略云：

關於北魏洛都新制所受河西文化之影響，可得而言者，則有主建洛陽新都之人即李沖之家世一端。其人與河西關係密切，不待詳述，故引史文以資論證，並據簡略史料推測涼州都會姑臧宮城之規制。若所推測者不誤，則是平城規制之直接影響於洛陽新都者亦即河西文化之間接作用也……

然則北魏洛都新制所以異於經典傳統面朝背市之成規者，似不得不於河西系漢族李沖本身求之，而涼州都會之規模，及其家世舊聞之薰習，疑與此洛都新制不無關涉……

據此，則呂纂踰姑臧北城所攻之廣夏門，必略與晉代洛陽之大夏門、廣莫門相當，乃其中城即宮城或禁城之北門。又依王隱所記張氏增築北城，命之曰圃，既殖園果，復有宮殿，是由增築之北城直抵王宮，其間自不能容市場之存在，蓋與經典傳統背市之說不合。夫姑臧之宮既在中城，其增築之北城及東城皆殖果木，俱無容納市場之餘地，自不待言。且其城南北長、東西狹，故增築之東西城地域甚小，而增築之南城則面積頗廣，然則以通常情勢論，姑臧市場在增築之南城，即當中城前門之正面，實最爲可能。若所推測者不誤，是前後涼之姑臧與後來北魏之洛陽就宮在北市在南一點言之，殊有相似之處。又姑臧本爲涼州政治文化中心，復經張氏增修，遂成河西模範標準之城邑，亦如中夏之有洛陽也。但其城本爲匈奴舊建，當張氏增築時其宮市位置爲遷就舊址之故，不能與中國經典舊

說符合。李沖受命規畫洛陽新制，亦不能不就西晉故都遺址加以改善，殆有似張氏之增築姑臧城者，豈其爲河西家世遺傳所薰習，無意之中受涼州都會姑臧名城之影響，遂致北魏洛都一反漢制之因襲，而開隋代之規模歟？此前所謂姑作假想，姑備一說，自不得目爲定論者也。〔註5〕

要言之，陳寅恪氏所云影響隋唐新都長安制度建設之「河西」因素，主要體現於北魏洛陽新都建設之主持人李沖的身上，蓋李沖爲河西世家，身受河西文化之薰習，故在主持洛陽城建的過程中，將涼州都城姑臧的建築因素融入其中，從而造成北魏洛陽新都建設不同於經典傳統的特色，即宮城位於城市北面，市場則位於南面。

在具體討論過程中，陳寅恪氏還簡要追述了姑臧城市建設的歷史，亦即前涼張氏（漢族）「大城姑臧」，以及後涼呂氏（氐族）續建的過程，並指出：「張氏築宮摹擬中夏，則前後二涼，其城門之名，必多因襲晉代洛陽之舊。」〔註6〕也就是說，姑臧之作爲前、後涼政權的都城，實際上又受到了中原文化的深刻影響，具體表現爲城門名稱，多數因襲了晉朝洛陽的舊有名稱。對於北魏洛陽新都建設過程中，深受河西都會城市姑臧影響的觀點，陳氏本人並沒有視爲「定論」，而稱爲一種假想，這當然是一代史學大師的自謙之辭。

學術，公器也。陳寅恪氏所說隋唐新都長安制度淵源中的「河西」因素，是否僅指前、後涼之都城姑臧，而不包括「河西」地區其它都城？竊意，陳寅恪氏所云「河西」一因，若僅圍限爲前後涼的都城姑臧，則學術視野未免稍嫌局促。因爲在北魏營建洛陽新城之前，河西地區有過築城歷史者，絕不止於前、後涼政權，包括河西鮮卑禿髮氏、匈奴赫連氏在內的諸多胡族，均曾有過較大規模的築城之舉。以河西鮮卑禿髮氏爲例，禿髮傉檀在位期間因「大城」樂都，而引起後秦的高度關注，姚興還以此指責他有不臣之心，史書略云：

> 姚興遣使拜傉檀車騎將軍、廣武公。傉檀大城樂都……
>
> 傉檀以姚興之盛，又密圖姑臧，乃去其年號，罷尚書丞郎官，遣參軍關尚聘于興。興謂尚曰：「車騎投誠獻款，爲國藩屏，擅興兵眾，輒造大城，爲臣之道固若是乎？」尚曰：「王侯設險以自固，先

〔註 5〕前揭《隋唐制度淵源略論稿》，第72～78頁。
〔註 6〕前揭《隋唐制度淵源略論稿》，第77頁。

　　王之制也，所以安人衛眾，預備不虞。車騎僻在退藩，密邇勃寇，
南則逆羌未賓，西則蒙遜跋扈，蓋爲國家重門之防，不圖陛下忽以
爲嫌。」興笑曰：「卿言是也。」〔註7〕

禿髮傉檀所築之樂都，在今青海樂都縣。上引史料表明，禿髮氏所築樂都城，
曾因頗具規模而引起姚興的特別關注，並質疑傉檀此舉是否合乎「爲臣之
道」。禿髮傉檀的使者關尚，則從國家邊防需要的角度，對禿髮氏「大城樂都」
的行爲加以辯解。後秦姚氏與禿髮氏就「大城樂都」所引起的外交方面的爭
執，充分說明樂都的城市建設確實達到了相當高的水平。

　　對於胡族政權築城問題的關注，陳寅恪氏還展示出更爲廣闊的學術視
野，並從文化的高度予以關注。在陳氏看來，築城與否在一定意義上正反映
出該族的漢化程度與漢化水平，他說：「鮮卑人善於守城，如中山、鄴、信都、
廣固，都能久守……這與胡人不能守城的通則不合。之所以能夠久守，是因
爲鮮卑慕容氏部落已經解散，漢化程度甚高的緣故。」又赫連勃勃『以叱干
阿利領將作大匠，發嶺北夷夏十萬人，于朔方水北、黑水之南，營起都城』
統萬，(《晉書》一三〇《赫連勃勃載記》) 與匈奴人不大守城，也不相合。要
知赫連勃勃是南匈奴與鮮卑人的雜種，父劉衛辰爲匈奴人，母則爲鮮卑人，
他築城有鮮卑的關係。叱干即薛干，叱干阿利也是鮮卑人。鮮卑部落解散，
能守城，築城，都是漢化的反映。」〔註8〕

　　魏晉南北朝爲中國歷史上民族融合深度展開的時期，眾多少數民族進入
中原後，在文化上獲得了長足進步，其中一個重要表現，就是向漢族學會了
築城而居的生活方式。從能否築城，及築城水平高低的角度，判斷少數民族
的漢化程度，可謂獨具隻眼，不得不欽佩陳寅恪氏在觀察歷史問題的視角選
擇上所表現出來的創造性思維。徵諸史籍，五胡政權有築城明確記錄者，其
實並不多，如慕容鮮卑曾經築城守城；拓跋鮮卑也曾築城 (孝文帝重建洛陽，
代表當時都城建設的最高水平)；河西鮮卑禿髮氏也曾大城樂都；赫連氏修
築統萬城。上述築城諸胡族，或爲鮮卑族，或與鮮卑有密切血緣關係的民族，
似乎正體現了鮮卑族早就善於築城的事實。〔註9〕至於其它五胡諸政權，在

〔註7〕《晉書》卷一二六《禿髮傉檀載記》，第3148～3149頁。
〔註8〕前揭《陳寅恪魏晉南北朝史講演錄》，第105～106頁。
〔註9〕按，河西鮮卑禿髮氏，與拓跋鮮卑同種；又前揭鐵弗劉氏 (即赫連氏)，也與
　　　拓跋鮮卑有相同血緣。因此，綜合諸史所載，無論是慕容鮮卑，拓跋鮮卑，
　　　河西鮮卑禿髮氏 (實即拓跋鮮卑)，還是與拓跋鮮卑有共同血緣的鐵弗劉氏，

都城建設上多爲利用原有之舊城，而在創建新城方面則絕大多數並無作爲。
〔註10〕

　　我們注意到，陳寅恪氏在討論胡族漢化與築城之關係時，特別提及赫連氏，指出赫連勃勃修築統萬城，「有鮮卑的關係」，正體現出一代史家的卓識。赫連氏夏政權立國短促，且偏處一隅，爲什麼先後捨棄大城（在今內蒙古杭錦旗南）、高平（今寧夏固原），甚至是長安故都不居〔註11〕，而於朔方水河畔新起都城？除卻其中「鮮卑的關係」這個因素已經因爲陳寅恪氏的關注而廣爲學者矚目以外，還有沒有其它方面的內容值得我們關注？答案自然是肯定的。

　　對於赫連勃勃興建統萬城的舉動，首先可以從文化地理的角度入手進行分析。就文化地理層面來說，赫連氏夏政權也屬於「河西」文化圈，因而它在政治、經濟、禮儀、制度等方面所取得的成就，均應列入「河西」文化圈的範圍加以考察。就史料所透露的信息來看，赫連氏夏政權所築之統萬城，在「河西」都城建設史上，確實達到了很高的水平，如果對「河西」城市建設史領域的問題進行考察，對統萬城就不應忽視。

　　其次，從歷史承繼性的角度來看，統萬城之值得關注，還在於洛陽新都的建設，很有可能參考過統萬城的規制。我們知道，拓跋鮮卑既滅赫連氏夏政權之後，將統萬城完整地繼承下來，並將之作爲北魏西北邊防的一個重鎮——統萬鎮的治所。統萬城既在「河西」築城史上達到了極高水平，因此，無論是遷洛之前的平城都城建設（繼續完善），還是孝文帝南遷洛陽，營建新都時，對赫連氏夏政權所建之統萬城有所借鑒，都在情理之中。這也就是說，陳寅恪氏在研究中所關注到的「河西」因素，其中理應包括統萬城在內。

<hr>

　　　均有築城的歷史，此事正表明鮮卑族可能早就善於築城了，這也正是鮮卑族
　　　文化較同時代的其它諸族更爲進步的一個表現。
〔註10〕《魏書》卷九五《羯胡石勒傳》：「二年，勒僭稱皇帝，置百官，年號建平。
　　　雖都襄國，又營鄴宮，作者數十萬人，兼以晝夜。」（第 2050 頁）石勒在鄴
　　　城只是對原有宮殿加以修繕性營造，並非築城。
〔註11〕《南齊書》卷五七《魏虜傳》：「初，姚興以塞外虜赫連勃勃爲安北將軍，領
　　　五部胡，屯大城，姚泓敗後，入長安。」（第 984 頁）由此可知，赫連勃勃在
　　　投奔後秦姚興時，其首個軍事據點爲大城（在今內蒙古杭錦旗南），及勃勃建
　　　立大夏，大城遂成爲夏政權幽州之治所，大城之東北方向不遠處爲代來城，
　　　則爲其父劉衛辰昔日的戰略據點。因此，無論從地理構成，還是從軍事戰略
　　　支撐的角度來看，以大城爲首都，也具備基本條件。至於放棄高平、長安爲
　　　首都的問題，下文自有較爲詳細的論述，此處不贅。

二、統萬城之選址及定都之決策

關於統萬城之選址及修築經過，《晉書·赫連勃勃載記》云：

> 乃赦其境內，改元爲鳳翔，以叱干阿利領將作大匠，發嶺北夷
> 夏十萬人，于朔方水北、黑水之南營起都城。勃勃自言：「朕方統一
> 天下，君臨萬邦，可以統萬爲名。」阿利性尤工巧，然殘忍刻暴，
> 乃蒸土築城，錐入一寸，即殺作者而并築之。勃勃以爲忠，故委以
> 營繕之任……復鑄銅爲大鼓，飛廉、翁仲、銅駝、龍獸之屬，皆以
> 黃金飾之，列于宮殿之前。凡殺工匠數千，以是器物莫不精麗。（第
> 3205～3206 頁）

按，赫連勃勃下令修築統萬城一事，《資治通鑑》繫於晉安帝義熙九年（413）
三月。〔註12〕其名都城曰「統萬」，取「統一天下，君臨萬邦」之意。到赫連
勃勃眞興元年（419），統萬城建築成功，前後歷時六年。自建成以後，歷北
魏、西魏、北周、隋、唐五代，一直都是鄂爾多斯高原南部地區的政治、軍
事中心，至北宋太宗淳化五年（994）四月，最高統治者以「夏州深在沙漠，
本姦雄竊據之地」，遂下詔將夏州城毀廢，並遷其民於綏、銀等州。〔註13〕至
此，已存在 580 餘年的統萬城漸漸夷爲廢墟。

按，統萬城的地理位置，依今之經緯度計算，大致位於北緯 38 度，東經
109 度附近，紅柳河（即朔方水）北岸。關於統萬城之地理位置，胡三省在注
《資治通鑑》時已有較爲明確的揭示，據《資治通鑑》卷一一六晉安帝義熙
九年三月載：

> 夏王勃勃大赦，改元鳳翔。以叱干阿利領將作大匠，發嶺北夷、
> 夏十萬人築都城於朔方水北、黑水之南。（胡注：《水經注》：奢延水
> 又謂之朔方水，源出奢延縣西南赤沙阜，東北流逕奢延縣故城南。
> 赫連於是水之南築統萬城。奢延水又東流，黑水入焉，水出奢延縣

〔註12〕《資治通鑑》卷一一六晉安帝義熙九年（413）三月，第 3658 頁。

〔註13〕【清】畢沅撰：《續資治通鑑》卷十七宋太宗淳化五年（994）四月：「帝以夏
州深在沙漠，本姦雄竊據之地，將墮其城，遷民於銀、綏間，因問宰相夏州
建置之始。呂蒙正等對曰：『昔赫連勃勃僭稱大夏，蒸土築城，號曰統萬，頗
與關右爲患。若遂廢毀，萬世之利也。』己酉，詔墮夏州故城，遷其民於綏、
銀等〔州〕，分給官地，長吏倍加安撫。李繼隆聞朝議欲墮夏州，遣其弟洛苑
使繼和與監軍秦翰等入奏，以爲『朔方古鎮，賊所窺覦之地，存之可依以破
賊，并請於銀、夏兩州南界山中增置保戍以扼其衝，且爲內屬蕃部之蔽，而
斷賊糧運。』皆不報。」（第 406 頁，北京，中華書局，1957。）

黑澗，東南歷沙陵，注奢延水。統萬城唐爲夏州定難節度使治所。）

（第 3658 頁）

按，胡注所引《水經注》「赫連於是水之南築統萬城」一句有誤，其中「南」當爲「北」，因爲揭前揭《晉書》所載，並結合地圖所顯示，統萬城的位置應當是在朔方水（奢延水）之北、黑水之南。統萬城所在地，成爲唐朝夏州定難節度使的治所，是安史之亂以後的事；在此之前的唐代中前期，統萬城乃是朔方縣、夏州以及雲中等府州的治所。〔註14〕

先來看統萬城之選址。

城市供水便利與否，是影響中國古代都城選址的關鍵性因素，統萬城所在地屬今鄂爾多斯高原地區，依據當代地理學界關於綜合自然地理區域的劃分，鄂爾多斯高原屬於典型的乾草原、荒漠草原區。〔註15〕於此地構建都城，城市供水之水源就成爲影響決策的關鍵因素，儘管鄂爾多斯高原地區的自然環境在魏晉南北朝時代可能比現代要好很多，但大沙漠的存在卻是不爭之事實。〔註16〕因此，赫連勃勃決策造城時，選擇朔方水與黑水交叉之地作爲統萬城的地址，首先考慮到的就是要確保統萬城的水源供應。

除保證水源供應這一因素外，靠近河流營建都城，還因爲河流可作天然的防禦屏障。〔註17〕朔方水，或簡稱朔水，又名奢延水，唐時名無定河。〔註18〕

〔註14〕 《中國歷史地圖集》第五冊《唐·京畿道，關內道》，第 35～36 頁。以下所說「據地圖所顯示」等，如無特別出注，均出自此圖。

〔註15〕 《中國自然地理》編輯委員會編：《中國自然地理·總論》，第 357～361 頁，北京，科學出版社，1985。

〔註16〕 在建城初期統萬城地區生態環境的問題上，學術界分歧較大。有些學者根據《元和郡縣圖志》所載赫連勃勃遊契吳山時的讚歎之詞，判斷十六國時期統萬城附近的生態環境極好，絕不見流沙的蹤跡。（前揭朱士光文、吳洪琳文）也有學者根據《水經注》、《資治通鑒》等有關歷史文獻記載，認爲統萬城建城初期的生態環境就已經相當惡劣，四周早已流沙遍佈。（前揭趙永復文）在這個問題上，前揭鄧輝、夏正楷、王瑞瑜所著文，及王尚義、董靖保所著文，則認爲統萬城建城初期，該地區乃是沙地、灘地、河流、湖泊相間分佈，沙阜與綠洲並存的自然景觀。我認爲，後者觀點較爲可取。前兩種截然對立的觀點均失之於偏頗，造成其偏頗的原因，則在於他們對歷史文獻記載的取捨採取了極端的傾向，實際上古典文獻關於統萬城地區生態環境的記載並無實質性的矛盾，因爲這些看似自相矛盾的自然景觀，同時存在於十六國、南北朝時期的毛烏素沙地。

〔註17〕 按，利用河流或挖掘壕溝以作爲防禦的措施，要早於修築城牆，根據考古資料顯示，早在五六千年前新石器時代的仰韶文化時期，氏族村落的周圍就已經開始用壕溝作爲防禦措施，且村落的選址一般位於河流附近，如陝西臨潼

作爲陝北地區最重要的一條河流，朔方水輾轉流經今陝西米脂、綏德後，於今清澗縣境內匯入黃河。黑水，據李吉甫《元和郡縣圖志》揭示，大概在西魏北周時因避宇文泰（字黑獺）名諱，而改名烏水，其後一直到唐代沿用不改。〔註 19〕從地圖所顯示來看，黑水實際相當於朔方水的一條支流，大概在今陝西白城子（即統萬城遺址）以東附近匯入朔方水。結合今《陝西省地圖》可知，黑水即今之納林河，朔方水之上游，即今紅柳河。〔註 20〕黑水匯入朔方水以後，正好形成一個 Y 狀，統萬城即位於 Y 的兩叉之間，而緊貼朔方水北岸，如此一來，朔方水就正好充當了城南的天然護城河。

徵諸史實，統萬城在選址上，不僅充分考慮到水源便利的因素，還同時有效地利用了契吳山的特殊地理形勢。據地圖所顯示，契吳山位於統萬城西北方向約 70 華里處，呈東北──西南走勢，恰好構成統萬城西北面的一道天然防禦屏障。〔註 21〕如果再考慮到此地位於今陝北與內蒙古交界地區，四周

「姜寨遺址」的佈局，就是南邊靠近河流，北邊挖掘壕溝。城牆是比壕溝進一步的防禦措施，其出現要遲一些，就考古資料顯示，大約出現於龍山文化中晚期，主要以河南登封告成鎮的王城崗城堡遺址（距今約 4000±65 年）、河南淮陽的平糧臺城堡遺址（距今約 3960±140 年）、山東章丘的城子崖遺址。（前揭《中國古代都城制度史研究》上編《中國都城的起源和發展》，第 8～13 頁。）就中國古代城市發展的歷史來看，城市的選址一般都靠近河流，主要基於兩點考慮：一是保證城市飲用水源的供應；二是利用河流作爲防禦的屏障。

〔註 18〕《元和郡縣圖志》卷四《關內道四》「夏州」條：「無定河，一名朔水，一名奢延水，源出縣南百步。赫連勃勃於此水之北，黑水之南，入築大城，名統萬城。今按州南無奢延水，唯無定河，即奢延水也，古今異名耳。」（第 100頁）

〔註 19〕《元和郡縣圖志》卷四《關內道四》「夏州」條：「烏水，出縣黑澗，東注奢延水。本名黑水，避周太祖諱，改名烏水。」（第 100 頁）。

〔註 20〕蘆仲進，杜秀榮主編：《陝西省地圖》，北京，中國地圖出版社，2012。

〔註 21〕按，關於契吳山的地理位置，學術界意見也不統一，較早對此問題展開討論，並認爲契吳山、契吳城在統萬城附近者，是著名歷史地理學家侯仁之氏（前揭《從紅柳河上的古城廢墟看毛烏素沙漠的變遷》，《文物》1973 年第 1 期，第 35～41 頁），其後侯甫堅、吳洪琳諸氏先後撰文，贊同侯氏此說（侯甫堅·周傑·王燕新撰：《北魏（AD386～534）鄂爾多斯高原的自然──人文景觀》，《中國沙漠》2001 年第 2 期，第 188～194 頁；前揭吳洪琳《試論十六國時期契吳山的地理位置》）。任世芳、趙淑貞、牛俊傑、任伯平等人則提出異議，認爲統萬城附近並無契吳，契吳應在黃河東岸的雲中川（趙淑貞·任世芳撰：《秦至北魏黃河中游環境變遷與下游水患關係》，《土壤侵蝕與水土保持學報》1998 年第 6 期，第 100～105 頁；牛俊傑·趙淑貞撰：《關於歷史時期鄂爾多斯高原沙漠化問題》，《中國沙漠》2000 年第 1 期，第 67～70 頁；前揭任世芳·

又被沙漠環繞，西北風較爲強盛的氣候特點，那麼契吳山正好可以充當統萬城西北方向的一堵擋風的高牆，大大削弱西北向風沙強勁的勢頭。〔註22〕

　　有資料顯示，赫連勃勃可能親自參加了統萬城選址的實地考察。據諸史載，統萬城的宮殿修成以後，勃勃下令大赦改元，並「刻石都南，頌其功德」，其頌詞有云：「乃遠惟周文，啓經始之基；近詳山川，究形勝之地，遂營起都城，開建京邑。背名山而面洪流，左河津而右重塞。」〔註23〕這表明在決策興建統萬城的過程中，勃勃曾進行過實地考察。

　　「背名山而面洪流，左河津而右重塞」的地理形勢，應當是赫連勃勃最終決定在朔方水與黑水之間營起都城的關鍵性原因。這裏所說的「名山」，即指契吳山，而「洪流」則指朔方水或黑水。〔註24〕又，有史料顯示，赫連勃勃確曾登上過契吳山，據《元和郡縣圖志》卷四《關內道四》「夏州」條載：

　　　　契吳山，在（朔方）縣北七十里。《十六國春秋》曰：「赫連勃勃北游契吳，歎曰：『美哉，臨廣澤而帶清流。吾行地多矣，自馬領以北，大河以南，未之有也！』」（第100頁）

按，根據地圖所顯示，黑水發源於契吳山中部，然後迤邐向東南方流去；朔方水則在環繞契吳山西南麓之後，順契吳山之走勢婉轉朝東北方向流去，在經過統萬城之後與黑水合流；而在契吳山的東北麓，則是水草豐美的沃野泊，

<hr>

趙淑貞・任伯平《再論北魏契吳的眞實地理位置問題》。）綜合諸家所論，並通過對相關歷史文獻的研討剖析，筆者認爲侯仁之氏所提出的契吳山、契吳城在統萬城附近的觀點成立。契吳山的具體位置，前揭鄧輝等所著文已基本考證清楚：今統萬城北部約七十里處，爲烏審旗的桃利灘，係一處低濕的芨芨草灘地，桃利灘的東部有一條南北走向的低緩梁地，海拔高度約50至60米，梁地西側爲納林河的上游桃利河，東側爲一條被稱爲毛布拉格的内流小河，梁地北端有一座被稱爲蘇吉山的小山，海拔絕對高度1355米，相對高度約60餘米。蘇吉山與統萬的直線距離正好爲七十里，該山的位置與史書記載的契吳山最爲符合。赫連勃勃所歎美的廣澤與清流，也正與今桃利灘東部的蘇吉山周圍的自然景觀相符合。

〔註22〕據諸地圖所顯示，統萬城所在地區位於陝北與内蒙古的交界處，其東南至西南方向的漫長邊界爲古長城，其東北到西北方向則爲今毛烏素沙漠所包圍，契吳山則迤東北——西南走向，大致將這長城與沙漠環繞的平地部分中分。

〔註23〕《晉書》卷一三○《赫連勃勃載記》，第3211頁。

〔註24〕前揭侯仁之先生文，認爲：「名山」指契吳山，「洪流」指無定河（即朔方水）。然而，根據地圖顯示，黑水發源於契吳山中部，朔方水則流經契吳山的西南麓，因此「洪流」既可能指朔方水，也可能指黑水，當然也有可能指此兩河而言。

即今之今內蒙古烏審旗境內的桃利灘濕地。〔註 25〕赫連勃勃在遊覽契吳山時，所以會生出「臨廣澤而帶清流」的慨歎之辭，應當是在登上契吳山之後，向北俯瞰，遠遠望見沃野泊的一片茫茫湖水；然後目光向南方環視（從西南到東南），又看到了朔方水與黑水的滾滾流波，於是乎大發感慨！

　　以下綜合文獻記載及地圖所示，並參考相關研究成果，試繪「統萬城位置示意圖」如下：

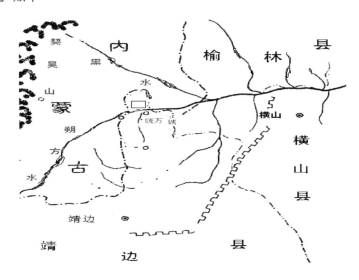

圖 1：統萬城位置示意圖〔註 26〕

〔註 25〕　《新唐書》卷四三下《地理志七下》：「夏州北渡烏水，經賀麟澤、拔利干澤，
　　　　　過沙，次內橫劃、沃野泊、長澤、白城，百二十里至可朱渾水源。又經故陽
　　　　　城澤、橫劃北門、突紀利泊、、石子嶺，百餘里至阿頹泉。又經大非苦鹽池，
　　　　　六十六里至賀蘭驛。又經庫也干泊、彌鵝泊、榆祿渾泊，百餘里至地頹澤。」
　　　　　（第 1147 頁）其中賀麟澤、撥利干澤、沃野泊、長澤、陽城澤、突紀利泊、
　　　　　庫也干泊、彌鵝泊、榆祿渾泊、地頹澤等，均爲分佈在鄂爾多斯高原上的湖
　　　　　泊。據 1963 年中國科學院考察隊調查，鄂爾多斯境內有大小湖泊 600 個，湖
　　　　　水面積 540 平方公里。20 世紀 80 年代調查，鄂爾多斯約有湖泊 820 個，集水
　　　　　面積在一平方公里以上的湖泊 68 個，總集水面積 334 平方公里（《伊克昭盟
　　　　　志》第一冊，第 564～565 頁，北京，現代出版社，1994。）由此我們或可推
　　　　　測，沃野泊在魏晉南北朝、隋唐時期，其湖水面積當遠高於現代水平，以沃
　　　　　野泊爲中心所形成的沙漠綠洲，自然也就成爲茫茫沙漠中的美麗勝地。又據
　　　　　前揭鄧輝等所著文，沃野泊很有可能就是今烏審旗的桃利灘，爲一處低濕的
　　　　　芨芨草灘地，由昔日的湖泊蛻變爲今之濕地，正顯示出人類活動對自然環境
　　　　　的巨大影響。
〔註 26〕　本圖參考陝西省文管會（戴應新執筆）：《統萬城城址勘測記》一文所載「統

　　有史實表明，將都城選址於朔方水河畔，其決策過程並非一帆風順，其間也遇到過一定阻力，因爲從赫連勃勃開創夏政權，到修築並定都於統萬城期間，先後有定都高平（今寧夏固原）、長安之提議，而且倡議者佔據絕大多數。

　　倡議定都於高平，發生於公元 407 年。是年五月，赫連勃勃攻殺後秦高平鎮將沒奕干；六月，自稱天王、大單于，署置百官，建國號爲大夏；十月，攻破鮮卑薛干等三部，並進攻後秦三城（今陝西延安東南）已北諸戍，斬秦將楊丕、姚石生等。諸將遂因此勸都高平，但勃勃拒絕了這個提議。據諸史載：

> 其年，討鮮卑薛干等三部，破之，降眾萬數千。進討姚興三城已北諸戍，斬其將楊丕、姚石生等。諸將諫固險，不從，又復言于勃勃曰：「陛下將欲經營宇內，南取長安，宜先固根本，使人心有所憑係，然後大業可成。高平險固，山川沃饒，可以都也。」勃勃曰：「卿徒知其一，未知其二。吾大業草創，眾旅未多，姚興亦一時之雄，關中未可圖也。且其諸鎮用命，我若專固一城，彼必并力于我，眾非其敵，亡可立待。吾以雲騎風馳，出其不意，救前則擊其後，救後則擊其前，使彼疲于奔命，我則游食自若，不及十年，嶺北、河東盡我有也。待姚興死後，徐取長安。姚泓凡弱小兒，擒之方略，已在吾計中矣。昔軒轅氏亦遷居無常二十餘年，豈獨我乎！」于是侵掠嶺北，嶺北諸城門不畫啓。〔註27〕

平心而論，群臣的建議並非毫無道理。首先，既已建國定號，署置百官，就理應定下都城，以作爲「經營宇內」之政治軍事中心；其次，確定首都，不僅是「先固根本」的重要措施，更是「使人心有所憑係」的籠絡手段；再次，高平有險可守，且「山川沃饒」，經濟基礎相當不錯，適合充當首都；最後，儘管諸將勸諫時並沒提及高平的歷史，但早在西漢時期，高平就已經置縣，且其城險固，當時有「第一城」之稱。〔註28〕因此，以高平作爲都城，歷史

萬城遺址位置圖」（《考古》1981 年第 3 期，第 225 頁）描繪製作。

〔註27〕《晉書》卷一三○《赫連勃勃載記》，第 3202～3203 頁。

〔註28〕《續後漢書志》第二十三《郡國志五》「安定郡」條云：「安定郡（自注：武帝置。雒陽西千七百里。）八城，戶六千九十四，口二萬九千六十。臨涇、高平（自注：有第一城。）、朝那、烏枝（自注：有瓦亭，出薄落谷。）、三水、陰盤、彭陽、鶉觚故屬北地。」（第 3519 頁）

方面的依據也很充分。

然而，赫連勃勃卻從軍事戰略的角度考慮，拒絕將都城定在高平，其理由是：（一）夏政權草創，軍事實力尚有欠缺；（二）姚興爲一代梟雄，圖謀關中暫時無機可乘；（三）當時後秦諸將並無叛秦之志，從軍事角度來說，如果夏政權固守某一城池，必然會受到諸方合力攻擊，以夏政權當時的軍事實力，還不足以與之抗衡。因此，綜合考量當時夏與後秦之間的政治軍事形勢，勃勃認爲：己方應該充分發揮騎兵速度快的優勢，採取游擊戰術，使後秦疲於奔命。如此經過大約十年左右的時間，嶺北、河東等地必將歸於大夏，且其時姚興可能已死，姚泓「凡弱小兒」，則後秦必破。

否決定都高平之後，大夏政權一直處於沒有固定都城的時代。直到六年以後，即 413 年三月，勃勃才決定在朔方水畔修築統萬城，統萬城的全部建築一直到 419 年才基本完成。儘管赫連勃勃一直沒有公開宣佈統萬城就是大夏首都，但自動工之日起，統萬城就在事實上一直充當著大夏政權的首都，卻是毋庸置疑的。418 年十一月，赫連勃勃攻入長安，十二月，勃勃在灞上即皇帝位，改元昌武，大夏國力達到鼎盛，其版圖「南阻秦嶺，東戍蒲津，西收秦隴，北薄於河。」〔註29〕正是在這種形勢下，群臣於 419 年二月再次提議，請求定都於長安。但這個倡議依然爲勃勃拒絕，爲此勃勃必須向他們說明放棄定都長安的理由。據《晉書·赫連勃勃載記》云：

> 羣臣勸都長安，勃勃曰：「朕豈不知長安累帝舊都，有山河四塞之固！但荊、吳僻遠，勢不能爲人之患。東魏與我同壤境，去北京裁數百餘里，若都長安，北京恐有不守之憂。朕在統萬，彼終不敢濟河，諸卿適未見此耳！」其下咸曰：「非所及也。」乃于長安置南臺，以（赫連）璝領大將軍、雍州牧、錄南臺尚書事。

對於群臣的建議，以及長安「累地舊都」、「山河四塞之固」的優勢，赫連勃勃當然明白。然而，赫連勃勃卻以戰略性的眼光，向他們分析不能定都長安的原因。這是因爲赫連氏夏政權當時所面對的頭號敵人，並非江東政權，乃是東方與之接壤的北魏，北魏都城平城距離統萬城（即勃勃所說之「北京」），不過幾百里之遙，在勃勃看來，如果以長安爲都城，則統萬城有不保之虞。統萬城作爲鄂爾多斯高原的軍事政治中心，乃是赫連氏角逐天下的基

〔註29〕 【清】顧祖禹撰，賀次君點校：《讀史方輿紀要》卷三《歷代州域形勢（晉、十六國）》，第 145 頁，北京，中華書局，2005。

地和大本營，是夏政權不容有失的戰略據點。〔註 30〕不過，對於長安的重要
性，赫連勃勃也不是全然沒有顧及，在當年十一月北返統萬城時，勃勃在長
安設置「南臺」，以太子赫連瑣以「領大將軍、雍州牧、錄南臺尚書事」的身
份，坐鎮長安。

三、統萬城之建築工藝與建築佈局

由於史料及技術手段等方面的局限，關於統萬城的建築工藝及其佈局等
情況的研究，長期以來未能深入進行。自五十年代開始，學術界曾先後多次
組織對統萬城遺址進行實地考古調查，並結合對歷史文獻的分析，試圖復原
統萬城的城市形態，進而對建城初期的生態環境等相關問題展開探討。如今，
由於大比例尺航空遙感影像拍攝等先進技術手段的運用，不僅初步復原了統
萬城的城市形態及其周圍生態環境，而且對於統萬城的建築工藝及其佈局等
問題，也有了更爲明確的揭示。茲參考學界相關研究成果〔註 31〕，並結合相
關典籍文獻的記載，對統萬城的建築工藝及其建築佈局等問題，略加申說。

（一）統萬城之建築工藝

傳統文獻所載統萬城之營建及其建築工藝，多爲描述性的語言，因而很難
據之瞭解其具體情況。如《魏書》卷九五《鐵弗劉虎附（赫連）昌傳》有云：

> 初，屈孑性奢，好治宮室。城高十仞，其厚三十步，上廣十步，
> 宮牆五仞，其堅可以礪刀斧。臺榭高大，飛閣相連，皆雕鏤圖畫，
> 被以綺繡，飾以丹青，窮極文采。（第 2059 頁）

從中可知：統萬城的城牆不僅高大厚實，而且十分堅固，可以磨礪刀斧；亭
臺樓閣等城內建築，高大寬敞，雕梁畫棟，裝飾極爲精美，可謂美輪美奐矣！

〔註30〕據《資治通鑑》卷一一八晉恭帝元熙元年（419）二月「羣臣請都長安」條胡
注：「使勃勃常在，猶云可也；勃勃死，則統萬爲魏有。古人所以貽厥子孫者，
固有道也。」（第 3725～3726 頁）赫連勃勃棄長安而不都，在留置南臺於長
安後，北返統萬城，這是因爲在他心目中，統萬城才是其政治軍事的根本。

〔註31〕這方面的代表性成果主要有：（1）陝北文物調查徵集組（俞少逸執筆）：《統
萬城遺址調查》，《文物參考資料》，1957 年第 10 期，第 52～55 頁；（2）陝西
省文管會（戴應新執筆）：《統萬城城址勘測記》，《考古》1981 年第 3 期，第
225～232 頁、第 297～298 頁；鄧輝、夏正楷、王琫瑜撰：《利用彩紅外航空
影像對統萬城的再研究》，《考古》2003 年第 1 期，第 70～77 頁；（4）王剛、
李小曼、王杰瑜撰：「統萬城」復原圖考》，《文物世界》2004 年第 6 期，第
26～28 頁；（5）楊滿忠撰：《統萬城建築規模及其歷史作用》，《寧夏大學學報》
2005 年第 3 期，第 85～86 頁。

　　至於《晉書・赫連勃勃載記》所載胡義周撰寫的頌德文詞，其中對於統萬城及城內建築的描述，更是讓人對這座湮滅已久的沙漠之城遐思無限：

　　……高隅隱日，崇墉際雲，石郭天池，周綿千里。其為獨守之形，險絕之狀，固以遠邁於咸陽，超美於周洛。若迺廣五郊之義，尊七廟之制，崇左社之規，建右稷之禮，御太一以繕明堂，模帝坐而營路寢，閶闔披霄而山亭，象魏排虛而嶽峙，華林靈沼，崇臺秘室，通房連閣，馳道苑園，可以陰映萬邦，光覆四海，莫不鬱然並建，森然畢備，若紫微之帶皇穹，閭風之跨后土……親運神奇，參制規矩，營離宮于露寢之南，起別殿于永安之北。高構千尋，崇基萬仞。玄棟鏤榥，若騰虹之揚眉；飛簷舒咢，似翔鵬之矯翼……

　　……其辭曰：……崇臺霄峙，秀闕雲亭。千榭連隅，萬閣接屏。晃若晨曦，昭若列星。離宮既作，別宇云施。爰構崇明，仰準乾儀。懸薨風閱，飛軒雲垂。溫室嵯峨，層城參差。楹彫虬獸，節鏤龍螭。瑩以寶璞，飾以珍奇……〔註32〕

按，這篇贊辭或稱《統萬城銘》，原立於統萬城南，碑石今已不存，碑文因收錄於《晉書》等典籍而流傳於世。儘管撰寫碑文的動機是出於「頌德」，故文辭華美而不免誇張，但可以肯定的是，在這篇容有誇張的頌詞中，保留有不少關於統萬城建築及其周圍環境狀況的信息。如「高隅隱日，崇墉際雲，石郭天池，周綿千里」一句，所描述的應當是統萬城城牆及其周圍護城河的情況；「華林靈沼，崇臺秘室，通房連閣，馳道苑園」、「玄棟鏤榥，若騰虹之揚眉；飛簷舒咢，似翔鵬之矯翼」等句，則是對宮殿、花苑、道路等建築設施的描摹。如果說這些分析還帶有一定推測性的成份，那麼，實地考古發掘及運用航空影像等現代技術手段所獲取的資料，則驗證了這些描述性語句的真實性。〔註33〕

〔註32〕《晉書》卷一三〇《赫連勃勃載記》，第3211～3213頁。

〔註33〕考古勘測結果已經證實，「高隅隱日，崇墉際雲……」等句並非虛構，當是對統萬城四角角樓的描寫：「城的四隅都有突出城外的平面呈長方形或方形墩臺，且高出於城垣，西南隅墩最高，達31。62米，數十里外都能看到，於此不難想像當年建在上面的樓閣外觀何等峻偉！赫連勃勃命胡義周撰寫的《統萬城刻石》有云『高隅隱日，崇墉際雲』，雖有誇張，然竟非純屬虛構……『高構千尋，崇基萬仞。玄棟鏤榥，若騰虹之揚眉；飛簷舒咢，似翔鵬之矯翼』，應就是對這座角樓（按，指西南角樓）寫照。」（前揭《統萬城城址勘測記》，《考古》1981年第3期，第226～227頁）又，「所謂的『天池』，即內城周圍的護城河，確可從實地考察和判讀航空影像兩方面得到證實。大比例尺的航

統萬城建築之高大堅固，建築工藝之精良，建築佈局之合理，在中國古代城市建築史絕對應該佔有一席之地，至於在「河西」地區的城建歷史上，更是堪稱典範之作。赫連勃勃之修築統萬城，其動機確如學界所說，主要是出於軍事目的。〔註 34〕基於此，突出軍事防衛功能，就必然成爲統萬城最重要的城市特色。史載統萬城「城高十仞，其厚三十步，上廣十步，宮牆五仞」，如此高大寬厚的城牆，在古代戰爭條件下，的確是一道難以攻破的軍事屏障。例如北魏太武帝拓跋燾攻滅赫連氏夏政權的戰役，是在兩次戰爭過程之後才完成的，426 年魏軍強攻統萬城不果，次年（427）拓跋燾軍親征，並改變前次強攻統萬城的戰略，改用誘敵出城之戰術，將赫連昌的大夏軍誘至城外擊潰，從而將統萬城一舉拿下。〔註 35〕統萬城之所以難以攻克，就在於其城防高大堅固，軍事防禦功能突出。

長期以來，人們對於統萬城的認識，不僅多數停留在傳統文獻記載的層

空影像上可以非常清晰地看到，在內城的西北角和西南角，均殘留有寬大的護城河遺跡。此外，還可以從影像上看出城內有開渠引水的跡象。從航空影像和地形上推測，城內的渠水可能是由西北角角樓南側的護城河流進城來，河水入城後向東南流，經過宮城東側向南，再轉爲南流，最後從東南角角樓的北側流入外郭城。既然有渠水引入宮城，當年在城內建有『華林靈沼』、『馳道苑囿』，也就是很自然的事了。」（前揭《利用彩紅外航空影像對統萬城的再研究》，《考古》2003 年第 1 期，第 74 頁。）

〔註34〕前揭王尚義、董靖保即持此論，認爲「赫連勃勃選擇白城子建都，首先取決於他的軍事目的，西棄高平，東移政治中心，有利於東擊北魏，南取關中……統萬城的地形和城體，是一個典型的軍事城堡……與其說統萬是赫連勃勃的政治都城，不如說赫連勃勃的軍事堡壘與據點。」（前揭《統萬城的興廢與毛烏素沙地之變遷》，《歷史地理》2001 年第 3 期，第 347～349 頁。）

〔註35〕427 年北魏二攻統萬城，在討論具體作戰方略時，北魏內部意見並不統一，據《魏書》卷九五《鐵弗劉虎附赫連昌傳》載：「羣臣咸諫曰：『統萬城堅，非十日可拔，今輕軍討之，進不可克，退無所資，不若步軍攻具，一時俱往。』世祖曰：『夫用兵之術，攻城最下，不得已而用之。如其攻具一時俱往，賊必懼而堅守，若攻不時拔，則食盡兵疲，外無所掠，非上策也。朕以輕騎至其城下，彼先聞有步軍而徒見騎至，必當心閑，朕且羸師以誘之，若得一戰，擒之必矣。所以然者，軍士去家二千里，復有黃河之難，所謂置之死地而後生也。以是決戰則有餘，攻城則不足。』遂行。次于黑水，分軍伏於深谷，而以少眾至其城下。」（第 2058 頁）拓跋燾所以採用誘敵於城外而擊之的戰術，就是因爲統萬城堅固高大，強行攻城不僅會造成己方重大傷亡，甚至有可能造成整個軍事行動的失敗，再加上 426 年第一次強攻統萬城不果的歷史經驗教訓，故此在二攻統萬的時候，拓跋燾通過改變戰術，誘敵於城外而殲之，終於將統萬城攻克。

面，而且所獲得的相關信息也極爲有限。如今通過對統萬城遺址的實地考古勘測，不僅直接驗證了文獻資料記載的眞實性，也由於勘測過程中運用了彩紅外航空影像等先進技術手段，使得我們對統萬城建築佈局、城市風貌、城門位置等宏觀情況，均可作直觀的瞭解，並且對文獻並未記載的城牆、角樓、馬面等微觀情況，也有了初步的直觀認識：

> 從影像判讀和實地考察的情況看，統萬城內城（西城）的城牆、角樓臺基、馬面均修築得非常高大堅固，具有相當強大的軍事防禦功能……此處所言之城，當指位於西側的內城（或皇城）。若一仞以八尺計，一步以六尺計，則內城牆高約 26.7 米，牆基厚 60 米，牆頂厚 20 米，宮牆則高約 13.3 米。調查中實測的統萬城內城的西南角樓臺基殘高爲 24 米，殘餘城牆頂部的最大寬度爲 19 米，實測數據與文獻記載基本一致。史載，統萬城內城開有四門，「其南門曰朝宋門，東門曰招魏門，西門曰服涼門，北門曰平朔門」。這 4 座內城的城門，均能在航空影像上判讀出來。〔註36〕

再如，統萬城堅不可摧的原因，根據傳統文獻的記載，主要在於主持者叱干阿利對築城工藝近乎野蠻的苛刻性要求，以及建築過程中採用了「蒸土築城」的工藝。如今，考古勘察資料不僅證實「其堅可以礪刀斧」的眞實性，也破解了叱干阿利「蒸土築城」這一建築工藝的眞相：

> 《晉書·赫連勃勃載記》說，負責修築統萬城的將作大匠叱干阿利「殘忍刻暴，乃蒸土築城，錐入一寸，即殺作者而并築之」。經化驗鑒定，城土的主要成份是石英、黏土和碳酸鈣。石英即砂粒，碳酸鈣是石灰（氧化鈣）吸收二氧化碳而來的，質極堅硬。砂、黏土、石灰加水混合便成三合土，是優良建築材料，現代工程仍廣泛使用。因爲石灰遇水，體積迅速膨脹，擠壓砂、土，使之緊密結合。統萬城原來是用三合土夯築的，難怪「其城土色白而牢固」，雖迭遭人爲破壞和一千五百多年鄂爾多斯高原勁烈的風蝕，猶保持著挺拔峻偉的歷史風貌。
>
> 建造三合土的諾大城池，必須燒製大量石灰，「蒸土築城」就是指此而言，或是生石灰加水使用，在其變成熟石灰（氫氧化鈣）的

〔註36〕 前揭《利用彩紅外航空影像對統萬城的再研究》，《考古》2003 年第 1 期，第73 頁。

過程中，釋出大量熱氣，蒸霧衝騰，史家不諳生產，遂訛爲「蒸土築城」了。〔註37〕

（二）統萬城之建築佈局

關於統萬城的建築佈局，在傳統文獻的記載中，除了可以明確知道其四門名稱外，諸如郊廟、社稷、明堂、露寢、離宮、別殿等建築設施，均無從知曉。〔註38〕因此，欲弄清統萬城的建築佈局，就必須進行實地勘察。

最早對統萬城遺址進行實地勘察的，是晚清時期的橫山縣知事何炳勳，1845 年何氏受榆林知府、著名地理學家徐松委派，親往調查，確定了白城子就是統萬城的故址。〔註39〕時至今日，經過多次考古勘測，並結合彩紅外航空影像技術所拍攝的資料，學術界已經基本復原了統萬城的城市佈局形態模型，這就爲我們深入研究統萬城的城市佈局奠定了良好的基礎。茲將已有統萬城復原圖型錄之於下，以供分析：

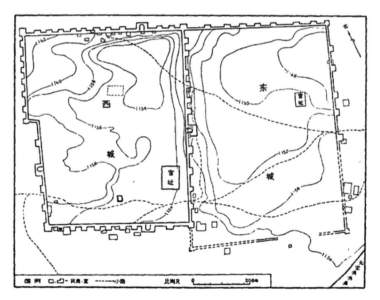

圖 2：統萬城遺址實測圖〔註40〕

〔註37〕 前揭《統萬城城址勘測記》，《考古》1981 年第 3 期，第 227 頁。
〔註38〕 前引胡義周頌詞中所載「乃廣五郊之義，尊七廟之制，崇左社之規，建右稷之禮，御太一以繕明堂，模帝坐而營路寢……營離宮于露寢之南，起別殿于永安之北」云云，不過是應景成文，很難據以曉解統萬城內的建築佈局。
〔註39〕 前揭《統萬城城址勘測記》，《考古》1981 年第 3 期，第 225 頁。
〔註40〕 本圖取自《統萬城城址勘測記》，《考古》1981 年第 3 期，第 226 頁。

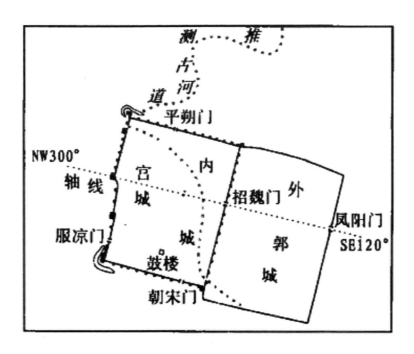

圖 3：根據彩紅外航空影像判讀復原的統萬城形態〔註41〕

圖 4：統萬城仿真示意圖〔註42〕

〔註41〕 本圖取自前揭《利用彩紅外航空影像對統萬城的再研究》，《考古》2003 年第 1 期，第 73 頁。

〔註42〕 本圖取自王剛、李小曼、王杰瑜撰：《「統萬城」復原圖考》，《文物世界》2004 年第 6 期，第 28 頁。

　　據《水經注》記載，統萬城是在漢代奢延城基礎上建立，酈道元的這個說法已經被城內出土的漢代「西部尉印」銅印所證實。〔註43〕然而，由於漢代奢延城的城市佈局已經無從考證，因此，統萬城的城市佈局與漢代奢延城之間是否存在一定繼承關係，或者完全是另起爐灶，均難以遽言。不過，我們可以在參考借鑒前人研究的基礎上，結合中國古代都城制度發展歷史，對統萬城建築佈局及其承繼關係等問題作一嘗試性的剖析。

　　根據以上三圖，並參考相關研究成果，統萬城的佈局大致如下：統萬城由三個部分構成，即外郭城、東城和西城，這依次排列的三道城垣，也就是清末何炳勳對統萬城遺址進行實地勘測後，所說的頭道城、二道城、三道城，其中宮城位於西城（三道城），爲整個統萬城的中心。〔註44〕東城、西城共同組成內城，外圍一周不規則的環形城牆與內城之間的環形地帶，正是城外之「郭」，因此「圖3」將東城當作外郭城，西城當作內城的看法，是不準確的。

　　綜合圖 2、3、4 可以清楚地看到，三道城的東門基本在一條直線上，因此這條東西向的直線實際上就相當於統萬的中軸線，統萬城的所有建築都沿這條中軸線依次排列。統萬城坐西朝東的建築佈局，與其時中原都城坐北朝南的模式明顯不同，對於這個差異，有學者從北方游牧民族「尚東」文化傳統的角度加以解釋。〔註45〕這種以北方游牧民族「尚東」文化特點所作的解釋，自然不無道理。但如果一味拘泥於胡漢文化傳統所存在的差異，而罔

〔註43〕前揭《統萬城城址勘測記》，《考古》1981 年第 3 期，第 231 頁。

〔註44〕按，將外郭城、東城、西城分別稱爲頭道城、二道城、三道城，發端者爲何炳勳，他在道光二十五年《復榆林徐太守松查夏統萬城故址稟》中說：「渡無定河即登彼岸，西行二里許，進頭道城，又西半里進二道城，又一二箭許進三道城……三道城內自東至西不及一里，自南至北約一里有餘。」因此，前揭《統萬城城址勘測記》一文「群眾稱（外郭城、東城、西城）爲頭道城、二道城、三道城」的說法，在科學性上尚有欠缺，因爲最早以此稱呼統萬城遺址者，並非當地群眾，而是第一個對統萬城遺址進行實地勘測的何炳勳。

〔註45〕如前揭《利用彩紅外航空影像對統萬城的再研究》一文就說：「這種坐西朝東的都城佈局，不同於中原帝都坐北朝南的傳統模式，充分表現出北方游牧民族本身的文化特點。西漢時期，匈奴人就有『拜日之始陛』的習俗，這在統萬城的設計中已充分體現出來。實際上，早在北宋年間，人們就已經注意到統萬城的這個特點了，稱其『羅城東門曰鳳陽門，本有三門，夷人多尚東，故東向門。』可見，統萬城坐西朝東的佈局格式，確實是反映了北方游牧民族尚東的文化傳統。」（《考古》2003 年第 1 期，第 74 頁。）

顧中原文化傳統觀念對統萬城建築佈局的影響，卻也未免稍有偏執之嫌。

　　實際上，中原傳統帝都「坐北朝南」觀念的出現，始於東漢帝都洛陽，可謂萌芽初露，而此前從西周到西漢，都城佈局一直都是「坐西朝東」的佈局模式。「坐西朝東」的佈局模式，始於周公營建成周雒邑（即洛陽），此後一直是中原帝都佈局的主流模式〔註46〕，而周公在當時所以採用這種坐西朝東的佈局模式，既有受周人傳統習俗影響的原因，更是對當時禮儀制度的遵行。對此，楊寬氏就指出：「古代都城的設計者，就是把整個都城看作一個『室』，因而把尊長所居的宮城或宮室造在西南隅，整個都城的佈局都是坐西朝東的。這是周人的傳統習俗，當周的祖先公劉都於豳的時候，就是『度其夕陽，豳居允荒』（《詩・大雅・公劉》），『夕陽』就是指西部地區，把宮室造在西部。」〔註47〕另一方面，這種尊長居西佈局模式的實質，其實反映的是當時的禮儀制度，只不過由於人們對這項禮儀制度的不理解，或是刻意對這項制度作神秘化理解，從而造成先秦時期西南吉利、「西益宅不祥」等迷信思想和風俗習慣的產生。對於這種因爲不理解或曲解禮制所造成的迷信風俗，應劭的《風俗通義》和王充的《論衡》等著作中，均曾以禮儀制度爲標準加以反駁。因此，綜合而論，追溯西漢以前都城坐西朝東佈局模式的形成原因，以及東漢以後都城佈局改爲坐北朝南，均應該從禮儀制度的方面進行探尋，這一點正如楊寬氏所說：「西漢以前的都城採用坐西朝東的佈局，把宮城或者宮室造在西南而以東方、北方爲正門，是依據古代禮制而設計的，並不出於什麼『厭勝之術』」、「西漢以前都城佈局坐西朝東，是繼承過去維護宗法制度的禮制，以東向爲尊。東漢以後都城佈局改爲坐北朝南，是推行推崇皇權的禮制，以南向爲尊。當時在中央集權的政治體制下，爲了推崇皇權的需要，

〔註46〕據楊寬氏揭示，魯國都城曲阜、鄭韓都城新鄭、燕下都、齊國都城臨淄、晉國都城新田、趙國都城邯鄲、秦都城咸陽、西漢都城長安等，均採用「坐西朝東」佈局，但具體到每個都城，又略有變化，大致有三種具體形式：一，整體佈局呈「西城東郭」，西城爲內城性質，爲政治中心之所在，東郭則主要爲平民居住區或者屯兵之所；二，是內城（即西城）佈局呈坐西朝東佈局模式，如西漢帝都長安雖然整體佈局爲西南「城」區和東北「郭」區相連，但其中最重要的長樂宮和未央宮，均爲「坐西朝東」佈局；三，臨淄、新田、邯鄲三者變異稍大，採用了多城連結的佈局方式，由三個宮城（郭）連結成不規則的「品」字形，且三城城牆不與大郭相連，這種變異的「品」字形佈局，並未改變西城的中心地位，故仍屬「坐西朝東」的佈局模式。（詳參前揭《中國古代都城制度史研究》上編《中國都城的起源和發展》，第1～215頁。）

〔註47〕前揭《中國古代都城制度史研究》，第194頁。

把皇帝祭天之禮作爲每年舉行的重大典禮，規定在國都南郊舉行，這是使都城佈局坐北朝南的一個原因。」〔註48〕

基於以上所論，統萬城採用坐西朝東的佈局模式，與其說是北方游牧民族「尙東」文化傳統影響的結果，還不如說是對中原傳統帝都佈局模式的的借鑒或繼承。何以言之？赫連勃勃出身異族儘管是不爭之事實，但其文化心態隨著與中原先進文化接觸的日益深刻已然發生重大變化，對中原先進文化充滿欣羨之情；此外，出於證明夏政權「正統」地位及政治合法性之需要，赫連勃勃在其重大政治決策或行動中，也必然要表現出對中原傳統文化的敬畏之心並在政治實踐中付諸行動。事實上，赫連勃勃熱衷於中原制度文明的文化心態，在胡義周撰寫的《統萬城銘》一文中已然充分流露，其中說：「昔在陶唐，數鍾厄運，我皇祖大禹以至聖之姿，當經綸之會，鑿龍門而闢伊闕，疏三江而決九河，夷一元之窮災，拯六合之沈溺，鴻績侔于天地，神功邁于造化，故二儀降祉，三靈叶贊，揖讓受終，光啓有夏。」赫連勃勃自稱大禹後代，屬於一種文化上的「尋根」行爲。如所週知，以「宗黃祖炎」爲表現形式的尋根行爲，爲十六國政權君主的普遍現象，五胡十六國政權的這些行動，並不僅僅是爲了從血統上證明自己炎黃子孫的身份，更是他們在進入中原異鄉之後文化心態——畏怯、惶惑、不自信的表現。〔註49〕所以，赫連勃勃在銘文中強調自己爲「大禹」的後代，正從某一側面表明其熱衷於中原制度文明的心態。另外，我們還注意到，銘文在言及營造統萬城的起因時，說：「乃遠惟周文，啓經始之基；近詳山川，究形勝之地，遂營起都城，開建京邑」，這句話並非單純修飾性的文學之詞，而是有其實際文化內涵，所謂「遠惟周文」，就是說統萬城的主要摹畫對象，乃是中原傳統帝都。

如所週知，河流山川往往是決定中國古代都城選址的關鍵性因素，因此剖析統萬城坐西朝東佈局模式形成的原因，除關注上述文化傳統影響的因素外，更要從其周圍地形狀況的角度加以考察。古代城市建築靠近河流，佈局方式無外乎兩種，一種是主城門面向河流，城市主體呈與河流交叉或垂直狀進行佈局；另一種是主城門與河水順流的方向平行，故城市主體沿著水流方

〔註48〕 前揭《中國古代都城制度史研究》，第 193、195 頁。
〔註49〕 李文才撰：《太史令與十六國政治》，《人文雜誌》（韓）第 52 輯，第 321～339
　　　 頁，2007 年 6 月。該文經修改後，今亦收入本書，題爲《太史令與十六國政
　　　 治之關係》。

向進行佈局。鑒於統萬城的主門開在東方，朔方水又是自西向東流，很顯然，統萬城應該是沿著河流的走向進行佈局。〔註50〕那麼，統萬城爲何不採用主城門面向朔方水進行佈局呢？這當然與統萬城周圍的地形有關係，統萬城在佈局時除了受朔方水走向的影響外，還要考慮到其東北面的黑水，從地形上看，統萬城實際上位於朔方水與黑水的夾角地帶（只不過更貼近朔方水而已），且黑水的走向也是自西向東流淌，因此順著朔方水的流向佈局，也就是順著黑水的走向佈局。

除河流的因素外，我們還應注意契吳山對統萬城佈局的影響。據諸前揭「圖1」所示，呈東北——西南走勢的契吳山，不僅是黑水的發源地，而且從形態上看正好橫亙於統萬城的西北方向，這就直接影響到統萬城的佈局。結合「圖2」所展示的等高線（等高距2米，自1162米～1148米，最大落差爲14米）可知，西城、東城、外郭城由高而低，實際上正是沿契吳山東南麓（朝陽方向）的緩坡，自西北向東南（自高而低）呈階梯式佈局。三城之中，西城海拔最高，位於西城內的宮城，又由於建築基臺的雄偉高大，因此就在實際上成爲全城的制高點，站在宮城的大殿上，目光瞄向東南，就可以俯瞰整個統萬城。反過來，站在外郭城東南角朝西北方向遠望，或是面向西北朝宮城方向眺望，則因爲宮城處於高高在上的位置，因此就產生一種仰望至尊的視角效果！這種由統萬城建築佈局所導致的不同視角效果，在突出皇權至高無上思想的同時，也從一個側面體現出赫連勃勃「一統天下，君臨萬邦」的文化心態！

綜合以上所論，我們可以做出如下判斷：統萬城坐西朝東的佈局模式，實爲沿襲或模仿中原都城的傳統佈局模式而來。既然是沿襲或模仿中原城市建築的傳統格局，那麼，西漢奢延城也就有可能是坐西朝東的佈局模式，大概基於這個緣故，酈道元在《水經注》中使用了「改築」一詞。〔註51〕

不過，統萬城畢竟已經是一座與西漢奢延故城有根本性區別的新城，故其城市規劃在繼承中原傳統都城佈局的基礎上，也有了較大革新，從而與東

〔註50〕據諸圖4所展示，統萬城外郭城的南面城牆，蜿蜒曲折，大致與朔方水的流向相同，由此可證，朔方水的走勢應當直接影響到整個城市的規劃佈局。

〔註51〕【北魏】酈道元撰，王國維校，袁英光、劉寅生整理標點：《水經注校》卷三：「（奢延水）東北流，逕其縣故城南，王莽之奢節也。赫連龍昇七年，於是水之北，黑水之南，遣將作大匠梁公叱于阿梨，改築大城，名曰統萬城。」（第94頁，上海，上海人民出版社，1984。）其中所云「改築」一詞，適足表明，統萬城與奢延故城之間存在某種繼承關係，統萬城的地基很可能就建在奢延故城的基礎之上。

漢以後中原都城建築佈局的新發展保持同步。統萬城佈局的革新之處，首先表現為城市功能分區更加明確，西城作為王宮所在地，乃是赫連氏夏政權的政治中心，除了建築有高大的永安殿作為朝會大殿外，根據胡義周所撰《統萬城銘》的記述，應當還同時興建了離宮別殿，作為多夏躲避寒暑之所，至於祖廟、明堂、社稷等舉行祭祀典禮的莊嚴場所，以及亭臺樓閣、花園別苑等供帝王消遣所用的配備設施，同樣建在西城。由於東城為赫連氏夏政權官署所在地，故政治作用也比較突出，東城與西城之間有一道城門相連，連接兩城的通道，即西城的東門——招魏門。

其次，統萬城的環形外郭區，就目前考古發掘所示，只發現東南方向保留有一個出入口，其外郭區突出軍事防衛功能的特徵十分明顯。據諸「圖4」，統萬城西城、東城相連共同組成內城，內城四周環以圍牆，這道圍牆與內城外牆之間的環形地帶，構成了統萬城的外郭區。外郭區既是平民集中居住區，同時也是內城防禦的緩衝地帶。我們注意到，整個外郭區只有東面一個出口通向外部，因此從整體建築格局看，統萬城的形狀近似於唐宋以後出現的客家圍屋，客家圍屋特有的環形結構，其最突出的特點就是具有較強的軍事防衛功能。〔註52〕統萬城在規劃設計上之所以要強化軍事防衛功能，根本原因就在於，統萬城只是一座孤懸於茫茫沙漠之中的獨立城池，周圍再無其它城池以為依託或互為掎角，因此一旦受到攻擊，只能獨立支撐而無法獲得援助。叱干阿利在督造此城時，所表現出來的暴虐之情，目的無非也是為把這座孤城打造得更為堅固而已，因為他也十分清楚，以統萬城的「獨守之形」，非有「遠邁於咸陽，超美於周洛」的「險絕之狀」，才可言固守也！

〔註52〕按，客家圍屋，亦稱圍龍屋、圍屋、轉龍屋、客家圍龍屋，作為中華客家建築文化中著名的特色民居建築，圍屋始見於唐宋，興盛於明清。客家圍屋儘管從外形上可以分為同心圓形、半圓形、方形和橢圓形等四種，但實際上都可概括為一種環形結構。客家圍屋一般情況下只保留一個對外的出入門洞，主要目的即在於防禦外敵或野獸侵擾，確保圍屋居民的安全。

北朝秘書省與著作官制度考論——
從國家編撰出版機構的角度展開

　　言及十六國北朝的職官制度，學者歷來喜歡用「胡漢雜糅」一詞，但究竟如何「雜糅」，往往又語焉不詳，甚而含糊其辭。以北朝的國家編撰出版機構來說，其與南朝歷代頗有不同，自是不言而喻，但具體有何不同，卻需要加以具體的說明。

　　如果單純從名稱來看，則北朝編撰出版構與南朝並無不同，仍然是以秘書省及其所屬之著作官承擔，然而，名則同矣，其具體職掌卻存在較爲明顯的差異。舉例以言，北朝的著作郎一職，任職者不但多數加有軍號，且多數具有一定軍事才能，或確曾領兵打仗，而在南朝這種情況則幾乎不見。若從國史修撰的角度來看，二者間的差異更爲明顯，如北朝修史機構比南朝不唯完善周密，且更加制度化、正規化，並創立了國史監修制度。另外，從北魏到北齊、北周，著作、起居逐漸分爲二途，與南朝著作、起居往往合二爲一、身兼兩任的情況，亦大爲不同。〔註1〕以下即結合北魏史官制度的發展歷史，從國家編撰出版機構的角度，對北朝的秘書省及著作官制度略作闡釋。

一、北魏秘書著作官體系溯源

　　北魏的建立者拓跋鮮卑，本爲北方草原一游牧部落，在正式建國以前，曾長期活動在今中國北部鄂爾多斯草原至東北大、小興安嶺之間的廣大區域。由於和漢族接觸較少，拓跋鮮卑的文化極爲落後，剛剛由畜牧業進入農

〔註 1〕前揭《漢至唐初史官制度的演變》，第 147 頁。

耕業，處在氏族公社到部落聯盟階段。一直到拓跋猗盧南下勾注涇北地區，接受西晉冊封爲代公、代王，才開始建立起帶有國家性質的政權，與漢族的接觸亦逐漸增多。但當猗盧被其子六脩殺害之後，代政權又進入了一段相當長的混亂時期。在經過幾代混亂之後，到拓跋什翼犍統治時期，拓跋鮮卑才開始設置百官，並移都盛樂，籌建國家。正是從什翼犍時起，拓跋鮮卑才擺脫過去「簡易爲化，不爲文字，刻木紀契」的原始記事方式，進入了有冊簿記錄的文字時代。〔註2〕拓跋鮮卑的歷史進入有文字可考的年代，始於昭成帝拓跋什翼犍統治時期，徵諸《魏書‧許謙傳》所載：「許謙，字元遜，代人也。少有文才，善天文圖讖之學。建國時，將家歸附，昭成（按，即昭成帝拓跋什翼犍）嘉之，擢爲代王郎中令，兼掌文記。與燕鳳俱授獻明帝（按，即什翼犍太子拓跋寔，寔爲道武帝拓跋珪之父）經。」〔註3〕不過，由於這時候的代政權還只處在國家的雛形階段，其職官設置極其簡率，尚不成體系，因此要說這時候已經有了專職的著作官，肯定爲時尚早，許謙所任郎中令一職只是「兼掌文記」，最多只能算是兼職，他除了「兼掌文記」之外，還負責教太子拓跋寔讀書。

拓跋什翼犍統治不久，代政權又爲前秦所滅，直到淝水之戰，前秦瓦解之後，什翼犍之孫拓跋珪被推爲盟主，於登國元年（386）繼稱代王，建都盛樂，不久拓跋珪改稱魏王，拓跋鮮卑才正式復國。拓跋珪繼稱代王，特別是稱魏王後，更加注意學習漢族地區的先進文化，並大量吸收漢人士大夫到統治集團中來。可以說，從拓跋珪統治起，拓跋鮮卑才走上了社會、文化進步的快車道。徵諸史載，皇始元年（396），拓跋鮮卑「初建臺省，置百官，封拜公侯，將軍、刺史、太守，尚書郎以下悉用文人。」〔註4〕隨後的四、五年間，爲北魏職官制度創建的集中時期，當然，拓跋珪所建職官制度，還具有濃厚的「胡漢雜糅」的色彩，但北魏的職官體系已經初步建成。〔註5〕

〔註2〕《魏書》卷一《序記》，第1頁。

〔註3〕《魏書》卷二四《許謙傳》，第610頁。

〔註4〕《魏書》卷二《太祖紀》，第27頁。又，《魏書》卷一一三《官氏志》所載與此略同，云：「皇始元年，始建曹省，備置百官，封拜五等：外職則刺史、太守、令長已下有未備者，隨而置之。天興元年十一月，詔吏部郎鄧淵典官制，立爵品。」（第2972頁）

〔註5〕詳參《魏書》卷一一三《官氏志》，第2972～2983頁。按，其時北魏官制「胡漢雜糅」，還主要表現爲職官名稱多有變化，如《通典》卷一九《職官典一》中就明確指出：「天興中，太史言天文錯亂，當改王易政，故官號數革。（自

從皇始元年「初建臺省，置百官」時起，北魏的秘書、著作官就初步建立起來。如鄧淵，「博覽經書，長於《易》筮。太祖定中原，擢爲著作郎……入爲尚書吏部郎。淵明解制度，多識舊事，與尚書崔玄伯參定朝儀、律令、音樂，及軍國文記詔策，多淵所爲……太祖詔淵撰國記，淵造十餘卷，惟次年月起居行事而已，未有體例。」〔註6〕從鄧淵所造《國記》「惟次年月起居行事而已」可知，北魏自道武帝拓跋珪時期，就應當已經開始了「起居注」的修撰，因此鄧淵奉敕所撰《國記》，視爲北魏國史修撰之濫觴，亦未嘗不可。〔註7〕又如，清河崔簡也以好學善書，而被太武帝拓跋燾任命爲中書侍郎，「參著作事」〔註8〕。崔簡以「中書侍郎」之身份參與「著作事」的做法，乃是模仿漢魏舊制，因爲曹魏、西晉時期，著作官一度屬於中書省，其時著作郎一般稱爲「中書著作郎」。崔簡的事例正好爲北魏前期官制「胡漢雜糅」，提供了一個直接證據，由於其時拓跋鮮卑文化落後，故而在與文化事業有關的著作官等職官的設置上，只能採用漢魏舊制。

北魏前期著作官中，另有「占授著作郎」一職需加注意。據《魏書·太祖紀》載，天賜三年（406）四月，「占授著作郎王宜弟造《兵法孤虛立成圖》三百六十時。」〔註9〕又，同書《禮志》云：「太祖天賜三年十月，占授著作郎王宜弟造兵法。」〔註10〕紀、志所載爲同一事件，唯時間略有不同，可能是當年四月始造，至十月完成。有學者據此認爲，占授著作郎一職之設置，

注：初，道武制官，皆擬遠古雲鳥之義，諸曹走使謂之『鳧鴨』，取飛之迅疾也。以伺察者候官，謂之『白鷺』，取其延頸遠視。他皆類此。）」（第469頁）
天興（398～403），爲北魏道武帝拓跋珪年號。
〔註6〕《魏書》卷二四《鄧淵傳》，第635頁。
〔註7〕田餘慶氏認爲，鄧淵是幫助道武帝拓跋珪邁向「文治」的重要人物，其所修撰之《國記》，即《北史》、《北齊書》所稱之《代記》，乃是北魏國史修撰的「草創」之作，田氏指出：「漢士中有意搜羅記錄拓跋舊事，鄧淵應是第一人」，因此，《國記》可視爲北魏國史修撰之濫觴。詳參前揭氏著《〈代歌〉、〈代記〉和北魏國史——國史之獄的史學史考察》，《拓跋史探》，第217～243頁。
〔註8〕據《魏書》卷二四《崔玄伯傳附次子簡傳》載，崔玄伯次子崔簡，又名崔覽，「好學，少以善書知名。太祖初，歷位中書侍郎、征虜將軍，爵五等侯，參著作事。」（第623頁）按，據校勘記【五】引張森楷云：「玄伯以太祖中年歸魏，簡安得於太祖初入官，疑爲『太宗』或『世祖』之誤。」（第639頁）張氏之說是，崔簡應當是在世祖太武帝時代或以後入仕。
〔註9〕《魏書》卷二《太祖紀》，第42頁。
〔註10〕《魏書》卷一〇八之四《禮志四》，第2809頁。

表明北魏早期史官制度還處於巫史不分的階段。〔註11〕這個看法頗有道理，唯諸史僅見此一例，說服力尚嫌不足。

　　隨北魏勢力在中原地區的擴張及其社會文化全面進步，其職官制度也在不斷完善，秘書、著作官的建置也日臻完備。據《魏書·官氏志》載，北魏孝文帝太和年間曾兩次議定百官，第一次頒佈的職官體系中，有秘書監，二品下；秘書令，三品上；秘書丞，四品下；秘書著作郎，五品上；秘書郎、秘書著作佐郎，五品中；集書校書郎、秘書著作郎、秘書鍾律郎，從六品上；秘書舍人、秘書令史、集書令史，七品中。第二次是太和二十三年制定的職官令，這次職官令到宣武帝元恪即位後，才正式頒行，並成爲北魏後期的職官標準，在太和二十三年的職官系列中，秘書著作官員包括：秘書監，三品；秘書丞，五品；著作郎，從五品；秘書郎中、著作佐郎，七品；校書郎，九品。〔註12〕第一次職員令是太和十七年（493），王肅北奔後幫助孝文帝制定的，主要是對南朝官制的模仿。〔註13〕由於時間緊迫，這個職員令在某種意義上只能算是一個徵求意見的草案。

　　太和二十三年（499）的職員令，則是在經過認眞研究、仔細推敲後制定出來的定稿，而且這個職員令一直到孝文帝駕崩後才正式頒佈，太和二十三年職員令基本確定了北魏後期的職官制度。職此之故，第一次職員令存在著職官體例蕪雜不清，職官重複交叉設置的現象，這個情況在秘書、著作官的構成上也有體現，如太和十七年職員令中的秘書令、秘書鍾律郎、秘書舍人、秘書令史諸職，到了二十三年職員令中就已不見。此外，秘書、著作官員的品級上，後者也比前者有不同程度的下調，如秘書監、著作郎、校書郎等職，都相應地下調了半品至三品不等。

　　我們說孝文帝太和年間改定官制，是對北魏前期官制的一次全面整飭，並由此基本奠定了北魏後期官制的標準。其指導思想則主要是模習南朝，即「百司位號，皆準南朝」，這是孝文帝改制的主流。但這並不是說北魏此前已

〔註11〕前揭《漢至唐初史官制度的演變》，第167頁。

〔註12〕孝文帝太和年間兩次改定官制，其具體內容可詳參《魏書》卷一一三《官氏志》，第2976～3000頁。

〔註13〕《通典》卷一九《職官典一》：「至孝文太和中（按，即太和十七年），王肅來奔，爲制官品，百司位號，皆準南朝，改次職令，以爲永制。又作考格，以之黜陟。」（第469～470頁）由「皆準南朝」一語可知，孝文帝太和十七年第一次改定官制，基本上是對南朝職官制度的模仿。

有的職官設置，在新頒職員令以後就無足輕重而委諸溝壑。因此，欲全面認識、把握北魏的職官制度，除了對孝文帝改制後的職官制度進行研究外，還必須對此前的職官制度進行分析，對北魏的秘書、著作官制度的研究，也必須如此。

二、北魏的著作局與著作官

北魏前期職官體系中，存在兩個秘書機構，一為內秘書，一為秘書省。內秘書始置於太武帝拓跋燾太平真君十一年（450）之前，如許宗之，「初入為中散，領內秘書。世祖臨江，賜爵高鄉侯。」〔註14〕所謂「世祖臨江」，是指太平真君十一年拓跋燾南征至瓜步一役，由此可知，內秘書之職應當始設於450年之前。內秘書設在禁中，故又稱中秘，職掌參議機密，出納詔命，權力極大，如李敷、李訢、李沖等均曾擔任此職。〔註15〕內秘書官員的來源為中書學生，中書學乃是北魏統治者為培養鮮卑貴族及漢族高官子弟而設立的特殊學校，該校學生學成以後，按通例均可出任內秘書等內侍官，執掌機要。〔註16〕與內秘書幾乎同時成立的秘書省，一般稱為外秘書，職掌圖籍文書、撰寫歷史，權力很小，一般由漢人文士充當，如高允、高祐、韓興宗等均曾任職於此。〔註17〕因此，秘書省的性質主要是文化機構。同一時期的中書省，雖然其職掌為主持中書學的教授工作，但由於距離禁中較遠，且內秘書在當時執掌機要，故而中書省更多情況下，主要是參與撰寫歷史和

〔註14〕　《魏書》卷四六《許彥附子宗之傳》，第1036頁。

〔註15〕　《魏書》卷三六《李順附子敷傳》：「真君二年，選入中書教學。以忠謹給侍東宮。又為中散，與李訢、盧遐、度世等並以聰敏內參機密，出入詔命。敷性謙恭，加有文學，高宗寵遇之。遷秘書下大夫，典掌要切，加前軍將軍，賜爵平棘子。後兼錄南部，遷散騎常侍、南部尚書、中書監，領內外秘書。襲爵高平公。朝政大議，事無不關。」（第833頁）卷四六《李訢傳》：「高宗即位，訢以舊恩親寵，遷儀曹尚書，領中秘書……」（第1040頁）、卷五三《李沖傳》：「顯祖末，為中書學生……高祖初，以例遷秘書中散，典禁中文事，以修整敏惠，漸見寵待。遷內秘書令、南部給事中。」（第1179頁）

〔註16〕　關於北魏內秘書及中書學生的政治職能，可詳參張金龍氏《北魏「中散」諸職考》一文，原刊《中國史研究》1993年第2期，今收入氏著《北魏政治與制度論稿》，第286～299頁，蘭州，甘肅教育出版社，2003。

〔註17〕　《魏書》卷四八《高允傳》：「復以本官領秘書監。」（第1076頁）卷五七《高祐傳》：「高祖拜秘書令……時李彪專統著作，祐為令，時相關豫而已。」（第1260～1261頁）卷六〇《韓麒麟附子興宗傳》：「後司空高允奏為秘書郎，參著作事……遷秘書中散。」（第1333～1334頁）

撰寫官場應時之文，並未能進入權力核心，因此在性質上與秘書省相似，更像是文化機構，所以當時的中書省儘管地位十分崇重，但實際權力卻遠不如內秘書。

北魏秘書省設有著作局，或稱著作省，劉知幾曾說：「元魏初稱制，即有史臣，雜取他官，不恒厥職，故如崔浩、高閭之徒，唯知著述，而未列名號。其後始於秘書置著作局，正郎二人，佐郎四人。」〔註18〕另外，《通典》、《唐六典》等均有「後魏著作省置校書郎」的記載，其中「著作省」當即「著作局」。著作局作為北魏的官方修史機構，建置於何時？有學者考證，認為當在文成帝和平元年（460）以後，皇興五年（471）之前。〔註19〕那麼，在著作局成立之前，北魏的著作官設置情況，就只能是「雜取他官，不恒厥職」，著作郎等職並不常設，大概是有撰事則置，無撰事則罷，其間見諸史籍的著作郎，有鄧淵、崔琛、崔浩、高允、宗欽、段承根、陰仲達等人。因為著作官員不是常設，故當時史官多數取自中書、秘書二省官員，這種以它官兼掌修撰者，一般稱為「參著作」或「參著作事」。如崔簡「太祖初，歷位中書侍郎、征虜將軍，爵五等侯，參著作事」，這是崔簡以中書侍郎、征虜將軍的身份「參著作事」。又如太武帝拓跋燾神䴥二年（429），「詔集諸文人撰錄國書，（崔）浩及弟覽、高讜、鄧穎、晁繼、范亨、黃輔等共參著作，敘成《國書》三十卷。」〔註20〕太延五年（539）拓跋燾再次下令崔浩「綜理史務，述成此書，務從實錄」，崔浩「於是監秘書事，以中書侍郎高允、散騎侍郎張偉參著作，續成前紀。至於損益褒貶，折中潤色，浩所總焉。」〔註21〕總之，在太武帝拓跋燾統治時期，北魏國史修撰事宜主要由秘書省（即外秘書）負責，中書省的官員（如中書侍郎等職）也扮演重要角色。也正因此，太平真君十一年（450）六月誅殺崔浩後，「有司按驗浩，取秘書郎吏及長曆生數百人意狀。浩伏受賕，其秘書郎吏已下盡死。」〔註22〕北魏「國史之獄」中的死難者，主要是秘書省的著作官員。

一般認為，在太平真君十一年「國史之獄」發生後的一段時間裏，北魏曾經罷置史官，直到文成帝拓跋濬和平元年（460）才重新恢復史官的設置。

〔註18〕《史通通釋》卷十一《史官建置》，第 315 頁。
〔註19〕前揭《漢至唐初史官制度的演變》，第 167～168 頁。
〔註20〕《魏書》卷三五《崔浩傳》，第 815 頁。
〔註21〕《魏書》卷三五《崔浩傳》，第 824 頁。
〔註22〕《魏書》卷三五《崔浩傳》，第 826 頁。

〔註 23〕從和平元年恢復著作官，到孝武帝元修永熙三年（534），北魏歷任著作郎、佐郎、令史者史不絕書，僅《魏書》所記載的著作郎、著作佐郎、著作令史至少超過 50 人，他們都是專職的著作官員，如果再加上秘書官員，則人數肯定超過百人。〔註 24〕為方便後文的分析，茲徵諸《魏書》所載，將北魏秘書、著作官員的情況，簡表列之如下（表一：北魏秘書、著作官簡況表）：

表一：北魏秘書、著作官簡況表

姓名	籍貫	任職	資料出處	備注
秘書官員				
元稚〔註25〕	代	秘書郎中	魏／16／2／408	宗室，元叉庶長子，叉死，亡奔蕭梁
元爽	代	秘書郎	魏／16／2／409	宗室，起家，元叉弟，贈使持節、都督涇岐秦二州諸軍事、衛將軍、尚書左僕射、秦州刺史，諡懿
元太興	代	秘書監	魏／19上／2／443	宗室，京兆王子推子，後出家爲僧
元熙	代	秘書郎、監	魏／19下／2／503	宗室，中山王元英子，起家，贈使持節、都督冀定瀛相幽五州諸軍事、大將軍、太尉公、冀州刺史，諡文莊王
元曄	代	秘書郎	魏／19下／2／508	宗室，起家，孝莊帝初封長廣王，後尒朱兆推爲主，旋廢

〔註 23〕對於太武帝在崔浩之獄以後罷置史官，前揭田餘慶氏從最高統治者心態的角度加以分析，並指出此乃北魏國史之學不振的根本原因，云：「崔浩之獄以後，北魏長期不設史官，反映了官家對國史編修的猶豫心態。史館再開以後，直筆仍然是修國史中無法迴避的大問題……鄧淵、崔浩事件陰影難消，國史之學難振。」前揭氏著《代歌》、《代記》和北魏國史——國史之獄的史學史考察》，《拓跋史探》，第 242 頁。

〔註 24〕僅據《魏書》所載，包括和平元年之前在內的北魏秘書官員共有 85 人、著作官員 65 人（見諸「表一」統計），這 150 人的隊伍中，多數是和平元年（460）之後的秘書、著作官員，這從一個方面也反映出，在經過太平眞君十一年（460）「國史之獄」所造成的文化事業重創之後，至和平元年恢復史官設置，北魏統治者開始對包括國史修撰在內的文化事業重加關注，而這也就在事實上透露出，拓跋鮮卑的「漢化」進程開始提速了。

〔註 25〕據《魏書》卷一六《京兆王（元）黎傳》之校勘記【一〇】，元叉庶長子元稚，當作「稚舒」，元叉庶長子名頠，字稚舒，又據同書卷六九《崔休傳》：「休女妻領軍元叉長庶子秘書郎稚舒」，則其所任「秘書郎中」，當即「秘書郎」。（第412 頁）

元融	代	秘書郎、監	魏／19下／2／514	宗室，章武王太洛孫，贈侍中、都督雍華岐三州諸軍事、本將軍、司空、雍州刺史；後進贈司徒，加前後部鼓吹，諡莊武
元湛	代	秘書郎	魏／19下／2／515	宗室，融弟，遇害河陰，贈征東將軍、青州刺史，追封漁陽王
元晏	代	秘書丞	魏／19下／2／515	宗室，融弟，贈平東將軍、秘書監、豫州刺史
元詳	代	秘書監	魏／21上／2／559	宗室，北海王，由侍中轉任，諡平王
崔徽	清河東武城	秘書監	魏／24／2／624	崔玄伯（宏）弟，平西將軍，諡元公
鄧躋	安定	秘書郎	魏／24／2／637	後與梁州刺史元羅同陷蕭梁，卒於江南
穆建	代	秘書郎	魏／27／2／667	勳臣八姓，（穆崇家族），起家，妻尒朱榮妹
穆紹	代	秘書監	魏／27／2／671	勳臣八姓，（穆崇家族），尚琅邪長公主，贈侍中、都督冀相殷三州諸軍事、大將軍、尚書令、太保、冀州刺史，諡文獻
穆鐵槌	代	秘書郎	魏／27／2／673	勳臣八姓，（穆崇家族）
穆金寶	代	秘書郎	魏／27／2／674	勳臣八姓（穆崇家族）
高謐	勃海蓚縣	秘書郎	魏／32／3／752	贈使持節、侍中、都督青徐齊濟兖五州諸軍事、驃騎大將軍、太尉公，青州刺史，諡貞武公
封孝琰	勃海蓚縣	秘書郎	魏／32／3／762	渤海封氏
王旰	北海劇	秘書郎	魏／33／3／776	
李預	中山盧奴	秘書令	魏／33／3／791	
盧魯元	昌黎徒何	領秘書事	魏／34／3／801	工書，有文才，累遷中書監，領秘書事
崔浩	清河東武城	監秘書事	魏／35／3／824	崔玄伯長子，曾給事秘書，轉著作郎；詔修國史，總其事
李敷	趙郡平棘	領內外秘書	魏／36／3／833	遷秘書下大夫，典掌要切；後領內外秘書

刁獻	勃海饒安	秘書郎	魏／38／3／871	
李德明	隴西狄道	秘書郎	魏／39／3／889	
李伯尚	隴西狄道	秘書郎、丞	魏／39／3／893	遷通直散騎侍郎，撰《太和起居注》，尋遷秘書丞
李季凱	隴西狄道	秘書監	魏／39／3／894	爲尒朱氏所殺，贈侍中、驃騎將軍、吏部尚書、定州刺史
源子雍	河西	秘書郎	魏／41／3／929	贈車騎大將軍、儀同三司、雍州刺史；後重贈司空，諡莊穆
房堅	清河繹幕	秘書郎	魏／43／3／972	平齊民，贈南青州刺史，諡懿
伊馛	代	秘書監	魏／44／3／990	宗族十姓（本伊婁氏），中護將軍、秘書監
韋朏	京兆杜陵	秘書郎中	魏／45／3／1015	贈侍中、車騎將軍、雍州刺史，諡宣
裴詢	河東聞喜	秘書監	魏／45／3／1022	尚宣武帝妹太原長公主，監起居事，河陰遇害，贈侍中、車騎大將軍、司空公、雍州刺史，諡貞烈
寶瑾	頓丘衛國	秘書監	魏／46／3／1035	參與軍國之謀，屢有軍功，遷秘書監、進爵侯、加冠軍將軍
盧淵	范陽涿縣	秘書令、監	魏／47／3／1047	贈安北將軍、幽州刺史，複本爵固安伯，諡懿
盧道將	范陽涿縣	秘書丞	魏／47／3／1051	贈龍驤將軍、太常少卿，諡獻
盧道裕	范陽涿縣	兼秘書丞	魏／47／3／1051	尚獻文帝女樂浪公主，贈撫軍將軍、青州刺史，賜帛，諡文侯
盧義僖	范陽涿縣	秘書郎	魏／47／3／1053	起家，贈本（驃騎大）將軍、儀同三司、瀛州刺史，諡孝簡
盧昶	范陽涿縣	秘書丞	魏／47／3／1055	贈征北將軍、冀州刺史，諡穆
盧元緝	范陽涿縣	秘書郎	魏／47／3／1061	起家，贈散騎常侍、都督幽瀛二州諸軍事、驃騎大將軍、吏部尚書、幽州刺史，諡宣
高允	勃海蓚縣	領秘書監	魏／48／3／1076	以本官（中書令、著作）領；贈侍中、司空公、冀州刺史、將軍、公如故，諡文，賜命服、絹、布、綿、雜採、穀

王道雅	雁門	秘書郎	魏／48／3／1080	見高允《徵士頌》
閔弼	雁門	秘書郎	魏／48／3／1080	見高允《徵士頌》
劉模	長樂信都	秘書校書郎	魏／48／3／1093	高允領秘書、典著作，選爲校書郎，允修《國記》，參與編著
呂世興	東平壽張	秘書校書郎	魏／51／4／1140	
胡醜孫	安定臨涇	秘書郎	魏／52／4／1149	歷中書學生、秘書郎、中散
游雅	廣平任縣	秘書監	魏／54／4／1195	委以國史之任，無成；贈相州刺史，諡宣侯
游祥	廣平任縣	秘書郎	魏／55／4／1218	贈征虜將軍、給事黃門侍郎、幽州刺史，諡文
劉筠	徐州彭城	秘書郎	魏／55／4／1230	劉芳從孫，贈前將軍、徐州刺史
劉箏	徐州彭城	秘書郎	魏／55／4／1230	劉筠弟
鄭羲	榮陽開封	秘書監	魏／56／4／1238	女爲孝文帝嬪，贈本官（安東將軍、西兗州刺史），諡文靈
鄭道昭	榮陽開封	郎、丞、監	魏／56／4／1240	贈鎮北將軍、相州刺史，諡文恭
鄭遵祖	榮陽開封	秘書郎	魏／56／4／1243	贈輔國將軍、光州刺史
鄭敬賓	榮陽開封	秘書郎	魏／56／4／1249	後遷輔國將軍、中散大夫、魏郡太守、金紫光祿大夫
高祐	勃海蓨縣	秘書令	魏／57／4／1260	「時李彪專統著作，祐爲令，時相關豫而已。」詔諡靈
崔孝忠	博陵安平	秘書郎	魏／57／4／1274	
楊師沖	弘農華陰	秘書郎	魏／58／4／1284	楊播孫，楊侃子
韓興宗	昌黎棘城	秘書郎	魏／60／4／1333	高允奏爲郎，參著作事；贈寧遠將軍。漁陽太守
程駿	廣平曲安	秘書令	魏／60／4／1346	卒，賜東園秘器、朝服、帛；贈冠軍將軍、兗州刺史，諡憲
畢哲	東平安昌	秘書郎	魏／61／4／1365	

李彪	頓丘衛國	秘書丞、令	魏／62／4／1381	卒，賜帛；贈鎮遠將軍、汾州刺史，謚剛憲
王誦	琅邪臨沂	兼秘書監	魏／63／4／1412	贈驃騎大將軍、尚書左僕射、司空公、徐州刺史，謚文宣
元梵	代	秘書丞	魏／65／4／1453	宗室，兼給事黃門侍郎
李諧	頓丘衛國	秘書監	魏／65／4／1461	贈驃騎大將軍、衛尉卿、齊州刺史
崔光韶	清河東武城	兼秘書郎	魏／66／4／1482	掌校華林御書；贈散騎常侍、驃騎將軍、青州刺史
崔勵	東清河鄃	秘書郎中	魏／67／4／1500	遇害河陰，贈侍中、衛將軍、儀同三司、青州刺史
崔子元	東清河鄃	秘書郎	魏／67／4／1505	崔鴻子
甄侃	中山毌極	秘書郎	魏／68／4／1517	起家
甄楷	中山毌極	秘書郎	魏／68／4／1517	甄侃弟，贈驃騎將軍、秘書監、滄州刺史
高長雲	勃海蓨縣	秘書郎	魏／68／4／1523	起家，河陰遇害，贈安東將軍、兗州刺史
李凱	隴西狄道？	秘書監	魏／69／5／1534	或即前揭「李季凱」？
皇甫長卿	安定朝那	秘書郎中	魏／71／5／1579	司州主簿、秘書郎中、太尉司馬
房亮	清河	秘書郎	魏／72／5／1621	贈撫軍將軍、齊州刺史
高子儒	勃海蓨縣	秘書郎中	魏／77／5／1713	
賈羅侯	中山無極	秘書郎	魏／80／5／1777	
山偉	河南洛陽	秘書監	魏／81／5／1792	原籍代，吐難氏改；領著作、監起居；贈驃騎大將軍、開府儀同三司、都督、幽州刺史，謚文貞公
李琰之	隴西狄道	秘書監	魏／82／5／1797	修國史；贈侍中、驃騎大將軍、司徒公、雍州刺史，謚文簡
祖瑩	范陽遒縣	秘書監	魏／82／5／1800	贈尚書左僕射、司徒公、冀州刺史
常景	河內	秘書監	魏／82／5／1805	

馮熙	長樂信都	領秘書事	魏／83上／5／1819	馮太后兄，贈假黃鉞、侍中、都督十州諸軍事、大司馬、太尉、冀州刺史，諡武
梁祚	北地泥陽	秘書令	魏／84／5／1845	辟秘書中散，稍遷秘書令
平恒	燕國薊縣	秘書丞	魏／84／5／1845	贈平東將軍、幽州刺史、都昌侯，諡康
平壽昌	燕國薊縣	秘書令史	魏／84／5／1845	平恒子，太和初任職，稍遷荊州征虜府錄事參軍
孫惠蔚	武邑武遂	秘書丞、監	魏／84／5／1854	知史事；卒，賜帛；贈大將軍、瀛州刺史，諡戴
李業興	上黨長子	秘書校書郎	魏／84／5／1861	舉孝廉，為郎，「博涉百家」、「尤長算曆」，後任著作佐郎
裴伯茂	河東聞喜？	秘書校書郎	魏／85／5／1874	出帝元修行釋奠禮，邢昕、校書郎裴伯茂等「俱為錄義」
江紹興	陳留濟陽	秘書郎	魏／91／6／1960	原仕張軌，高允奏為秘書郎，掌國史二十餘年，以謹厚稱
魏收〔註26〕	鉅鹿下曲陽	秘書監	魏／104／6／2326	高澄執政，加兼著作郎；高洋執政，轉秘書監，兼著作郎
著作官員				
元慶智	代	著作佐郎	魏／16／2／394	宗室，陽平王元熙後人，「有几案才」
鄧淵	安定	著作郎	魏／24／2／635	撰國史，死於太武帝拓跋燾「國史之獄」
封軌	勃海蓨縣	著作佐郎	魏／32／3／764	贈右將軍、濟州刺史
谷纂	昌黎	著作郎	魏／33／3／782	「前為著作，又監國史，不能有所緝綴」

〔註26〕按，《魏書》卷一○四《自序》所載魏收在北魏、東魏時期的事蹟，與《北齊書》卷三七《魏收傳》大致相同。《北齊書》本傳所載魏收在北齊之行迹，《魏書》無，綜合二者可知：魏收在北魏節閔帝元恭普泰元年（531），曾以散騎常侍之職，典起居注，修國史，兼中書侍郎；東魏孝靜帝元善見武定（543～550）年間，在高澄的奏請下，魏收兼散騎常侍，修國史，武定二年，除正常侍，領兼中書侍郎，修史，後加兼著作郎；高澄遇刺身亡，高洋執政，轉秘書監，兼著作郎。及高洋禪魏成齊，魏收任中書令，仍兼著作郎，天保二年（551），奉詔撰寫魏史，四年（553）除魏尹，然「專在史閣，不知郡事」。（《北齊書》卷三七《魏收傳》，第487頁）

崔浩	清河東武城	著作郎	魏／35／3／807	天興中，給事秘書，轉著作郎
閔湛	太原	著作令史	魏／35／3／825	死於「國史之獄」
郗標	趙郡	著作令史	魏／35／3／825	死於「國史之獄」
李同軌	趙郡平棘	著作郎	魏／36／3／848	「學綜諸經，多所治誦，兼讀釋氏」；典儀注，修國史
王遵業	太原晉陽	著作佐郎	魏／38／3／878	與崔鴻同撰起居；河陰遇害，贈并州刺史
李瑾	隴西狄道	著作佐郎	魏／39／3／888	河陰遇害，贈冠軍將軍、齊州刺史
李燮	隴西狄道	著作佐郎	魏／39／3／889	贈輔國將軍、太常少卿
陸恭之	代	佐郎，領郎	魏／40／3／907	勳臣八姓；贈散騎常侍、衛將軍、吏部尚書、定州刺史，諡懿
房景先	清河繹幕	兼著作佐郎	魏／43／3／978	修國史、注起居
許赤虎	博陵	著作佐郎	魏／46／3／1038	涉獵經史，善嘲謔，曾與慕容白曜南討，出使江南
高允	勃海蓨縣	領著作郎	魏／48／3／1068	
李叔胤	趙郡平棘	著作佐郎	魏／49／3／1103	舉秀才；諡惠
崔季良	博士安平	著作佐郎	魏／49／3／1106	贈車騎將軍、尚書右僕射、定州刺史，諡簡
裴定宗	河東聞喜	著作佐郎	魏／52／4／1151	
宗欽	河西金城	著作郎	魏／52／4／1155	原仕沮渠蒙遜，撰《蒙遜記》十卷；死於「國史之獄」
段成根	武威姑臧	著作郎	魏／52／4／1158	原仕乞伏熾盤；崔浩引爲著作郎，死於「國史之獄」
趙柔	河西金城	著作郎	魏／52／4／1162	原仕沮渠牧犍，「少以德行才學知名河右」
陰仲達	武威姑臧	秘書著作郎	魏／52／4／1163	原仕李氏西涼；崔浩引入，同修國史
李郁	趙郡平棘	著作佐郎	魏／53／4／1178	贈散騎常侍、都督定冀相滄殷五州諸軍事、驃騎大將軍、尚書左僕射、儀同三司、定州刺史

傅思益	北地泥陽？	著作郎	魏／53／4／1180	討論「三長制」時，持反對意見
游雅	廣平任縣	著作郎	魏／54／4／1195	贈相州刺史，諡宣侯
鄭敬祖	滎陽開封	著作佐郎	魏／56／4／1243	起家，「性亦粗疏」
崔孝芬	博陵安平	著作郎	魏／57／4／1266	「博文口辯，善談論，愛好後進」；後被高歡所殺
韓子熙	昌黎棘城	著作郎	魏／60／4／1336	韓興宗子，曾修國史，贈驃騎將軍、儀同三司、幽州刺史
韓顯宗	昌黎棘城	著作佐郎	魏／60／4／1338	韓興宗弟，起家，「舉秀才，對策甲科，除著作佐郎」
程駿	廣平曲安	著作佐郎、郎	魏／60／4／1345	原仕沮渠牧犍，世祖平涼歸國，先後任佐郎、郎、秘書令
程靈虬	廣平曲安	著作佐郎、郎	魏／60／4／1350	程駿姪，「頗有文才，而久淪末役」，駿臨終啟請，擢為佐郎
李彪	頓丘衛國	領著作郎	魏／62／4／1390	車駕還京，遷御史中尉，領著作郎，（任職秘書，見前述）
傅毗	漁陽	著作郎	魏／62／4／1397	
王理	琅邪臨沂	著作佐郎	魏／63／4／1412	王肅子
王衍	琅邪臨沂	著作佐郎	魏／63／4／1413	贈使持節、使持節、都督青徐兗三州諸軍事、驃騎大將軍、尚書令、司徒公、徐州刺史，諡文獻；給東園秘器，賻物
宋弁	廣平列人	著作佐郎	魏／63／4／1414	贈安東將軍、瀛州刺史，諡貞順；賜錢、布
郭慶禮	太原晉陽	著作佐郎	魏／64／4／1427	贈征虜將軍、瀛州刺史
張始均	清河東武城	著作佐郎	魏／64／4／1433	曾改陳壽《魏志》為編年體；贈樂陵太守，諡孝
張瑝	清河東武城	著作佐郎	魏／64／4／1434	張始均弟
邢祐	河間鄭縣	著作郎	魏／65／4／1449	除著作郎，領樂浪王傅；後假員外散騎常侍，出使劉宋
邢產	河間鄭縣	著作佐郎	魏／65／4／1449	邢祐子，贈建威將軍、平州刺史、樂城子，諡定

李諧	頓丘衛國	兼著作郎	魏／65／4／1456	贈驃騎大將軍、衛尉卿、齊州刺史
李邕	頓丘衛國	著作佐郎	魏／65／4／1461	李諧弟，贈鎮遠將軍、洛州刺史，諡文
崔光	清河	著作郎	魏／67／4／1487	河陰遇害，贈侍中、衛將軍、儀同三司、青州刺史
裴延儁	河東聞喜	著作佐郎	魏／69／5／1528	起家，河陰遇害，贈都督雍岐豳三州諸軍事、儀同三司、本將軍（中軍將軍）、雍州刺史
裴景融	河東聞喜	著作佐郎	魏／69／5／1534	後遷輔國將軍、諫議大夫，仍領著作
裴聿	河東聞喜	著作佐郎	魏／69／5／1535	贈冠軍將軍、洛州刺史
袁翻	陳郡項縣	兼著作佐郎	魏／69／5／1536	河陰遇害，贈使持節、侍中、車騎將軍、儀同三司、青州刺史
柳諧	河東解縣	兼著作佐郎	魏／71／5／1577	「頗有文學，善鼓琴」；河陰遇害
陽尼	北平無終	秘書著作郎	魏／72／5／1601	「博通群籍」，「徵拜秘書著作郎，奏佛道宜在史錄」
成淹〔註27〕	上谷居庸	兼著作郎	魏／79／5／1751	贈本將軍（輔國將軍）、光州刺史，諡定
山偉	河南洛陽	領著作郎	魏／81／5／1792	曾任秘書監，領著作、監起居；死後有贈（前述）
劉仁之	河南洛陽	著作郎	魏／81／5／1794	本代人獨孤氏，贈衛大將軍、吏部尚書、青州刺史，諡敬
李琰之	隴西狄道	兼著作郎	魏／82／5／1797	後任秘書監，死後有贈（前述）
平恒	燕國薊縣	著作佐郎	魏／84／5／1845	後任秘書丞、令，死後有贈（前述）

〔註27〕《魏書》卷七九《成淹傳》：「成淹，字季文，上谷居庸人也。自言晉侍中粲之六世孫。祖昇，家於北海。父洪，名犯顯祖廟諱，仕劉義隆，為撫軍府中兵參軍，早卒。淹好文學，有氣尚。劉子業輔國府刑獄參軍事，劉彧以為員外郎，假龍驤將軍，領軍主，令援東陽、歷城。皇興中，降慕容白曜，赴闕，授兼著作郎。」（第1751頁）是成淹先仕於劉宋，歸魏後被授予「兼著作郎」之職。然據同書卷五○《慕容白曜傳》：「太和中，著作佐郎成淹上表理白曜曰……」（第1120頁），則成淹的著作官銜為「著作佐郎」，與本傳略有不同，或以本傳所載「兼著作郎」為是。

陽尼	北平無終	著作佐郎	魏／84／5／1845	「時高允爲監，河東邢祐、北平陽尼、河東裴定、廣平程駿、金城趙元順（即趙柔）等爲著作佐郎，雖才學互有短長，然俱爲稱職，並號長者。」（《魏書》卷84《平恒傳》）
裴定	河東聞喜	著作佐郎	魏／84／5／1845	
孫惠蔚	武邑武遂	著作郎	魏／84／5／1854	「才非文史，無所撰著」；後任秘書丞、監，死後有贈（前述）
李同軌	趙郡高邑	著作郎	魏／84／5／1860	典儀注，修國史；贈驃騎大將軍、瀛州刺史，諡康
李業興	上黨長子	著作佐郎	魏／84／5／1862	曾任秘書校書郎（前述）
盧觀	范陽涿縣	著作佐郎	魏／85／5／1871	少好學，有儁才，舉秀才，射策甲科，除太學博士、著作佐郎
江式	陳留濟陽	兼著作佐郎	魏／91／6／1965	除驍騎將軍，兼佐郎，正史中字；贈右將軍、巴州刺史
魏收	鉅鹿下曲陽	兼著作郎	魏／104／6／2326	高澄執政，加兼著作郎；高洋執政，轉秘書監，兼著作郎
張洪		著作佐郎	魏／107 上／7／2326	宣武帝景明（500～503），曾參與制定曆法
王宜弟		占授著作郎	魏／108 上／8／2809	太祖天賜三年十月，占授著作郎王宜弟造兵法

說明：①本表統計對象包括和平元年以前，及永熙三年以後的秘書、著作官員。②本表所列內容，全部來自《魏書》，其它書目所載，一概不取，排列順序先秘書官，後著作官。③按照《魏書》卷數、頁碼順序排列，不論其人時代先後；④「任職」一欄，指此人曾擔任秘書或著作官員的職務，並非指其全部歷職；⑤「資料出處」一欄，「魏」指中華書局1974年標點本《魏書》，後面數字分別指所在卷數、冊數、頁碼，如「魏／16／2／408」，即指《魏書》第16卷，第2冊，第408頁。

　　表中所統計的秘書官員共計85人，包括秘書監、令、丞、郎、令史、校書郎諸職；著作官員65人，包括著作郎、佐郎、兼（佐）郎、秘書著作郎、占授著作郎諸職。我們統計的秘書官員只是「外秘書」，不包括「內秘書」，如秘書中散一職，一般情況下專指內秘書。在85例秘書官員中，有9人爲宗室成員，占比10.6%；65例著作官員中，有1人爲宗室成員，占比1.5%。這兩項比例數字都不高，但任職秘書官員的比例，遠高於任職著作官員者。這種情況一方面表明，北魏宗室成員對於秘書、著作官員興趣不大，畢竟二者

都是沒有多少實際權力的職務；另一方面也說明拓跋鮮卑文化素養不高的現實，儘管拓跋鮮卑入主中原以後，一直努力推行漢化，尤其是孝文帝全面漢化改革，更是致力於提高宗室的漢文化素質，但文化素質的提高和文化面貌的形成畢竟不是短時間就可以收到成效，而秘書、著作官員的職掌，在理論上都是以「文化事業」為主，對任職者的文化水平要求較高，宗室人物在這方面恰好是短板。至於宗室成員任職秘書官員的比例，遠高於任職著作官員者的原因，我認為主要由秘書、著作官員的「專業性」要求不同所致，相較而言，著作官員的「學術專業性」要求更高，秘書官員則不一定需要從事具體的文化事務（如修史、撰著），而只需承擔起「領導」的職任（如監修、指導）就可以了。

再來看北魏曾經擔任過秘書、著作官之職的官員（以下出於行文簡潔考慮，徑稱為「秘書官員」、「著作官員」）的獲贈情況。北魏秘書、著作官員中，最終獲得贈官、贈諡的比例也比較高，在 85 例秘書官員當中，有 44 人獲贈，占比 51.8%；在 65 例著作官員當中，有 28 人獲贈，占比 43.1%。儘管這些人獲贈的主要原因，可能並非由於他們曾有過擔任秘書、著作官員的經歷，但能夠獲得贈官贈諡，至少還是可以反映他們政治地位和政治榮譽的某一側面，所任秘書、著作官員畢竟曾是他們的一段人生經歷。

這裏要作進一步分析的是，北魏秘書、著作官員的獲贈情況，與南朝相比，是否會表現出一些別樣特點？茲徵本書上編《南朝秘書、著作官及其職掌考釋》一文所載相關數據，將南朝宋、齊、梁秘書著作官員獲贈比例，與北魏獲贈比例數據，簡表示之如下（表二：南朝宋、齊、梁與北魏秘書著作官員獲贈比例對比簡表），以作分析：

表二：南朝宋、齊、梁與北魏秘書著作官員獲贈比例對比簡表

	劉宋	蕭齊	蕭梁	北魏
秘書官員（總數／獲贈人數／占比）	45 / 9 / 20.0%	26 / 17 / 65.4%	60 / 45 / 75.0%	85 / 44 / 51.8%
著作官員（總數／獲贈人數／占比）	24 / 2 / 8.4%	16 / 5 / 31.3%	22 / 7 / 31.8%	65 / 28 / 43.1%

據諸上列「表二」可知，宋、齊、梁、魏四朝秘書官員，獲贈比例最高者為蕭梁，占比達 75.0%；其次是蕭齊，占比 65.4%；北魏排第三，占比 51.8%，

比例最低者爲劉宋，僅有 20%。四朝著作官員，獲贈比例最高者爲北魏，占
比 43.1%，然後依次是蕭梁、蕭齊、劉宋，劉宋依然最低，僅有 8.4%的著作
官員獲贈。

比較四朝秘書官員與著作官員的獲贈比例，可知四朝情況相似，秘書官
員均高於著作官員；其次，從絕對數據來看，四朝秘書官員獲贈人數，也都
遠遠高於著作官員。由此可證，無論南朝還是北朝，秘書官員的榮譽性，以
及實際政治地位，都要高於著作官員。

接下來，讓我們來分析北魏著作的情況。

與南朝相比，北魏無論秘書官員，還是著作官員，「兼」、「領」他職的情
況，似乎都要多出不少。徵諸「表一」所載，北魏秘書、著作官員儘管專任
者仍居多數，但兼職的情況也比較常見，相比之下，秘書官員兼領的情況更
加複雜，有些以著作爲專門職任，有些則是兼職著作。如果結合具體史料作
深入分析，進而可以發現，在實際運作中，北魏以他官兼領著作事更爲複雜，
因爲這些兼領的官員，來源更加多樣化，諸如中書省、門下省、秘書省、御
史臺、諸卿、武官、王府僚屬，均可兼領，甚至還可以「白衣」身份兼領著
作，類似情況在南朝就相對較少。此外，就具體個人而言，兼職著作的情況
也有變化，有時以此職兼任，有時又以彼職兼任，甚或同時有多個任職身份。
以下據諸史載略加陳述。

1、以中書官員兼領著作：高允，受詔與司徒崔浩編撰北魏國史時，「以
本官領著作郎」，其時高允的「本官」爲中書侍郎〔註28〕，是高允曾以中書
侍郎之職兼任著作。李琰之，先以本官「彭城王行（臺）參軍」兼著作佐郎，
與侍中李彪一起「修撰國史」，後「轉中書侍郎、司農少卿、黃門郎，修國
史」〔註29〕，是李琰之先後以不同「本官」身份兼職著作，中書侍郎爲其本
官之一。陸恭之，「釋褐侍御史、著作佐郎。建義初，除中書侍郎，領著作
郎」〔註30〕，是陸恭之以侍御史、著作佐郎爲起家官，及至孝莊帝元子攸在
位，以中書侍郎的身份兼職著作。

2、以秘書官員兼領著作：韓興宗，「好學有文才。年十五，受道太學。

〔註28〕《魏書》卷四八《高允傳》，第 1067～1068 頁。
〔註29〕《魏書》卷八二《李琰之傳》，第 1797～1798 頁。
〔註30〕《魏書》卷四○《陸俟附曾孫恭之傳》，第 907 頁。（據本卷，從陸俟至陸恭之
的傳承關係如下：陸俟—陸馛—陸凱—陸恭之，陸馛爲陸俟長子，陸凱則爲
陸馛第六子，陸恭之爲陸凱次子。又，此陸氏係由步陸孤氏改來。）

後司空高允奏爲秘書郎，參著作事。」〔註 31〕是韓興宗曾以秘書郎「參著作事」。李彪、高祐，「高祖初，爲中書教學博士，後假員外散騎常侍、建威將軍、衛國子，使於蕭賾。遷秘書丞，參著作事……彪與秘書令高祐始奏從遷、固之體，創爲紀傳表志之目焉。」〔註 32〕是李彪、高祐二人分別以秘書丞、秘書令的身份參著作事。

3、以門下官員兼領著作：崔光，曾先後以司徒、侍中、黃門侍郎、國子祭酒等職務，兼領著作之職。〔註 33〕山偉，北魏末年曾以給事黃門侍郎的身份兼領著作郎，不過，他在兼領著作期間，在國史修撰方面並未取得任何成績。〔註 34〕孫惠蔚，北魏宣武帝永平四年（511），曾以黃門郎代領著作事，歷時五年而無所成，故任城王元澄於延昌四年三月上奏章，重新讓崔光還領著作事宜。〔註 35〕其它，如張偉曾以散騎常侍〔註 36〕、裴景融以諫議大夫兼

〔註 31〕 《魏書》卷六○《韓麒麟附子興宗傳》，第 1333～1334 頁。

〔註 32〕 據《魏書》卷六二《李彪傳》，第 1381 頁。

〔註 33〕 據《魏書》卷六七《崔光傳》：「太和六年，拜中書博士，轉著作郎，與秘書丞李彪參撰國書。遷中書侍郎、給事黃門侍郎，甚爲高祖所知待……拜散騎常侍，黃門、著作如故，又兼太子少傅。尋以本官兼侍中、使持節，爲陝西大使，巡方省察，所經述敘古事，因而賦詩三十八篇……世宗即位，正除侍中。初，光與李彪共撰國書。太和之末，彪解著作，專以史事任光。彪尋以罪廢。世宗居諒闇，彪上表求成《魏書》，詔許之，彪遂以白衣於秘書省著述。光雖領史官，以彪意在專功，表解侍中、著作以讓彪，世宗不許。」（第 1487～1488 頁）由此可見，崔光所任職銜中，既有著作官，也有中書、門下等官銜，從其歷職來看，著作之銜多爲兼職，故而在李彪請求完成《魏書》時，崔光主動要求將所擔任的侍中、著作諸職讓給李彪。

〔註 34〕 據《魏書》卷八一《山偉傳》，山偉曾以「給事黃門侍郎」的本官兼領著作，後又分別以「安東將軍、秘書監」、「衛大將軍、中書令」等本官兼領著作。不過，由於當時正值尒朱氏軍人集團控制朝政，且世處動蕩，因此，在山偉主持著作期間，國史修撰毫無成績可言，即本傳所云：「國史自鄧淵、崔琛、崔浩、高允、李彪、崔光以還，諸人相繼撰錄，蔡儁及偉等諂說上黨王天穆及尒朱世隆，以爲國書正應代人修緝，不宜委之餘人，是以儁、偉等更主大籍。守舊而已，初無述著。故自崔鴻死後，迄終偉身，二十許載，時事蕩然，萬不記一，後人執筆，無所憑據。史之遺闕，偉之由也。」（第 1793～1794 頁）

〔註 35〕 《魏書》卷六七《崔光傳》：「初，永平四年，以黃門郎孫惠蔚代（崔）光領著作。惠蔚首尾五載，無所厝意。至是三月，尚書令、任城王澄表光宜還史任，於是詔光還領著作。」（第 1491～1492 頁）

〔註 36〕 《魏書》卷三五《崔浩傳》：「（崔）浩於是監秘書事，以中書侍郎高允、散騎侍郎張偉參著作，續成前紀。至於損益褒貶，折中潤色，浩所總焉。」（第 824 頁）

領著作〔註 37〕，散騎常侍、諫議大夫均爲門下省重要屬官，因此，張偉、裴景融二人也都是以門下官員的身份參與修撰。

4、以御史臺官員、諸卿及武官兼領著作：御史臺爲國家司法監察機構，一般情況下並不參與國史修撰之類的文化事務，但是北魏卻出現了以御史臺官員參與著作的情況，如李彪在孝文帝元宏統治時期，曾以「御史中尉」的身份兼領著作郎，就是以監察官的身份而兼掌著作。〔註 38〕以諸卿身份兼任著作，也有其例，如袁翻，「少以才學擅美一時。初爲奉朝請。景明初，李彪在東觀，翻爲徐紇所薦，彪引兼著作佐郎，以參史事。及紇被徙，尋解。」〔註 39〕袁翻以「奉朝請」兼任著作佐郎，就是以諸卿之職兼任著作事宜。至於以武官身份兼任著作，多數情況下表現爲文職官員加將軍號之後，再兼領著作事，如前揭山偉，分別以「安東將軍、秘書監」、「衛大將軍、中書令」等本官兼領著作，其安東將軍、衛大將軍應爲其所加軍號，其本官實爲秘書監和中書令。以純粹的武職兼領著作，雖然較爲少見，但並非沒有，如江式於孝明帝正光（520～525）年間，曾以「驍騎將軍」兼任著作佐郎，就屬於這種情況。〔註 40〕

5、白衣修史：白衣修史的情況較少，史籍所載唯有李彪一例，前揭史載：「初，（崔）光與李彪共撰國書，太和之末，彪解著作，專以史事任光。彪以

〔註37〕《魏書》卷六九《裴延儁附從孫景融傳》：「永安中，秘書監李凱以景融才學，啟除著作佐郎，稍遷輔國將軍、諫議大夫，仍領著作。」（第1534頁）

〔註38〕據《魏書》卷六二《李彪傳》：「後車駕南征，假彪冠軍將軍、東道副將，尋假征虜將軍。車駕還京，遷御史中尉，領著作郎。彪既爲高祖所寵，性又剛直，遂多所劾糾，遠近畏之，豪右屏氣。高祖常呼彪爲李生，於是從容謂羣臣曰：『吾之有李生，猶漢之有汲黯。』汾州胡叛，詔彪持節綏慰，事寧還京，除散騎常侍，仍領御史中尉，解著作事。高祖宴羣臣於流化池，謂僕射李沖曰：『崔光之博，李彪之直，是我國家得賢之基。』」（第1390～1391頁）李彪起初以御史中尉之職領著作郎事，是因爲他此前有擔任著作的經歷；後轉任散騎常侍，兼任御史中尉之職時，不再兼任著作郎。此次李彪職務所發生的變化，主要表現爲不再兼任著作，探究其中原因，大概是孝文帝希望他能夠專意於監察之任，因爲在此前南征期間，李彪「多所糾劾」而令「遠近畏之，豪右屏氣」的效果，以及孝文帝在宴會時稱讚「李彪之直，是我國家得賢之基」，均足以說明，讓李彪擔任御史中尉職掌監察，更能發揮他的政治作用。

〔註39〕《魏書》卷六九《袁翻傳》，第1536頁。

〔註40〕《魏書》卷九一《術藝·江式傳》：「正光中，除驍騎將軍、兼著作佐郎，正史中字。」（第1965頁）

罪廢。世宗居諒闇，彪上表求成《魏書》，詔許之，彪遂以白衣於秘書省著述。光雖領史官，以彪意在專功，表解侍中、著作以讓彪，世宗不許。」〔註41〕可見，李彪曾一度以「白衣」即平民的身份在秘書省從事國史之修撰。崔光之所以給宣武帝上表，請求將自己的侍中、著作職務讓給李彪，大概是鑒於以「白衣」身份到秘書省修史事，前所未有，且李彪修史意念專一，故寧願將自己所兼職務讓出，以便李彪能夠「專功」於國史之修撰。

綜合以上可知，北魏以其它官職兼、領著作郎之事十分普遍，爲什麼會出現這種情況呢？有學者解釋以爲，這是因爲「著作郎爲非常設官職，似有撰事則置，無撰事則闕。史官多取自中書、秘書二省有才學的官員。」〔註42〕這個說法雖有一定道理，但仍有牽強之處，如果說著作郎爲「非常設官職」，那麼北魏的每個朝代都設有著作郎之職這一事實，又該作何解釋呢？「史官多取自中書、秘書二省有才學的官員」，似乎也不盡恰當，實際上劉知幾只說過北魏著作郎「雜取他官，不恒厥職」，並未說明「他官」就是中書或秘書官員，而從上面的分析來看，兼、領著作者的本官來源十分複雜，中書或秘書官員在其中並不占絕對優勢。

對於北魏多以他官兼領著作的現象，我以爲應該結合北魏統治者的文化心態來考慮，作爲文化相對落後的民族，拓跋鮮卑在入主中原、成爲國家主宰以後，對於「漢化」實際上有一種矛盾的心態，一方面他們渴望擁抱中原先進的「漢族」文化，一方面又不願意顯示本部族在文化上的落後狀況。〔註43〕特別是他們在崔浩「國史之獄」之後，對於漢人文士修史時可能再次出現「暴揚國惡」的類似行爲，顯然要有所防範。因此，在編撰、出版國史等文化事業上，一方面不得不任用文化程度較高的漢人文士，但同時又要加以監督和管

〔註41〕《魏書》卷六七《崔光傳》，第1488頁。

〔註42〕前揭《漢至唐初史官制度的演變》，第168頁。

〔註43〕據前揭《魏書》卷八一《山偉傳》載：「國史自鄧淵、崔琛、崔浩、高允、李彪、崔光以還，諸人相繼撰錄。綦儁及偉等諮說上黨王天穆及尒朱世隆，以爲國書正應代人修緝，不宜委之餘人，是以儁、偉等更主大籍。」據《魏書》卷一一三《官氏志》，山氏、綦氏均爲胡姓，分別由「內入諸姓」之土難氏、綦連氏所改。綦儁、山偉二人勸說元天穆及尒朱世隆，認爲「國書正應代人修輯，不宜委之餘人」，不能僅僅視爲個人行爲，而具有文化層面上的意義，他們試圖控制國史修撰的想法，正體現出文化落後民族在接受先進文化時的一種矛盾心理，一方面對先進文化欣賞、羨慕、好奇，另一方面又自卑、牴觸甚至是反感，這種矛盾心態在魏晉南北朝時期胡族「漢化」過程中實具有普遍性的意義。

制，於是就在設置專職著作官員的同時，不斷任命、使用其它官員兼、領著作官，而且在多數情況下，這些兼職官員處於絕對的領導地位，因此以他官兼、領著作官的現象，在某種意義上正表明拓跋鮮卑統治者對專職著作官員的不信任。另一方面，我們還要注意到，拓跋鮮卑統治者也有意識地利用這種方式對漢人知識分子進行籠絡，他們通過讓他官兼、領著作的方式，以顯示對文化官員的重視，這一點正投漢人文士之所好，需知漢人文士多數都視這類沒有實際政治權力的文化官職爲「清要」之職，因而每每以得授此類官職爲榮崇。史實表明，北魏統治者的這個做法是有成效的，因爲不僅有效地籠絡了一大批漢人文士，也在事實上提升了秘書、著作等文化官員的社會榮譽和社會地位。〔註44〕

三、北魏的監修制度與集書省

與南朝相比，北魏史官制度最大一處不同，是北魏確立了監修制度。北魏監修制度，一般認爲創始於太武帝拓跋燾統治時期。據諸史載，神䴥二年（429）、太延五年（439），太武帝拓跋燾曾先後兩次下詔徵集學士撰述國史，均以崔浩總領其任，是爲國史監修之肇端。崔浩之後，高允、李彪、崔光、崔鴻等人又先後典領國史，逐漸成爲制度。史實表明，在孝明帝元詡正光以前，監修者全部爲漢人文士。其後，國史監修之權始轉由少數民族人物充當，正如劉知幾所說：「及洛京之末，朝議又以爲國史當專任代人，不宜歸之漢士。於是谷纂、山偉更主文籍。」〔註45〕按，此處谷纂，或作「慕儁」〔註46〕。慕儁、山偉，皆

〔註44〕 北魏孝文帝元宏對秘書、著作官員頗爲看重，據《魏書》卷六○《韓麒麟傳附韓顯宗傳》：「高祖曾謂顯宗及程靈虯曰：『著作之任，國書是司。卿等之文，朕自委悉，中省之品，卿等所聞。若欲取況古人，班馬之徒，固自遼闊。若求之當世，文學之能，卿等應推崔孝伯。』……」（第 1342 頁）同書卷六二《李彪傳》記載孝文帝曾下詔褒獎李彪，云：「……彪雖宿非清第，本闕華資，然識性嚴聰，學博墳籍，剛辯之才，頗堪時用；兼憂吏若家，載宣朝美，若不賞庸敘績，將何以勸獎勤能？可特遷秘書令，以酬厥款。」（第 1389 頁）而據同書卷六○《程駿傳》：程駿臨終前，朝廷以詔書的形式，任命其少子程公稱爲「中散」、佽程靈虯爲「著作佐郎」，程靈虯所以得到這個任命，則完全出於程駿的臨終啓請，據同卷附《程靈虯傳》：程靈虯「幼孤，頗有文才，而久淪末役。在吏職十餘年，坐事免。會（程）駿臨終啓請，得擢爲著作佐郎。」（第 1350 頁）程駿臨終前向朝廷啓請，請求授予其佽程靈虯「著作佐郎」一職，以及最終朝廷以「詔書」形式下達任命，正從一個方面表明著作官員的崇高社會榮譽性。

〔註45〕 《史通通釋》卷十一《史官建置》，第 315 頁。

為代北胡人，漢化水平本來就比較低，谷纂，雖然有可能是漢人，但長期居於胡化之地，漢文化的修養也不會太高。〔註47〕要之，無論是谷纂、綦儁，還是山偉，由於受到漢文化水平之限制，由他們來主持國史修撰這一類文化事務，自然都不可能有所發明。徵諸史載，谷纂雖監修國史，但「前為著作，又監國史，不能有所緝綴。」〔註48〕山偉，主持監修國史二十多年，亦無任何著述，史言「自崔鴻死後，迄終（山）偉身，二十許載，時事蕩然，萬不一記，後人執筆，無所憑據。史之遺闕，偉之由也。」〔註49〕這種情況適足表明，儘管在孝文帝遷都洛陽、推行漢化之後，少數民族文化水平已有較大提高，但比起學術傳統悠久的漢人士族來說，仍有很大差距，因為學術文化需要長時間的積纍和沉澱。需要指出的是，無論是漢人還胡人主持國史監修，也不論胡人主持期間是否取得成效，北魏所創造的國史監修制度，還是為後來的東、西魏、北齊、北周諸朝所繼承，並為其後的隋、唐所承繼發揚。

這裏還要略為介紹一下北魏的集書省及記注官的情況。集書省，為北魏後期職官制度中央「六省」之一，北魏「六省」當中，尚書、中書、門下三省權力重大，與現實政治緊密相關，後三省即秘書、集書、中侍中三省，其中的秘書、中侍中二省係北魏前期內侍官組織之遺留，集書省則係模仿南朝制度而設置，在性質上與秘書省有較大相似性，更多地是參與國史修撰、圖書收集整理等文化事務，因此也可以歸入文化機構。據《通典》載，北魏、北齊皆設置有集書省，隸屬於門下省，「掌諷議左右，從容獻納，領諸散騎常

〔註46〕其中「谷纂」，前揭蒲起龍通釋注云「郭本注以綦儁易之。」（第315頁）。
〔註47〕谷纂，谷渾之孫，徵諸《魏書》卷三三《谷渾傳》，谷氏籍貫昌黎，自谷纂曾祖谷袞出仕慕容垂，擔任廣武將軍起，昌黎谷氏就一直以武力見長，如谷袞「膂力兼人，彎弓三百斤，勇冠一時」，谷渾「少有父風，任俠好氣」，其後雖然谷渾「折節受經業，遂覽群籍，被服類儒者」，谷渾子孫悉補「中書學生」，以及谷纂被任命為著作郎、監國史等事實，但依然改變不了谷氏以武勇軍功立家的門風，就總體表現來看，昌黎谷氏仍是一個以武功立家、具有明顯胡化傾向的家族。（第780～782頁）因此，谷氏即便真的出於昌黎谷氏，但由於長期與北方胡族雜居，其在文化上實已胡化較深，按照陳寅恪先生文化決定論的觀點，判斷一個人的民族屬性，「化」比血統重要，看他是什麼民族，應當以其「化」（即接受某種文化習俗）來決定，漢人接受胡化即可目為胡人，胡人接受漢化，就可視作漢人。（詳參前揭《陳寅恪魏晉南北朝史講演錄》第十八章《北齊的鮮卑化與西胡化》）因此，谷氏應當被視為胡人。
〔註48〕《魏書》卷三三《谷渾附孫纂傳》，第782頁。
〔註49〕《魏書》卷三一《山偉傳》，第1794頁。

侍、侍郎及諫議大夫、給事中等官，兼以出入王命，位在中書之右。」〔註50〕據此，則集書省與現實政治之間的聯繫也較爲密切。何以集書省又和著作官員扯上關係，而逐漸成爲文化機構？這主要是由於集書省兼掌起居注的緣故，在獻文帝拓跋弘以前，北魏不置起居官，起居注由著作官或其它文職近侍官兼任。孝文帝太和十五年始置左、右史官，記注官制度始確立。〔註51〕孝文帝所置之「左、右史」，即起居令史，仍據《通典》載：「後魏始置起居令史，每行幸宴會，則在御左右，記錄帝言及宴賓客訓答。後又別置修起居注二人，以他官領之。」〔註52〕又據《魏書·官氏志》載，孝文帝太和十七年頒佈職員令，起居（注）令史，從七品上。〔註53〕《唐六典》所載與《魏志》相同，云：「後魏及北齊集書省領起居注，令史之職，從第七品上。」〔註54〕可知，起居令史實際上歸集書省直接領導，在孝文帝始置此職時，起居令史有點類似古代專掌人君言行的「左、右史」；而「修起居注」二人，則爲後來增置，一般情況下由其它職官兼任。無論是起居令史，還是「修起居注」，由於均歸集書省領導，因此從這個意義上來說，將集書省視爲著作官，亦未嘗不可。關於集書省負責起居注修撰，這裏還有直接例證，如孝文帝元宏曾就起居注修撰事宜，批評過負責集書省事務的尉羽、盧淵、元景等人，據諸史載：

> （孝文帝）又謂守尚書尉羽曰：「卿在集書，殊無憂存左史之事，今降爲長兼常侍，亦削祿一周。」又謂守尚書盧淵曰：「卿始爲守尚書，未合考績。然卿在集書，雖非高功，爲一省文學之士，嘗不以左史在意，如此之咎，罪無所歸。今降卿長兼王師，守常侍、尚書如故，奪常侍祿一周。」……又謂散騎常侍元景曰：「卿等自任集書，合省逋墮，致使王言遺滯，起居不修，如此之咎，責在於卿。今降

〔註50〕《通典》卷二一《職官典三》，第 553 頁。

〔註51〕《魏書》卷七下《高祖紀下》：「（太和）十五年春正月丁卯，帝始聽政於皇信東室。初分置左右史官。」（第 167 頁）

〔註52〕《通典》卷二一《職官典三》，第 555～556 頁。

〔註53〕《魏書》卷一一三《官氏志》，第 2991 頁。按，太和二十三年職員令中，無「起居注令史」之品級。手抑或起居注令史已經從二十三年職員令中消失？如果此職仍然存在，其品級又如何？按，在太和十七年職員令中，和起居注令史同爲從七品上的職官，還有集書令史、主書令史、秘書令史諸職，其中主書令史一職在二十三年職員令中得以保留，爲從八品上，（集書令史、秘書令史亦不見載）。因此，如果二十三年職員令頒佈以後，起居注令史依然設置的話，則其品級也可能是從八品上。

〔註54〕《唐六典》卷八《門下省》「起居郎」條下注，第 248 頁。

爲中大夫、守常侍，奪祿一周。」〔註55〕
前揭尉羽、盧淵、元景三人負責集書省事務時的本官，前二人爲守尙書，元
景則爲散騎常侍，他們因爲在集書省未能恪盡著作之職，而受到降職奪祿的
懲罰。

至於前引《通典》所說「後又別置修居注二人，以他官領之」，這些兼領
修撰事務的「他官」，主要有哪些？稽考諸史，孝文帝太和以後，歷任修起居
注者大致有李伯尙、崔鴻、王遵業、邢巒、封肅、邢昕、溫子昇、許絢等人，
根據對他們所任本官的分析，不難發現兼領著作者，本官來源構成十分複雜，
諸如尙書官員、散騎常侍、侍郎、著作佐郎、太學博士、主客郎中等臺省官
員，甚至包括長史、參軍等臺省僚吏，均可兼領起居事。〔註56〕

隨起居注修撰工作的繼續，到孝明帝元詡時，北魏又設置監典官，以加
強對起居注修撰的控制，如裴延儁，「肅宗初遷散騎常侍，監起居注，加前將
軍，又加平西將軍，除廷尉卿。」〔註57〕是裴延儁以散騎常侍之職，監典起
居注的修撰工作，大概由於監典修撰有功，故在任期間又先後加前將軍、平
西將軍等軍號。其它如崔鴻、祖瑩、羊深、裴伯茂等人，也都曾經以不同官
職充當起居注修撰的監典官。〔註58〕這裏要特別指出的是，設官監典起居注，

〔註55〕 《魏書》卷二一上《廣陵王（元）羽傳》，第549頁。
〔註56〕 據《魏書》卷三八《王慧龍附王遵業傳》：「（王遵業）位著作佐郎，與司徒
　　　　左長史崔鴻同撰《起居注》。遷右軍將軍，兼散騎常侍，慰勞蠕蠕。乃詣代
　　　　京，採拾遺文，以補《起居》所闕。」（第878頁），是王遵業以著作佐郎、
　　　　崔鴻以「司徒左長史」的身份共同修起居注，後來王遵業又以右軍將軍、
　　　　兼散騎常侍的身份，在平城搜集遺文，補撰起居注；卷三九《李寶附李伯
　　　　尙傳》：「（李伯尙）稍遷通直散騎侍郎，敕撰《太和起居注》」（第893頁），
　　　　是李伯尙以「通直散騎侍郎」修起居注；卷一○四《自序》：「世宗時，命
　　　　邢巒追撰《高祖起居注》，書至太和十四年，又命崔鴻、王遵業補續焉。」
　　　　（第2326頁）邢巒奉命追撰起居注，時任尙書；卷八五《文苑·封肅傳》：
　　　　「位太學博士，修《起居注》，兼廷尉監」（第1871頁），是封肅以「太學
　　　　博士」身份修起居注；卷八五《文苑·邢昕傳》：「累遷太尉記室參軍。吏
　　　　部尙書李神儁奏昕修起居注」（第1874頁），是邢昕以「太尉記室參軍」身
　　　　份修起居注；卷八五《文苑·溫子昇傳》：「建義初，爲南主客郎中，修起
　　　　居注」（第1875頁），是溫子昇以外交官員的身份修起居注；卷四六《許彥
　　　　附許絢傳》：「（許絢）自侍御史累遷尙書左民郎、司徒諮議參軍，修起居注。」
　　　　（第1037～1038頁）是許絢以「尙書左民郎、司徒諮議參軍」的身份修起居
　　　　注。可見北魏的起居注，也常以他官兼任。
〔註57〕 《魏書》卷六九《裴延儁傳》，第1529頁。
〔註58〕 據《魏書》卷八一《山偉傳》並參諸他傳，崔鴻除了以「司徒左長史」的身

是對國史監修制度的進一步深化和完善，這一制度為其後的東魏、北齊所承繼，並成為隋唐，乃至後世國史監修制度的源頭。

四、東魏、北齊的秘書著作官

　　基於「後齊制官，多循後魏」〔註59〕的事實，我們或可認為，東魏、北齊秘書著作官制度基本沿襲北魏。著作官隸屬於秘書省，但由於著作官多數由中書官員兼任，故國史修撰在實際運行中，多數由中書機構掌握。起居注的修撰，也與北魏時期大致相同，一般情況下，仍由中書或門下長官監典。

　　東魏、北齊的秘書、著作官人員組成，可根據《隋書》的記載知其大概。據《隋書‧百官志》：「後齊制官，多循後魏……秘書省，典司經籍。監、丞各一人，郎中四人，校書郎十二人，正字四人。又領著作省，郎二人，佐郎八人，校書郎二人。」〔註60〕則東魏北齊時期秘書省的組成人員，包括秘書監、丞各1人，秘書郎中4人，秘書校書郎12人，秘書正字4人；秘書省同時下領著作省，有著作郎2人，著作佐郎8人，著作校書郎2人。除此而外，集書省在東魏時期似仍存在，並在起居注修撰中發揮作用，仍據前引《隋志》云：

　　　　集書省，掌諷議左右，從容獻納。散騎常侍、通直散騎常侍各六人，諫議大夫七人，散騎侍郎六人，員外散騎常侍二十人，通直散騎侍郎六人，給事中六人，員外散騎侍郎一百二十人，奉朝請二百四十人。又領起居省，散騎常侍、通直散騎常侍、散騎侍郎、通直散騎侍郎各一人，校書郎二人。〔註61〕

按，《隋志》此處所云「集書省」，從構成上看，實際上就是魏晉初期的散騎

份參與修撰《起居注》外，還曾以「三公郎中」的身份監修起居注；據卷八二《祖瑩傳》：「累遷國子祭酒，領給事黃門侍郎，幽州大中正，監起居事，又監議事」（第1800頁），是祖瑩以「國子祭酒、領給事黃門侍郎、幽州大中正」監修起居；據卷七七《羊深傳》：「普泰初，遷散騎常侍、衛將軍、右光祿大夫，監起居注。」（第1704頁），是羊深以「散騎常侍、衛將軍、右光祿大夫」監修起居注；據卷八五《裴伯茂傳》：「再遷散騎常侍，典起居注」（第1872頁），是裴伯茂以「散騎常侍」典掌亦即監修起居。綜而觀之，監修官絕大多數情況下由門下省的官員擔任，還要特別指出的是，北魏史官制度中門下官員擔任「監修」的特點，對於隋唐時期「三省六部」職官制度中，由門下省負責「封駁、審核」事務，當有某種啟示意義。

〔註59〕《隋書》卷二七《百官志中》，第751頁。
〔註60〕《隋書》卷二七《百官志中》，第751、754頁。
〔註61〕《隋書》卷二七《百官志中》，第754頁。

省，其下所領起居省，除了校書郎以外，官員構成及名稱與集書省並無不同。
但正如我們前面已經分析過的那樣，起居注在事實上早就歸中書、門下長官
監典，因此集書省所領導之「起居省」，要麼也同時歸中書或門下領導，要麼
就是在起居注修撰方面的作用進一步趨於式微。再到後來文宣帝高洋建立北
齊，成立史館，與國史修撰密切相關的起居注修撰，又轉而成為史館的職掌，
集書省及其領導的起居省，也就在實際運作過程中，轉入史館。因此，後來
散騎諸職轉而成為門下省官員，以及集書省最終從職官制度序列中消失，與
集書省修撰起居注功能的喪失，很可能有著直接的關係。

言東魏北齊著作官制度的發展，必須注意北齊時期所創立的史館制度。
高洋在接受魏禪、建立北齊後，為凸顯自己的文治武功，於天保二年（551）
建立史館。〔註62〕此後到國家滅亡，史館都是北齊最主要的修撰機構。史館，
或稱史閣，主要職能和任務就是修撰北齊的國史，至於有時稱以「史閣」之
名，則主要是就史館中有收藏圖書的閣樓而言，由此可知，史館同時也是北
齊國家的重要藏書處所。

北齊史館的建築構成，據前揭牛潤珍氏的研究，除了有收藏圖書資料的
樓閣建築（「史閣」）之外，還有史官辦公修史的場所，以及繕寫抄錄的工作
室和供值班人員休息的「宿值處」。〔註63〕作為國家修撰機構，北齊史館的組
織機構比較完備，人員構成及分工都比較明確，主要有監修大臣、著作郎、
佐郎、修史臣、校書郎、著作令史等職。自史館建立起，北齊監修大臣即由
高官充當，並成為慣例。徵諸《北齊書》所載，北齊歷任監修大臣有高隆之、
魏收、崔劼、趙彥深、陽休之、崔季舒、祖珽等人。先看上述諸人在充任監
修大臣時的本官官品。

> 高隆之，「齊受禪，進爵為王。尋以本官錄尚書事，領大宗正卿，
> 監國史。」〔註64〕時高隆之的本官是「太子太師、兼尚書左僕射、
> 吏部尚書，遷太保」，在北齊受禪以後，爵位進為王，但由於「以本
> 官錄尚書事」，因此其官為一品。

> 魏收，曾兩次監修國史，第一次是天保八年（557），「除太子少
> 傅，監國史，復參議律令」，第二次是皇建元年（560），「除兼侍中、

〔註62〕 前揭《漢至唐初史官制度的演變》，第180頁。
〔註63〕 前揭《漢至唐初史官制度的演變》，第180頁。
〔註64〕 《北齊書》卷一八《高隆之傳》，第237頁。

右光祿大夫，仍儀同、監史」〔註65〕，本官均爲正三品。

崔劼，皇建年間（560），「入爲秘書監、齊州大中正，轉鴻臚卿，遷并省度支尚書。俄授京省，尋轉五兵尚書，監國史，在臺閣之中，見稱簡正。」〔註66〕崔劼監修國史時，本官五兵尚書，爲正三品。

趙彥深，河清元年（562），「進爵安樂公，累遷尚書左僕射、齊州大中正，監國史，遷尚書令，爲特進，封宜陽王。」〔註67〕趙彥深監修國史時，本官尚書左僕射、齊州大中正，官爲從二品。

陽休之，「齊受禪，除散騎常侍，修起居注。頃之，坐詔書脫誤，左遷驍騎將軍……天統初，徵爲光祿卿，監國史。」〔註68〕天統（565～569）爲北齊後主高緯年號，陽休之天統初年以本官光祿卿的身份監修國史，光祿卿，正三品。

崔季舒，「遷侍中、開府，食新安、河陰二郡幹。加左光祿大夫，待詔文林館，監撰《御覽》。加特進、監國史。」〔註69〕北齊「侍中、開府」爲正二品，而「加特進」後，就成爲正一品。

祖珽，「由是拜尚書左僕射，監國史，加特進，入文林館，總監撰書，封燕郡公，食太原郡幹，給兵七十人。」〔註70〕祖珽監國史時本官爲「尚書左僕射」，爲從二品，「入文林館，總撰御書」時「加特進」，官爲一品。

從以上羅列可見，北齊監修大臣的官品，從正三品到一品不等，最低者亦爲正三品，全爲高級官員。除了本官品級很高以外，北齊國史監修大臣的家世背景也值得關注，就這一點來看，北齊監修大臣無不出身顯赫，或出於宗室，或出於名門望族。

其中出於宗室成員者，有高隆之。徵諸《北齊書》本傳，高隆之本姓徐氏，自云出於高平金鄉，父親徐幹北魏時曾任白水郡守，因爲被姑婿高氏所養，遂改姓高。因此，從血緣看，高隆之與高齊皇室並無關涉。但後來高隆

〔註65〕《北齊書》卷三七《魏收傳》，第 489、491 頁。
〔註66〕《北齊書》卷四二《崔劼傳》，第 558 頁。
〔註67〕《北齊書》卷三八《趙彥深傳》，第 506 頁。
〔註68〕《北齊書》卷四二《陽休之傳》，第 562 頁。
〔註69〕《北齊書》卷三九《崔季舒傳》，第 512 頁。
〔註70〕《北齊書》卷三九《祖珽傳》，第 519 頁。

之以「參議之功」，被高歡「命爲從弟」。於是，高隆之從此便說自己是渤海
蓨人，從而與高齊皇室拉上關係。〔註71〕高歡將高隆之「命爲從弟」，這在古
代中國屬於一種至高無上的「恩榮」，高隆之也因此成爲高齊皇室的成員。其
餘諸人均出身於名門望族。如魏收，「鉅鹿下曲陽人也」，鉅鹿魏氏爲北魏新
出的盛門；崔劼，「本清河人……世爲三齊大族」，清河崔氏歷來被視爲北朝
第一盛門；崔季舒，「博陵安平人」，博陵崔氏也是北朝久負盛名與清河崔氏
並稱的世家大族；陽休之，「右北平無終人」，陽氏世爲北平大族，北平陽氏
自北魏後期即人才輩出；祖珽，「范陽遒人」，范陽祖氏也是自西晉以來就知
名於世的大族。

　　除此而外，我們還注意到，在北齊監修大臣中，除高隆之才學不高以外，
其它人均爲當時知名的才學之士。即便是高隆之，雖然在學養方面有所欠
缺，但他對於文化卻充滿敬畏之情，不僅在日常生活中能夠做到禮賢下士，
還十分注意家庭教育，訓導子女必以「文義」爲先，並因此受到人們的尊敬。
〔註72〕至如魏收等人，則多爲有家學淵源的飽學之士，如魏收，少年時代曾
好習騎射，後折節向學，遂「以文華顯」，北魏節閔帝即位後曾「妙簡近侍」，
黃門郎賈思同遂推薦了魏收，說他「雖七步之才，無以過此」，魏收遂被任
命爲散騎侍郎，「典起居注，並修國史，兼中書侍郎」，當時魏收才 26 歲。
〔註73〕崔劼，「少而清虛寡欲，好學有家風。」〔註74〕崔季舒，「性明敏，涉
獵經史，長於尺牘，有當世才具。」〔註75〕陽休之，「儁爽有風概，少勤學，
愛文藻，弱冠擅聲，爲後來之秀。」〔註76〕祖珽，「詞藻遒逸，少馳令譽，爲
世所推。起家秘書郎，對策高第，爲尚書儀曹郎中，典儀注。嘗爲冀州刺史
万俟受洛制《清德頌》，其文典麗，由是神武（即高歡）聞之。時文宣（即高

〔註71〕　《北齊書》卷一八《高隆之傳》：「高隆之，字延興，本姓徐氏，云出自高平
　　　　　金鄉。父幹，魏白水郡守，爲姑婿高氏所養，因從其姓。隆之貴，魏朝贈司
　　　　　徒公、雍州刺史。隆之後有參議之功，高祖命爲從弟，仍云渤海蓨人。」（第
　　　　　235 頁）
〔註72〕　《北齊書》卷一八《高隆之傳》：「隆之雖不涉學，而欽尚文雅，縉紳名流，
　　　　　必存禮接。寡姊爲尼，事之如母，訓督諸子，必先文義。世甚以此稱之。」（第
　　　　　238 頁）
〔註73〕　《北齊書》卷三七《魏收傳》，第 483～484 頁。
〔註74〕　《北齊書》卷四二《崔劼傳》，第 558 頁。
〔註75〕　《北齊書》卷三九《崔季舒傳》，第 511 頁。
〔註76〕　《北齊書》卷四二《陽休之傳》，第 560 頁。

洋）爲幷州刺史，署珽開府倉曹參軍，神武口授珽三十六事，出而疏之，一無遺失，大爲僚類所賞。時神武送魏蘭陵公主出塞嫁蠕蠕，魏收賦《出塞》及《公主遠嫁詩》二首，珽皆和之，大爲時人傳詠。」〔註77〕

由此可見，北齊監修大臣出身顯赫，富於才華，社會政治地位崇高，一方面反映出最高統治者對國史修撰的重視，因而加強了對這項工作的控制；另一方面也在事實上提高了秘書著作官的社會聲望和地位，使得原本就極具榮耀性的國史修撰工作，更加爲世人所看重。

最後說一下北齊著作官員的組成及其品級。據前引《隋志》，北齊著作郎2人，爲從五品；著作佐郎8人，爲正七品〔註78〕；校書郎2人，正九品上。〔註79〕另外，北齊秘書省還置有著作令史，但品秩不詳。這裏還要特別指出的是，北齊史館還有所謂「修史臣」，似爲其它朝代所無。所謂「修史臣」，據前揭牛潤珍氏《漢至唐初史官制度的演變》一書揭示，係指臨時抽調進入史館修史的官吏，員額不限，修撰完畢，即還原職，他們不屬於史館固定編制，具有後世使職差遣的性質。如房延祐、辛元植、刁柔、裴昂之、高孝幹、陸卬、李廣等人，都曾以不同官職充當修史臣。一般情況下，這些參與國史修撰任務的「修史臣」，需要由著作郎推薦，再經皇帝批准後，方可進入史館參與修撰。能夠充任修史臣者，多數是國子博士、中書侍郎、中書舍人、通

〔註77〕《北齊書》卷三九《祖珽傳》，第513～514頁。

〔註78〕按，《通典》卷二六《職官典八》云：「北齊有著作郎、佐郎各二人」，第737頁。《唐六典》卷一〇《秘書省》「著作局」條云：「著作郎二人，從五品上；著作佐郎四人，從六品上；（自注：著作佐郎修國史……晉定員八人；哀帝興寧二年，大司馬桓溫表省四人；孝武帝寧康八年復置八人……宋、齊並同……後魏正第七品上，北齊正第七品下。後周春官府置著作中士四人，即著作佐郎之任也。隋置八人，正第七品下；煬帝三年，置十二人，增品從第六。皇朝置四人。龍朔二年改爲司文郎，咸亨元年復故。開元二十六年，減置二人。）（第301頁）《唐六典》敘事，自晉至唐開元二十六年，於著作佐郎之員數、品級，敘述次序井然，唯於梁、陳、北魏、北齊四朝的員數不言。依古籍一般敘事行文邏輯，既不言員數，則應當與晉、宋、齊相同，也就是說，這四朝著作佐郎的員數，應該爲定員8人。另外，還有一種可能，即北齊著作佐郎的員數與其同一時代的北周相同，也置4人。在8人與4人之間，筆者傾向於前者。但無論4人或是8人，《通典》認爲北齊著作佐郎共有2人，恐誤。

〔註79〕《唐六典》卷一〇《秘書省》「著作局」條云：「……校書郎二人，正九品上。（自注：後魏著作省置校書郎，史闕其員、品。北齊著作省置校書郎二人，正第九品上，隋及皇朝因之。開元二十六年減置一人。）（第302頁）

直散騎常侍、尚書郎等品級較低的文職官吏。〔註80〕北齊在「史館」之外增設臨時性的「修史臣」，既可以滿足國史編撰機構在某些時候所出現的暫時性人手短缺的情況，又不至於造成國家職官機構的膨脹，體現了北齊職官設置的靈活性。

五、西魏、北周的秘書著作官

西魏秘書、著作官一同北魏，由秘書監兼領著作事，同時也設有監修官，這一點與同一時期的東魏、北齊並無本質差異。〔註81〕西魏、北周監修官一般均以大臣統領，或稱爲「監修國史」，一般情況下，能夠出任監修大臣者，也都要求具有相當高的學養，或是對朝廷典章較爲熟悉。如柳敏，「性好學，涉獵經史，陰陽卜筮之術，靡不習焉……又久處臺閣，明練故事，近儀或乖先典者，皆按據舊章，刊正取中。遷小宗伯，監修國史。轉小司馬，又監修律令。」〔註82〕有時或直接稱爲「監國史」，如鄭譯在北周宣帝時，「俄遷內史上大夫……又監國史。」〔註83〕西魏北周之內史省，即唐代之門下省，內史上大夫相當於門下省的副長官黃門侍郎。

還需要指出的是，在相當長的一段時間裏，西魏秘書省的官員並不承擔國史修撰的實際工作，所謂秘書監「領著作、監國史」，只表示著作官員與秘書省之間在行政上的隸屬關係。秘書官員不承擔實際的撰寫任務，這裏有強

〔註80〕據《北齊書》卷三七《魏收傳》載，北齊文宣帝天保二年（551），下詔修撰北魏歷史，並任命高隆之爲總監，而魏收則「專在史閣」、「專其任」，爲實際上的負責人，「收於是部通直常侍房延祐、司空司馬辛元植、國子博士刁柔、裴昂之、尚書郎高孝幹專總斟酌，以成《魏書》。」（第487頁）據此可知，房延祐、辛元植、刁柔、裴昂之、高孝幹參與修國史時的職官分別爲通直（散騎）常侍、司空府司馬、國子博士、尚書郎。又據同書卷四五《文苑·李廣傳》：「中尉崔暹精選御史，皆是世冑，廣獨以才學兼御史，修國史。」（第607頁）是李廣以御史身份參與修史。同書卷三五《陸卬傳》：「除中書侍郎，修國史。」（第469頁）是陸卬以中書侍郎一職參與修史。

〔註81〕唐代著名史學家劉知幾即持此觀點，據前揭《史通通釋》卷一一《史官建置》：「高齊及周，迄於隋氏，其史官以大臣統領者，謂之監修。國史自領，則近循魏代，遠效江南，參雜其間，變通而已。唯周建六官，改著作之正郎爲上士，佐郎爲下士，名諡（自注：當作『號』）雖易，而班秩不殊。」（第316～317頁）可見在「監修」國史的問題上，西魏北周與北魏、東魏北齊並無不同，至多是名稱上加以變化罷了。

〔註82〕《周書》卷三二《柳敏傳》，第560～561頁。

〔註83〕《隋書》卷三八《鄭譯傳》，第1136頁。

證，仍據《通典》云：「後周柳虯爲秘書丞，時秘書雖領著作，不參史事，因虯爲丞，始令監掌焉。」〔註84〕這表明，至少在柳虯擔任秘書丞之前，西魏秘書省「雖領著作」，但並不具體參與國史修撰的事宜（即所謂「不參史事」）。於是這裏就出現一個問題，即秘書省「不參史事」期間，國史修撰實際上由哪一部門掌管？對於這個問題，史籍並未提供直接證據，因此我們只能根據北魏及東魏北齊同一時期的情況加以推測。

北魏以及同一時期的東魏北齊，秘書省（監）「不參史事」之前，著作國史、集注起居等事主要由中書省承擔。西魏、北周是否如此？這裏我們首先來看一些具體事例：

（1）、蘇亮，大約於西魏孝武帝大統八年，「除中書監，領著作，修國史。」〔註85〕是蘇亮曾以中書監的身份，兼領著作，修撰國史。

（2）、薛寘，「魏廢帝元年，領著作佐郎，修國史。尋拜中書侍郎，修起居注。」〔註86〕是薛寘曾以中書侍郎之職，修撰起居注。

（3）、李昶，「綏德公陸通盛選僚寀，請以昶爲司馬，太祖許之……又兼二千石郎中，典儀注。累遷都官郎中、相州大中正、丞相府東閤祭酒、中軍將軍、銀青光祿大夫。昶雖處郎官，太祖恒欲以書記委之。於是以昶爲丞相府記室參軍、著作郎，修國史。轉大行臺郎中、中書侍郎。」〔註87〕是李昶先以公府司馬，兼二千石郎中的身份，典掌儀注；後又以丞相府記室參軍、著作郎的身份，修撰國史；至於李昶轉任大行臺郎中、中書侍郎以後，是否繼續修撰國史，史籍語焉不詳，但根據此前「昶雖處郎官，太祖恒欲以書記委之」，以及他曾以二千石郎中典掌儀注的經歷來看，應該不排除有這種可能性。

（4）、檀翥，「好讀書，善屬文……魏孝武西遷，賜爵高唐縣子，兼中書舍人，修國史，加鎮軍將軍。」〔註88〕是檀翥曾以兼中書舍人的身份，修撰國史。

〔註84〕《通典》卷二六《職官典八》「秘書丞」條注，第734頁。
〔註85〕《周書》卷三八《蘇亮傳》，第678頁。
〔註86〕《周書》卷三八《薛寘傳》，第685頁。
〔註87〕《周書》卷三八《李昶傳》，第686頁。
〔註88〕《周書》卷三八《李昶附檀翥傳》，第687頁。

（5）、柳虯，「（大統）十四年，除秘書丞。秘書雖領著作，不參史事，自虯爲丞，始令監掌焉。十六年，遷中書侍郎，修起居注，仍領（秘書）丞事。」〔註89〕是柳虯曾以中書侍郎的身份，修撰起居注，同時兼領秘書丞之職。

以上 5 例都是以中書官員的身份兼領著作起居，時間均在西魏時期。北周也有二例：

（1）、劉行本，「周大冢宰宇文護引爲中外府記室。周武帝親總萬機，轉御正中士，兼領起居注。」〔註90〕按「御正中士」一職，在北周六官制中屬於「天官府」，胡三省曾經指出，御正中士的職掌與中書舍人相當，略云：

《周書・申徽傳》曰：御正，任專絲綸，蓋中書舍人之職也。《北史・盧辯傳》：武成元年，增置御正四人，位上大夫。考之《唐六典》，則曰：後周依《周官》，春官府置內史中大夫，掌王言，蓋比中書監、令之任，後又增爲上大夫。小史下大夫，比中書侍郎之任；小史上士，比中書舍人之任。然則爲御正者，亦代言之職，在帝左右，又親密於中書。杜佑《通典》：御正屬天官府。〔註91〕

從中可知，在北周所實行的「六官制」中，已經有小史下大夫一職與中書舍人相當。但同時御正諸職（包括御正上大夫、御正中大夫、小御正下大夫、小御正上士、小御正中士）也具有類似職能，同時又因御正諸職就在皇帝左右工作，較內史諸職更爲親近，這也就是說，御正由於「任專絲綸」而具備中書舍人之職能（即「蓋中書舍人之職也」），但同時又因爲更加貼近皇帝，故親密程度卻超過中書舍人（即「又親密於中書」）。要言之，劉行本雖是以御正史中士之職兼領起居注，但在事實上卻相當於以中書官員的身份修撰起居注。〔註92〕

（2）牛弘，「在周，起家中外府記室、內史上士。俄轉納言上士，專掌文翰，甚有美稱。加威烈將軍、員外散騎侍郎，修起居注。」〔註93〕按，內

〔註89〕《周書》卷三八《柳虯傳》，第 681 頁。
〔註90〕《隋書》卷六二《劉行本傳》，第 1477 頁。
〔註91〕《資治通鑒》卷一六八陳文帝天嘉二年（561）六月乙酉條胡注，第 5214 頁。
〔註92〕按，關於御正之職的性質，《周書》卷三二《申徽傳》有載，云：「明帝以御正任總絲綸，更崇其秩爲上大夫，員四人，號大御正，又以徽爲之。」（第 557 頁）結合正文所引胡三省注，可知御正中士即相當於中書官員。
〔註93〕《隋書》卷四九《牛弘傳》，第 1297 頁。

史上士亦相當於中書舍人，納言上士則相當於門下錄事，分別爲中書、門下兩省職掌文案的重要屬員，是牛弘曾先後以中書、門下官員的身份職掌「文翰」，後來更是以納言上士之本官，加威烈將軍、員外散騎常侍的職銜修撰起居注。

　　據諸以上所列可知，西魏、北周在秘書監（省）「不參史事」之前，國史、起居注修撰任務的主要承擔者，多爲中書官員，有時門下省官員也可以參與其事，這種情況與同一時期的東魏北齊，具有一定的相似性。不過，我們這裏需要強調指出的是，柳虬以秘書丞監掌史事的重要意義，因爲從大統十四年（548），柳虬以秘書官員監修史事開始，西魏國史、起居的著作權力正式轉由秘書省負責，這一轉變意義重大，因爲它標誌西魏史官制度的一次重大變化，從此以後西魏、北周的著作官便由兼職轉爲專職。

　　從魏恭帝二年（555）開始，宇文泰在西魏推行「復古」改革，模仿《周禮》建立「六官」制。在宇文泰進行的「六官制」改革中，秘書、著作官隸屬於春官府，據王仲犖氏所著《北周六典》略云：

> 外史下大夫，正四命。外史上士，正三命。（自注：《周禮》：「外史上士四人，中士八人，下士十有六人。」「外史掌書外令。掌四方之志。掌三王五帝之書。掌達書名於四方。若以書使於四方，則書其令。」《唐六典》起居郎職曰：「後周春官府置外史，掌書王言及動作，以爲國志，即其任也。又有著作二人，掌綴國錄，蓋起居注著作自此分也。」《通典・職官典》起居郎職曰：「後周有外史，掌書王言及動作之事，以爲國志，即起居之職。又有著作二人，掌綴國錄，則起居著作之任，自此而分也。」《唐六典》秘書監職曰：「後周春官府置外史下大夫，掌書籍，此秘書監之任也。」又秘書丞職曰：「後周春官府有小外史上士，此秘書丞之任也。」）〔註94〕

由此可知，北周「外史」諸職的性質，與秘書監相同，外史諸職即相當於北周的秘書官員。仍據前引《北周六典》略云：

> 著作上士，二人，正三命。著作中士，四人，正二命。（自注：……《唐六典》著作郎著作佐郎職曰：「後周春官府置著作上士二人，即其（著作郎）職也。著作中士四人，即著作佐郎之任也。」《通典・

〔註94〕王仲犖撰：《北周六典》卷四《春官府第九》，第 186 頁，北京，中華書局，1979。

職官典》著作郎職曰：「後周有著作上士二人，中士四人，掌綴國錄，
屬春官之外史。」）〔註95〕

據此可知，在北周六官制序列中，著作上士、中士，即相當於著作郎、佐郎。
外史諸職與著作諸職之分，實即秘書官員與著作官之分，在行政隸屬上，著
作上士、中士歸外史領導，這與著作郎、佐郎歸秘書監領導的情況相同。西
魏、北周外史負責起居注修撰，國史修撰則歸著作上士，即所謂「後周有外
史，掌書王言及動作之事，以爲國志，即起居之職。又有著作二人，掌綴國
錄，則起居著作之任，自此而分也。」〔註96〕可知，西魏、北周時期之「國
志」，即起居注，「國錄」即國史，「國志」、「國錄」之分，即起居注與國史之
分，亦即秘書、著作官職掌之別。

西魏、北周春官府還有校書下士一職（或稱校書郎下士），據《北周六典》
卷四《春官府》載：「校書下士，十二人，正一命。」〔註97〕校書下士一職，
即相當於曹魏或北魏之秘書校書郎（北齊徑名校書郎），屬於外史。〔註98〕北
周校書郎下士，按照杜佑的說法，「蓋有校書之任，而未爲官也」，因此其性
質從某種意義上說，乃是國史編撰出版機構中從事圖書校對、文字刊誤等具
體事務的「吏」職人員。

與北魏、東魏北齊情況類似，西魏、北周也常以他官兼領史任，他官兼
領修撰事宜，一般情況下稱爲「典」、或「專修」。如張羨，曾以司戎中大夫
之職，「典國史」。〔註99〕按，據諸《唐六典》、《通典》敘述東宮職官構成時，

〔註95〕 《北周六典》卷四《春官府第九》，第190～191頁。
〔註96〕 《通典》卷二一《職官典三》，第556頁。
〔註97〕 《北周六典》卷四《春官府第九》，第192頁。
〔註98〕 關於秘書校書郎一職在漢魏南北朝時期的淵源流變，杜佑有較爲系統的敘
述，略云：「漢之蘭臺及後漢東觀，皆藏書之室，亦著述之所。多當時文學之
士，使讐校於其中，故有校書之職。後於蘭臺置令史十八人，又選他官入東
觀，皆令典校秘書，或撰述傳記，蓋有校書之任，而未爲官也，故以郎居其
任，則謂之校書郎；以郎中居其任，則謂之校書郎中……至魏，始置秘書校
書郎，晉、宋以下無聞。至後魏，有秘書校書郎，北齊亦有校書郎。後周有
校書郎下士十二人，屬春官之外史。」（《通典》卷二六《職官典八》「秘書校
書郎」條，第735～736頁）
〔註99〕 據《隋書》卷四六《張羨傳》：「父羨……復入爲司成中大夫，典國史。」（第
1261頁）按，《隋書》所云「司成中大夫」，實爲「司戎中大夫」之誤，蓋「成」、
「戎」二字形近致誤，不僅《隋書》此處誤「戎」爲「成」，凡諸史所載之「司
成」，均爲「司戎」之誤，前揭王仲犖氏《北周六典》中，一直沿用《隋書》
「司成」之誤而未予糾正。

均明確記載，北周東宮官員中有司戎、司武、司衛等員。﹝註100﹞據此可知，司戎中大夫屬東宮職官序列，張羨的例子表明，北周東宮屬官也可參與國史修撰。又，如前所言，北魏時期曾出現過以武官兼職修撰的情況，這種情況在北周也有，如寇顯，曾以「使持節、儀同大將軍」的身份「專修國史」，據《隋翊師大將軍儀同三司大內史大納言扶風郡太守濩澤公之墓誌銘》云：「公諱遵考。轉司戎中大夫，除使持節、儀同大將軍，專修國史。陟彼蓬山，是司國籍，有南、董之直，具遷、固之才。」﹝註101﹞當然，寇顯能夠以武職「專修國史」，可能與他此前曾經擔任過司戎中大夫的經歷有某種關係，因爲前舉張羨就曾以此職典掌國史。﹝註102﹞

最後還要略加說明的是，北周曾設有「麟趾殿學士」之職，據杜佑云：「梁武帝於文德殿內列藏眾書，北齊有文林館學士，後周有麟趾殿學士，皆掌著述。」﹝註103﹞此事《周書・明帝紀》曾有記載，云：「帝寬明仁厚，敦睦九族，有君人之量。幼而好學，博覽群書，善屬文，詞采溫麗。及即位，集公卿已下有文學者八十餘人於麟趾殿，刊校經史。又捃採眾書，自羲、農以來，，訖於魏末，敘爲《世譜》，凡五百卷云。」﹝註104﹞

關於周明帝搜羅學士於麟趾殿考校圖籍之事，史書另有其證。如韋孝寬，「周孝閔帝踐阼，拜小司徒。明帝初，參麟趾殿學士，考校圖籍。」﹝註105﹞元偉，「孝閔帝踐阼，除晉公護府司錄。世宗初，拜師氏中大夫。受詔於麟趾殿刊正經籍。」﹝註106﹞後周小司徒爲地官府下屬之職，大致與戶部侍郎相當

﹝註100﹞《唐六典》卷二八「太子左右衛率府」條注云：「後周東宮官員有司戎、司武、司衛之類。」（第 715 頁）《通典》卷三〇《職官典十二》「左右衛率府」條云：「後周東宮有司戎、司武、司衛等員。」（第 835 頁）

﹝註101﹞轉引自《北周六典》卷四《春官府第九》，第 191 頁。

﹝註102﹞《周書》卷三七《寇儁傳》：「子奉，位至儀同三司、大將軍、順陽郡守、洵州刺史、昌國縣公。奉弟顯，少好學，最知名。居喪哀毀。歷官儀同大將軍，掌朝、布憲、典祀下大夫，小納言，濩澤郡公。」（第 659～660 頁）據此可知，寇顯可能爲寇儁次子，其所歷官並未有「司戎中大夫」一職，正如王仲犖氏所說，很有可能是史籍缺載的緣故，根據《漢魏南北朝墓誌集釋》圖版三六三《寇遵考墓誌》，其歷官有鄉官、司戎、典祀等中大夫，其終官則爲隋朝翊師大將軍、扶風郡守。不過，考慮到寇顯在《周書》中並非專門列傳，而只是在其父寇儁傳中提及，故在述其事蹟時容有省略。

﹝註103﹞《通典》卷二一《職官典三》「中書令・集賢殿書院」條，第 567 頁。

﹝註104﹞《周書》卷四《明帝紀》，第 60 頁。

﹝註105﹞《周書》卷三一《韋孝寬傳》，第 538 頁。

﹝註106﹞《周書》卷三八《元偉傳》，第 688 頁。

〔註107〕；師氏中大夫亦屬地官府，職掌「以三德教國子。凡國之貴遊子弟學焉」，大致與國子學或太學博士相當。〔註108〕

綜合以上可知，麟趾殿學士的設置是在周明帝宇文毓一朝，主要任務是從事圖書典籍的編撰、校刊、整理，由於麟趾殿學士僅見於周明帝一朝，因此還不能算是北周專職國史編撰機構，而只能算作北周國史編撰的關涉機構。麟趾殿學士人選的資格初無限制，史言「世宗雅愛文史，立麟趾學，在朝有藝業者，不限貴賤，皆預聽焉。」〔註109〕但從任職者的實際情況來看，預其事者多數爲當時的飽學之士，如庾信、王褒、姚最、宗懍、蕭撝、柳裘、鮑宏、明克讓、顏之儀、庾季才、蕭大圓等人，均爲當時著名學者。〔註110〕

〔註107〕《北周六典》卷三《地官府第八》，第87～88頁。
〔註108〕《北周六典》卷三《地官府第八》，第127頁。
〔註109〕《周書》卷三〇《於翼傳》，第523頁。
〔註110〕詳參《周書》、《隋書》諸人列傳。

楊播家族與北魏政治

　　自稱爲弘農楊氏後裔的楊播家族，爲孝文帝時期興起於北魏政治舞臺的顯赫門閥，對於楊播及其家族的弘農郡望，《魏書》的作者魏收實際上持有懷疑態度。不過，對於楊播及其家族功績的歌頌，魏收卻並未吝惜美辭，他在《魏書》卷五八楊氏家族人物傳記之後的「史臣曰」，對楊播兄弟的功績大加頌揚，略云：「楊播兄弟，俱以忠毅謙謹，荷內外之任，公卿牧守，榮赫累朝，所謂門生故吏遍於天下。而言色恂恂，出於誠至，恭德慎行，爲世師範，漢之萬石家風、陳紀門法，所不過也。諸子秀立，青紫盈庭，其積善之慶歟？及胡逆擅朝，淫刑肆毒，以斯族而遇斯禍，報施之理，何相及哉！」〔註1〕魏收這段褒揚性的評論，內容豐富，涉及楊播家族多個方面，諸如楊氏家庭的權勢官爵、富貴尊榮、修養品德、門風家法等，均以讚美的口吻敘述。魏收筆下的楊播家族，確爲值得世人尊崇羨慕的高尚家族。

　　寡見所及，學界對於楊播家族的探討，長期以來多著眼於楊氏家族的個體人物及其事功，楊氏家族的整體性研究則相對缺乏，造成這種狀況的原因，可能與正史所提供的信息囿限有關。建國以來，陝西華陰和潼關先後出土了一批北魏墓誌，其中有稱爲華陰楊氏的墓誌7方，分別爲楊播、楊穎、楊泰、楊泰妻元氏、楊阿難、楊胤季女、楊舒墓誌。這批楊氏人物墓誌銘的刊佈，無疑有助於推動對楊播家族歷史研究的進一步深化。本文就是在借鑒、批判學界相關成果的基礎上，結合正史、新出楊氏墓誌等文獻，對楊播家族進行綜合性研究的一次嘗試。〔註2〕

〔註1〕《魏書》卷五八《楊播傳》「史臣曰」，第1304頁。
〔註2〕對於這批楊氏墓誌的研究文章，主要有兩篇：（1）杜葆仁、夏振英撰：《華陰

一、楊氏郡望問題之討論

前揭《考證》、《簡報》二文均利用楊氏墓誌與文獻相結合的方法，對楊氏家族譜系進行了排列，但二文所排列的楊氏家族譜系及其對楊氏郡望的認定，都存在明顯問題。《簡報》所排列的楊懿七子諸孫譜系，就有不足之處，因此據諸史載，楊懿共有八子，《簡報》缺列了七子楊阿難。這個問題還不是太大，問題最明顯的是《考證》所列出來的秦漢魏晉南北朝華陰楊氏的譜系。

關於楊氏之郡望弘農華陰，《魏書》卷五八《楊播傳》在敘述楊氏郡望時，說：「楊播，字延慶，自云恒農華陰人也。」魏收在「恒農華陰」之前，特別標注「自云」二字，顯然是對楊播的弘農郡望持懷疑態度。然而，華陰、潼關出土的 7 方楊氏墓誌，均稱諸楊爲「弘農華陰潼鄉習仙里人也」，這與《魏書·楊播傳》的「自云」明顯不同，這是否意味著魏收對楊播弘農華陰郡望的懷疑不能成立呢？前揭《考證》、《簡報》二文正是根據墓誌所載信息，否定了魏收的懷疑，直認楊播家族的郡望爲弘農華陰，係東漢名臣楊震之後代。

楊氏墓誌所載，是否一定可靠？魏收的懷疑是否存在問題？事實上，對於《魏書·楊播傳》「自云恒農華陰人」所涉及的楊播郡望問題，已故著名歷史學家唐長孺氏早已有過專題探討。唐長孺氏指出：「住在那裏是一事，郡望在那裏又是另一件事。楊播一家之爲恒農華陰，並非表示他居住所在，而是表示他的門閥地位，加上『自云』，並非懷疑他是否居住在華陰，而是懷疑他是假託高門。楊家之在華陰，居於斯，哭於斯，聚骨肉於斯，很可能倒是由於他『自云恒農華陰』之後才定居下來的……因此，楊播一家雖然聚居華陰，不足以證明其出自漢代以來的高門弘農楊氏。」唐氏進而指出，楊播先世很可能出自東雍州楊氏，與以武力著稱的地方豪強「馬渚諸楊」同宗的可能性極大。〔註3〕對於楊穎墓誌所提到的七世祖「楊瑤」，亦即《晉書》

潼關出土的北魏楊氏墓誌考證》，《考古與文物》1984 年第 5 期，第 17～27 頁（以下簡稱《考證》）；（2）崔漢林、夏振英撰：《華陰北魏楊舒發掘簡報》，《文博》1985 年第 2 期，第 4～11 頁（以下簡稱《簡報》）。以上兩篇文章對這 7 方墓誌的出土情況及楊氏墓所出土的一些文物進行了介紹，並結合《魏書》等正史所載，對相關史實進行考釋。筆者翻閱《考證》、《簡報》之後，在深受教益的同時，也發現上述二文對有關史實存在明顯誤讀。因此，秉持學術公器的想法，本文將對上述二文所涉及的史實誤讀，一併加以糾正。

〔註 3〕唐長孺撰：《魏書·楊播傳「自云恒農華陰人」辨》，武漢大學歷史系魏晉南北朝隋唐史研究室編《魏晉南北朝隋唐史資料》第 5 輯（1983 年 12 月），第

卷四〇《楊駿附弟楊珧傳》所載之「楊珧」，也是《考證》一文重點論證的楊氏七世祖，前揭唐長孺氏則明確指出，這一支早在西晉末年的動亂中就已經滅絕。〔註4〕

唐長孺氏的觀點，可以通過對楊氏先祖仕宦經歷的分析，得到驗證。楊播先祖事蹟及其本人早期仕宦生涯，《魏書‧楊播傳》有載：

> 楊播，字延慶，自云恒農華陰人也。高祖結，仕慕容氏，卒於中山相。曾祖珍，太祖時歸國，卒於上谷太守。祖眞，河內、清河二郡太守。父懿，延興末爲廣平太守，有稱績。高祖南巡，吏人頌之，加寧遠將軍，賜帛三百匹。徵爲選部給事中，有公平之譽。除安南將軍、洛州刺史，未之任而卒。贈以本官，加弘農公，諡曰簡。
>
> 播本字元休，太和中，高祖賜改焉。母王氏，文明太后之外姑。播少修整，奉養盡禮。擢爲中散，累遷給事，領中起部曹。以外親，優賜亟加，前後萬計。進北部給事中。詔播巡行北邊，高祖親送及戶，戒以軍略。未幾，除龍驤將軍、員外常侍，轉衛尉少卿，常侍如故。與陽平王（元）頤等出漠北擊蠕蠕，大獲而還。高祖嘉其勳，賜奴婢十口。遷武衛將軍，復擊蠕蠕，至居然山而還。〔註5〕

先來看楊結、楊珍、楊（仲）眞、楊懿四代的任職地點：（1）中山，在今河北省定州市；（2）上谷在今北京西北；（3）河內在今河南沁陽，清河在今河北省清河東南、山東境內；（4）廣平在今河北邢臺東南。

楊氏先祖四代之任職地點，除楊（仲）眞曾任職的河內，在地理位置上稍稍靠近弘農以外，其餘地點均在原十六國前後趙、前後燕等國的統治地區，即所謂「河北」、「山東」地區，這個地區乃是拓跋珪擊敗後燕之後所要重點安撫的地區，後燕舊臣則是太武帝拓跋燾所要重點籠絡的對象，這從神䴥四年（431）徵士的地域分佈，可以明確看出。〔註6〕

14～15頁，香港，香港中華科技（國際）出版社，1992。

〔註4〕據前揭唐長孺氏文：「實際楊震嫡裔北魏時業已不可究詰。楊震直系東漢最顯赫的一支太尉楊彪之子楊修雖被曹操所殺，後嗣在西晉時仍然貴顯；永嘉亂後楊氏留在北方，後來才渡江。這一支南渡的楊震嫡派在劉宋時絕滅。另一支西晉外戚楊駿、楊珧爲賈后所殺，『誅駿親黨，皆夷三族，死者數千人』，這一支早已絕滅。」（前揭《魏晉南北朝隋唐史資料》第5輯，第15頁）。

〔註5〕《魏書》卷五八《楊播傳》，第1279～1280頁。

〔註6〕對於北魏太武帝拓跋燾神䴥四年徵士的動機、意義等問題，張金龍氏有較爲深入的研究，詳參氏著：《從高允〈徵士頌〉看太武帝神四年徵士及其意義》，

　　楊結「侍慕容氏」，說明楊氏爲慕容鮮卑舊臣；楊珍則是在太祖（道武帝）拓跋珪時期投歸北魏，時間正處於拓跋鮮卑消滅後燕之後，因此可以肯定，在歸服拓跋鮮卑之前，楊珍應當是後燕的舊臣，聯繫北魏孝莊帝（528～530年）時，楊椿在誡子孫書中所說：「我家入魏之始，即爲上客，給田宅，賜奴婢、馬牛羊，遂成富室。」﹝註7﹞我們基本可以肯定，楊珍在道武帝拓跋珪時投歸，乃是拓跋鮮卑所要重點拉攏的「河東」或「山東」人士，與高允《徵士頌》所列之「徵士」屬同類，且被待如「上客」；楊眞擔任河內、清河太守，時間則在道武帝之後；延興（471～476）爲孝文帝元宏早期年號，因此楊懿擔任廣平太守，當在孝文帝即位初期，其時爲馮太后主政。

　　同時，我們還注意到，楊懿的夫人，亦即楊播的生母太原王氏，爲馮太后外姑，我認爲應該正是從這個時候起，楊氏憑藉與文明馮太后的親屬關係，才開始興盛於北魏政壇，這從楊播起家官爲「中散」可以得到側證。﹝註8﹞

　　楊氏既然從慕容鮮卑時起，即爲「河東」或「山東」有影響之家族，那麼，後來楊氏爲何要搬到弘農華陰居住呢？這就要聯繫孝文帝遷都洛陽以後所推行的漢化改革。北魏孝文帝南遷洛陽後，全面推進自平城時代就已經開始的漢化改革，洛陽漢化改革的一個重要內容就是定姓族、崇門閥。儘管楊氏自道武帝拓跋珪時期即已歸化，但在北魏的政治舞臺上仍然屬於「新貴」，在孝文帝定姓族、崇門閥的漢化改革過程中，作爲政治新貴的楊氏也必須順應這一時代要求，這就需要標榜自己的顯赫門第，於是漢代以來的弘農楊氏就成爲其首選的攀附對象。爲了證明自己就是弘農楊震的後代，所以在孝文帝南遷定都洛陽後，楊氏便舉族搬遷至弘農華陰定居。關於楊氏遷居華陰必在孝文帝遷都洛陽之後，有一個強證就是，楊播七弟楊阿難於太和八年（485）

原刊《北朝研究》1993 年第 4 期，後收入氏著《北魏政治與制度論稿》，第
　　10～27 頁，蘭州，甘肅教育出版社，2003。
﹝註7﹞《魏書》卷五八《楊播附弟椿傳》，第 1289 頁。
﹝註8﹞據張金龍氏研究，作爲北魏職官制度中的一個重要組成部分，中書學隸屬於
　　中書省，兼有教育職能，一般情況下只有高門士族子弟才能夠進入中書學，
　　成爲中書學生，由中書學生遷爲「中散」諸職而入仕，乃是北魏選官體制中
　　的常規或慣例。（詳參氏著：《北魏「中散」諸職考》，原刊《中國史研究》1993
　　年第 2 期，今收入前揭氏著《北魏政治與制度論稿》，第 286～299 頁。）就
　　《魏書·楊播傳》及其它相關史料所顯示的信息來看，楊播「擢爲中散」，並
　　沒有經過先入中書學這一環節，而是直接拔擢，這是突破常規慣例的做法，
　　所以如此，當與楊氏和馮太后的親屬關係存在某種聯繫，同時此事也可視爲
　　楊氏開始興盛於北魏政治舞臺的標誌性事件。

死於平城、殯於代郡，以及後來又從代郡遷葬華陰的事實。〔註9〕試想，如果楊氏果真出於弘農華陰，且於孝文帝南遷洛陽之前即已定居華陰，楊阿難又怎麼會居於平城、死於平城並葬於平城呢？這只能表明，在孝文帝遷洛之前，楊氏實際上一直居住在代都平城。

又據《大魏宮內司高唐縣君楊氏墓誌》〔註10〕載：「內司楊氏，恒農華冷（按，「冷」當為「陰」。）人也。漢太尉彪之裔胄，北濟州刺史楊屈之孫，平原太守景之女。因祖隨宦，復旅清河。皇始之初，南北兩分，地擁王澤，逆順有時，時來則改，以歷城歸誠，遂入宮耳。」據諸墓誌銘文，此內司楊氏為楊彪之後，恒農華陰人，為北濟州刺史楊屈之孫女、平原太守楊景之女。此墓誌銘文的內容，值得關注者為楊氏祖、父兩代之事蹟，楊氏的祖父楊屈、父楊景歸服拓跋鮮卑的時間，也是道武帝拓跋珪皇始年間（396～397），與楊珍歸化於拓跋鮮卑時間大致相當，都在北魏滅後燕後，具體地點「歷城」也在原慕容鮮卑統治區域內，因此當與楊珍同為「上客」，甚至有可能出於同一家族。然而，遍檢史籍，關於楊屈、楊景的記載，卻絕無蹤跡可覓。其原因何在？其解釋只可能是，這個稱為楊彪後代的內司楊氏，其家族淵源原本就是假冒，正如唐長孺氏所指出的那樣，楊彪一枝早在三國時期，就已經隨楊脩被曹操所殺而滅絕。不難想像，這個沒有強大家族背景的內司楊氏都敢於冒稱早就滅絕的楊彪後人，那麼，顯赫於北魏一朝的楊播及其家族，假稱自己是高門弘農華陰楊氏之後裔，又何足怪哉？

總之，楊播家族的弘農郡望乃是假託，故魏收在《楊播傳》中說到其郡望時，要在前面加上一個「自云」。如此一來，前揭《考證》一文所列之楊氏家族譜系，自然也就靠不住。

二、楊播家族興盛於太和政壇之背景

楊播家族與北朝政治的淵源，至遲可以追溯至十六國時期慕容鮮卑建立

〔註9〕據《魏故中散楊君墓誌銘》云：「君諱阿難，弘農華陰潼鄉習仙里人也。上谷府君之曾孫，河內府君之孫，洛州史君之第七子……春秋十有三，太和八年四月七日卒於平城，仍殯於代……粵於永平四年歲次辛卯十一月癸巳朔十七日己酉返厝於華陰潼鄉。」（趙超主編：《漢魏南北朝墓誌彙編》，第62頁，天津，天津古籍出版社，1992。）楊阿難太和八年（485）死於平城，即埋葬於代郡，至北魏宣武帝永平四年（511）始遷於弘農華陰，所以要遷葬，那是因為楊氏自孝文帝南遷洛陽後，楊氏已經舉族定居於華陰。

〔註10〕此內司楊氏墓誌銘，載前揭《漢魏南北朝墓誌彙編》，第126頁。

的後燕時代，楊結、楊珍等人均爲慕容氏舊臣，在後燕滅國後，歸服於北魏。楊氏人物活動於北魏，始於道武帝拓跋珪在位時期，據前揭之楊椿誡子孫書云：「我家入魏之始，即爲上客，給田宅，賜奴婢、馬牛羊，遂成富室。」可知，道武帝拓跋珪對於自慕容燕歸化的楊氏相當重視，故待之如「上客」。道武帝拓跋珪所以優待楊氏，與其時之背景有直接關係，一者其時正爲拓跋鮮卑拓定中原的創業時期，需要對征服地區的人士大加籠絡，楊氏就屬於籠絡的對象；二者，道武帝在位期間也是拓跋鮮卑進行大規模征戰的時期，以楊珍爲代表的楊氏家族，素以武勇見長，適足爲拓跋鮮卑征戰沙場。因此從這個意義上說，楊結、楊珍等人的軍事活動及其在道武帝一朝的軍功，正爲後來楊氏家族在北魏一朝的全面興盛做了很好的鋪墊。

又，據前揭《魏書·楊播傳》，楊播起家官爲「中散」，後「累遷給事，領中起部曹」；楊椿「初拜中散，典御廄曹，以端愼小心，專司醫藥，遷內給事，與兄播並侍禁闥」〔註11〕；楊津「少端謹，以器度見稱。年十一，除侍御中散」〔註12〕。播、椿、津三兄弟起家官均爲「中散」，那麼，何爲「中散」呢？據諸職官制度史之解釋，中散之職，爲「皇帝身邊無固定職掌的親信官員。北魏初置，屬幢將，值宿禁中，無員限。在皇帝左右參預機密，奏使出巡州郡，考察地方官員政績。兼用文武，亦任用通曉醫、卜等技能侍奉皇帝者。中期以後，分設主文中散、奏事中散、侍御中散等，孝文帝太和十七年（493）定爲五品中，後罷。」〔註13〕按，此說有不盡準確之處，但所言「皇帝身邊無固定職掌的親信官員」，則大致符合「中散」的基本內涵。〔註14〕這也就是說，自創設時起，「中散」諸職就是近侍君主之親信官員，楊氏三兄弟均以「中散」爲起家官，足證至遲從楊播入仕起，其家族就與拓跋皇室保持著較爲近密的關係。

楊氏家族全面興盛於北魏政壇，始於北魏孝文帝時代，尤其是太和中後期，孝文帝元宏獨立執政以後，楊播家族更受寵任，楊播及其兄弟楊椿、楊順、楊津均近侍皇帝、太后。楊播四兄弟之後，楊氏家族陸續又有許多子弟

〔註11〕《魏書》卷五八《楊播附弟椿傳》，第 1284～1285 頁。
〔註12〕《魏書》卷五八《楊播附弟津傳》，第 1296 頁。
〔註13〕張政烺主編：《中國古代職官大辭典》「中散」條，第 175 頁，鄭州，河南人民出版社，1990。
〔註14〕關於北魏「中散」諸職，張金龍氏有較爲精緻的研究，可參前揭氏著《北魏「中散」諸職考》一文。

相繼入仕。可以說，以楊播、楊椿、楊順、楊津出仕爲標誌，楊氏家族逐漸成爲在北魏政治上有影響之大家族，孝文帝太和時期則是楊氏家族的發達期。

楊播家族能夠發達於太和政壇，至少有如下兩個方面的背景：

其一，楊氏家族與北魏皇室之間關係密切。楊播家族與拓跋魏皇室之間的密切關係，與二者之間的姻親關係有著直接的聯繫，據前揭《魏書·楊播傳》云：「播……母王氏，文明太后之外姑」，楊播的母親王氏係文明馮太后之外姑，而文明太后作爲孝文帝元宏親政以前北魏的實際執政者，王氏和文明馮太后的親屬關係，自然有助於楊播家族在政治上的成長。楊播、楊椿、楊津三兄弟入仕不久，就能夠成爲孝文帝和文明馮太后的近侍，王氏與馮太后之間的親屬關係，在其間所發揮的作用自是不言而喻。

正是借助或起始於王氏與文明馮太后的姻親關係，楊播家族與拓跋皇室建立了頗爲密切的聯繫。以楊播而言，就曾多次隨宗室親王征戰，孝文帝太和十六年（492）曾作爲陽平王元頤手下戰將，北征柔然，並因軍功受賞陞遷〔註15〕；太和二十二年（498）二月，魏齊沔北之戰爆發，孝文帝元宏親征，彭城王元勰以使持節、都督南徵諸軍事、中軍大將軍、開府儀同三司的身份統帥南討諸軍，三月，在鄧城大敗南齊將領崔慧景、蕭衍，時楊播即在元勰仗下聽用，憑藉此役軍功再次陞遷，並在隨後孝文帝所舉行的慶功宴會上，與孝文帝同爲遊戲之一組，倍受孝文帝之親任。〔註16〕又據楊播墓誌，在孝

〔註15〕按，太和十六年（492）北征柔然，《魏書》多有記載，卷七下《高祖紀下》：「（太和十六年八月）乙未，詔陽平王頤、左僕射陸叡督十二將七萬騎北討蠕蠕。」（第170頁）卷一九上《陽平王新成附子頤傳》：「（新成）長子安壽，襲爵。高祖賜名頤。累遷懷朔鎮大將，都督三道諸軍事，北討。詔徵赴京，勗以戰伐之事……與陸叡集三道諸將議軍途所詣。於是中道出黑山，東道趨士盧河，西道向侯延河。軍過大磧，大破蠕蠕。」（第442頁）卷五八《楊播傳》：「詔播巡行北邊，高祖親送及戶，戒以軍略。未幾，除龍驤將軍、員外常侍，轉衛尉少卿，常侍如故。與陽平王頤等出漠北擊蠕蠕，大獲而還。高祖嘉其勳，賜奴婢十口。遷武衛將軍，復擊蠕蠕，至居然山而還。」（第1279～1280頁）卷一〇三《蠕蠕傳》：「十六年八月，高祖遣陽平王頤、左僕射陸叡並爲都督，領軍斛律桓等十二將七萬騎討豆崙。」（第2296頁）綜上可知，太和十六年北征柔然，軍事統帥爲陽平王元頤、左僕射陸叡，下轄斛律桓、楊播等十二位將軍，共七萬人。楊播在此次北征戰役中，以功勳受到孝文帝的嘉獎賞賜，並以戰功陞遷爲武衛將軍。太和十六年以後，楊播還有一次北征柔然的經歷，至居然山而還。

〔註16〕關於此次魏齊「沔北之戰」，南北史乘多有記載，如《魏書》卷七下《高祖紀下》、卷二一下《彭城王（元）勰傳》，《南齊書》卷五一《崔慧景傳》等，楊

文帝始建遷都之策後，楊播曾奉命和咸陽王元禧一道，共同經營洛陽太極廟社殿庫。〔註 17〕以上所列元頤、元勰、元禧三者，均爲拓跋皇室重要人物，特別是後二人，還曾執掌極大權力，爲皇室倚侍的親王。

再如，楊播的六弟楊舒，儘管《魏書・楊播傳》所載事蹟不顯，然徵諸楊舒墓誌，可知楊舒與北魏宗室諸王的關係也非同尋常，略云：「太和中，以勳望之冑，而除散騎郎……義陽之役，君參鎮南軍事。職掌壘和，任屬防禦……以功遷司空府中兵參軍。俄而僞臨川王蕭宏敢率蟻徒，殲我梁城。以君歷試惟允，復參征南軍事。都督元王特深器眷，杖以幃幄之任，諮以決勝之謀。」〔註 18〕從中可知，在對南齊蕭梁的戰爭中，楊舒曾先後多次參與中山王元英軍府事，中山王元英對他也是相當信任和倚重。在「義陽之役」結束以後，楊舒又轉任高陽王元雍府事，並深得爲臣之大體。〔註 19〕此外，楊舒還與北魏皇室有姻親關係，據《魏書・楊播傳》載，楊舒之妻即武昌王元和的妹妹。〔註 20〕

楊播家族與北魏皇室之間，通過政治、婚姻兩條紐帶，形成了十分密切的關係，從而爲楊播家族在北魏的興旺發達產生了不可輕忽的重要作用。

其二，楊播家族能夠在孝文帝太和時期迅速發展，更得益於楊氏勇武善戰的門風。正如前揭唐長孺氏所指出的那樣，楊播家族極有可能與以武力見長的「馬渚諸楊」同宗，因此楊播家族表現出勇武善戰的剽悍門風。

北魏一朝，拓跋鮮卑對外征戰一直未曾稍歇，北方有長期困擾邊境安全

播在此次南征中，爲元勰麾下將領，據《魏書》卷五八《楊播傳》：「後從駕討崔慧景、蕭衍於鄧城，破之，進號平東將軍。時車駕耀威沔水，上巳設宴，高祖與中軍、彭城王勰賭射，左衛元遙在勰朋內，而播居帝曹。」（第 1280 頁）楊播以軍功進號平東將軍，及至孝文帝大駕南臨沔水，在「上巳」設宴中（按，農曆三月初三爲中國傳統節日「上巳節」），孝文帝君臣舉行賭射的遊戲，時元勰、元遙爲一組，楊播則和孝文帝一組，由此可見楊播之得孝文帝親信。

〔註17〕 《魏故使持節鎮西將軍雍州刺史華陰莊伯墓誌銘》，載《漢魏南北朝墓誌彙編》，第 86 頁。
〔註18〕 《魏故鎮遠將軍華州刺史楊君墓誌銘》，《漢魏南北朝墓誌彙編》，第 95 頁。
〔註19〕 據墓誌銘文云：「……以君爲伏波將軍，參高陽王府事，於是翼亮台鉉，毗道鼎司，剋昭文薄之能，實允官人之職。」（前揭《漢魏南北朝墓誌彙編》，第 95 頁。）
〔註20〕 據《魏書》卷五八《楊播附楊昱傳》：「昱第六叔舒妻，武昌王（元）和之妹，和即（元）昱之從祖父。舒早喪，有一男六女，及終喪而元氏頻請別居。」（第 1292 頁）

的柔然等少數民族的不斷南侵，南方則是與江左政權之間的干戈相尋；另外，北魏統治區域內由階級矛盾、民族矛盾激化所造成的叛亂也時有發生。戰亂不休、征戰不已的社會形勢，就爲以武功見長的楊氏家族提供了用武之地。上述楊播、楊舒等人在孝文帝時期的軍功，就已經初步顯示楊氏家族武力見長的門風，再往後，隨著楊氏第二代、第三代子弟相繼長大成人，他們爲了個人的仕途，也爲了家族的榮耀，開始積極參與政治活動，他們或是投身軍旅，南征北戰；或在中央佐理朝政，輔助帝王；或在地方施政布化，撫育黎民。楊氏人物在軍事、政治舞臺上建功立業，在爲北魏王朝穩定繁榮做出突出貢獻的同時，也把楊氏家族推向其發達頂峰。

三、楊播家族之門風：以仕宦爲觀察視角

爲方便闡述楊播家族的門風特點，以下根據《魏書·楊播傳》（並參諸《北史·楊播傳》）、及上述華陰、潼關出土之諸楊墓誌銘，將楊氏人物之任職情況，列表簡示，並據諸製作成楊氏世系簡表如下（表一：楊氏家族人物任職情況簡表，表二：楊氏人物世系簡表）：

表一：楊氏家族人物任職情況簡表

	孝文帝朝	宣武帝朝	孝明帝朝	孝莊帝朝	節閔帝朝	孝武帝朝
楊播	中散→給事，領中起部曹→北部給事中→龍驤將軍、員外常侍→衛尉少卿、常侍→武衛將軍→左將軍，假前將軍→（賜爵華陰子）右衛將軍→平東將軍→太府卿（華陰伯）	兼侍中→左衛將軍→安北將軍、并州刺史→安西將軍、華州刺史 延昌二年（513）卒	熙平（516～518），贈鎮西將軍、雍州刺史，復爵華陰伯，諡壯			
楊椿	中散→內給事、領蘭臺行職→中都曹→宮興曹少卿，加給事中→安遠將軍、豫州	都督朔州、撫冥、武川、懷朔三鎮三道諸軍事、平北將軍、朔州刺史→加撫軍	輔國將軍、南秦州刺史→岐州刺史、撫軍將軍、衛尉卿→左衛將軍，兼尚書右僕	（528年）司徒公→太保、侍中（給後部鼓吹）	531年七月爲尒朱天光所殺	532年，贈都督冀定殷相四州諸軍事、太師、丞相、冀州刺史

	刺史→冠軍將軍、濟州刺史→（降）寧朔將軍、梁州刺史→假節、冠軍將軍、都督西徵諸軍事、行梁州刺史→兼征虜將軍、持節，光祿大夫、假平西將軍、都督征討諸軍事，→兼太僕卿、安東將軍→正太僕卿，加安東將軍	將軍→都官尙書→（本將軍）定州刺史（在州私造佛寺，役使兵力，爲御史彈劾，除名爲庶人）	射，加衛將軍→都督雍南豳二州諸軍事、衛將軍、雍州刺史→車騎大將軍、儀同三司→本官加侍中、兼尙書右僕射、行臺→都督雍岐南豳三州諸軍事、衛將軍、雍州刺史、討蜀大都督		
楊穎	孝文帝太和時期：中書學生，大司農丞，平北府錄事參軍、本州治中從事史，別駕。宣武帝永平四年（511）卒，時年48歲				
楊順	奉朝請→直閣將軍、北中郎將、兼武衛將軍、太僕卿		三門縣開國公→平北將軍、冀州刺史、撫軍將軍	531年七月爲尒朱天光所殺	贈都督相殷二州諸軍事、太尉公、相州刺史、錄尙書事
楊津	侍御中散→符璽郎中→振威將軍，領監曹奏事令、直寢→太子步兵校尉→都督征南府長史，加直閣將軍→長水校尉，直閣將軍	左中郎將→驍騎將軍、直閣→征虜將軍、歧州刺史→右將軍、華州刺史→北中郎將，帶河內太守→平北將軍、肆州刺史→并州刺史、平北將軍→右將軍、北中郎將、河內太守、平北將軍、右衛將軍	加散騎常侍、本官行定州事→加安北將軍、假撫軍將軍、北道大都督、右衛→左衛，加撫軍將軍→衛尉→加鎮軍將軍、討虜都督，兼吏部尙書、北道行臺→加衛將軍（開國縣侯）	衛將軍、荊州刺史，加散騎常侍、當州都督→兼吏部尙書→車騎將軍、左光祿大夫→中軍大都督、兼領軍將軍→都督并肆燕恒雲朔顯汾蔚九州諸軍事、驃騎大將軍、兼尙書令、北道大行臺、并州刺史，侍中、司空如故	531年七月爲尒朱天光所殺	贈都督秦華雍三州諸軍事、大將軍、太傅、雍州刺史、諡孝穆，（大鴻臚持節監護喪事）
楊舒	孝文帝太和年間，散騎郎；宣武帝朝：揚武將軍府長史→大鴻臚丞→參鎮南軍事→監別將田益宗軍事→司空府中兵參軍→參征南將軍府事→伏波將軍、參太尉高陽王府事。宣武帝延昌四年（515）卒，時年46歲。贈鎮遠將軍、華州刺史。				
楊阿難	據墓誌銘，「洛州史君之第七子……春秋十有三，太和八年四月七日卒於平城，仍殯於代……加贈中散……」，可知，楊阿難死於太和八年（484）四月，時年13，故楊阿難當出生於472年。死後，加贈中散。				

楊暐	奉朝請→散騎侍郎、直閣將軍、本州大中正、兼武衛將軍、尚書典御	正武衛將軍、加散騎常侍、安南將軍	528 年，死於河陰之變		贈衛將軍、儀同三司、雍州刺史
楊侃		襲爵華陰伯，（汝南王元悅太尉府）騎兵參軍→（揚州刺史府）錄事參軍→（雍州刺史府）錄事參軍、帶長安令→鎮遠將軍、諫議大夫、行臺左丞→通直散騎常侍	冠軍將軍、東雍州刺史→中散大夫、都督（鎮潼關）→右將軍、歧州刺史→本官，假撫軍將軍、都督（鎮大梁）→行北中郎將→鎮軍將軍、度支尚書、兼給事黃門侍郎（敷西縣開國公）→尚書、正黃門、征東將軍、金紫光祿大夫（進爵濟北郡開國公）→本官使持節、兼尚書僕射、關右慰勞大使→侍中、加衛將軍、右光祿大夫、	531 年七月為尒朱天光所殺	贈車騎將軍、儀同三司、幽州刺史
楊昱		廣平王府左常侍→太學博士、員外散騎侍郎→（本官）詹事丞→太尉掾、兼中書舍人→濟陰內史	征虜將軍、中書侍郎→給事黃門侍郎、兼侍中、持節，征虜將軍、涇州刺史→吏部郎中、武衛將軍→北中郎將，加安東將軍，兼七兵尚書、持節、假撫軍將軍、都督→度支尚書→撫軍、徐州刺史→鎮東將軍、假車騎將軍、東南道都督	征東將軍、右光祿大夫，加散騎常侍、使持節、假車騎將軍，南道大都督→（本官）東道行臺	531 年被尒朱天光所害	贈都督瀛定二州諸軍事、驃騎大將軍、司空公、定州刺史

楊辯	通直常侍、平東將軍、東雍州刺史。531 年七月被殺於洛陽，太昌初（532），贈使持節、都督燕恒二州諸軍事、車騎大將軍、恒州刺史、儀同三司、恒州刺史			
楊仲宣		奉朝請→太尉掾、中書舍人、通直散騎侍郎，加鎮遠將軍，賜爵弘農男	通直常侍→平西將軍、正平太守，進爵爲伯、加安西將軍 531 年七月被殺於洛陽	532 年，贈青光二州諸軍事、車騎大將軍、尚書右僕射、青州刺史
楊測	朱衣直閤。531 年七月被殺於洛陽。532 年，贈平營二州諸軍事、鎮北將軍、吏部尚書、平州刺史			
楊稚卿	太昌（532）中，任尚書右丞，坐事死。			
楊遁		鎮西府主簿→尚書郎	尚書右丞、光祿大夫、主簿、左丞→兼黃門郎，參行省事→征東將軍、金紫光祿大夫	531 年被害於洛陽	532 年贈車騎大將軍、儀同三司、幽州刺史，謚恭定
楊逸		員外散騎侍郎、賜爵華陰男→給事中	給事黃門侍郎、領中書舍人→吏部郎中→平西將軍、南秦州刺史、加散騎常侍→平東將軍、光州刺史	531 年爲尒朱仲遠所殺	532 年，贈豫郢二州諸軍事、衛將軍、尚書僕射、豫州刺史，謚貞
楊謐					太尉行參軍→員外散騎常侍，賜爵弘農伯、鎮軍將軍、金紫光祿大夫、衛將軍。531 年，被尒朱兆害於晉陽。532 年，贈驃騎將軍、兗州刺史。
楊遵彥	東魏孝靜帝武定（543～550）年間，吏部尚書、華陰縣開國侯。〔註 21〕			
楊元讓	東魏孝靜帝武定（543～550）末年，尚書祠部郎中。			
楊叔良	東魏孝靜帝武定（543～550）年間，新安太守。			
楊範	宣武帝景明二年（501）二月，殞於濟州，年 19 歲，出生於 483 年（孝文帝太和七年）。			
楊師沖	楊侃長子，曾任秘書郎。			
楊純陀	楊侃次子，531 年楊侃爲尒朱天光所殺，孝武帝元修太昌（532）時，贈侃官，而以純陀襲爵。			

〔註21〕 按，楊遵彥即楊愔，爲東魏北齊十分重要之大臣，尤其在北齊文宣帝高洋統治後期，實際執掌北齊中樞政局，其事蹟詳參《北齊書》卷三四《楊愔傳》。

楊孝邕	楊昱子、楊椿孫，員外郎，531 年尒朱氏大殺諸楊，走匿蠻中，後謀應高歡以攻尒朱氏，事泄，爲尒朱世隆所殺。
楊玄就	楊仲宣子、楊順孫，531 年七月被殺於洛陽，時年九歲。孝武帝永熙（532～534）年間，贈汝陰太守。

說明：①本表僅臚列楊氏人物所任職務、爵位，遷轉原因、過程等情況，則在正文中或有述及。②表中楊氏人物排列次序，從楊播開始，先爲兄弟輩，後子侄輩，再後孫輩。③楊穎、楊舒、楊阿難、楊範事蹟，主要依據墓誌銘，同時參考正史，其它主要來源於《魏書·楊播傳》，並參《北史·楊播傳》。④楊氏人物任職時間能夠明確判斷者，按諸帝朝代分別具列，無法判斷者，則合併敘述。

表二：楊氏人物世系簡表

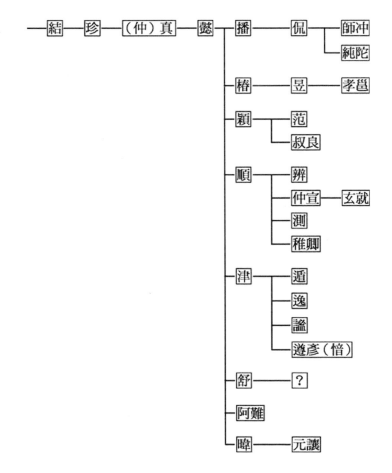

說明：本表主要依據「表一」，亦即《魏書·楊播傳》並參考諸楊墓誌，表中「？」表示名字無考。

　　茲據諸上述「表一」、「表二」，先對楊氏家族自楊播至其孫輩三代 25 人的任職情況作一整體性概述。

　　楊氏自楊播至其孫輩三代共 25 人，其中 22 人曾經出仕爲官，從來沒有出仕者共有 3 人，分別爲：楊阿難、楊範、楊玄就，三人所以沒有出仕，主要是因爲他們去世較早，其中楊阿難死時 13 歲，楊玄就 9 歲被殺，楊範死時 19 歲，雖已到出仕年齡，但不知爲何尚未出仕。楊氏三代人物之總體出仕比例爲：22÷25=88%。

　　仍以楊氏三代 25 人計，其中：❶曾經出任武職，或有將軍號者，共 14 人，武職比例爲：14÷25=56%。❷曾任禁衛武官者（包括衛尉、直閤、直寢諸職）4 人（播、順、津、暐），禁衛武官比例爲：4÷25=16%。❸有贈官者 15 人，贈官比例爲：15÷25=60%。❹有贈謚者 4 人（播、津、遁、逸），贈謚比例爲：4÷25=16%。❺有爵位者（包括封爵、賜爵、襲爵）9 人，爵位比例爲：9÷25=36%〔註22〕。❻曾任州刺史者（包括出任多州、一州者）9 人，刺史比例爲：9÷25=36%。❼曾任職於尚書省者（包括尚書省長官、屬官）10 人，尚書官員比例爲：10÷25=40%。❽曾任職於中書省者（包括中書省長官、屬官）4 人，中書官員比例爲：4÷25=16%。❾曾任職於門下省者（包括門下省長官、屬官）13 人，門下官員比例爲：13÷25=52%。❿曾任職於九卿機構（包括九卿長官、屬官）8 人，九卿官員比例爲：8÷25=32%。

　　爲簡明起見，茲將以上楊氏人物仕宦情況統計數據，表列如下（表三：楊氏三代人物仕宦構成情況簡表）：

表三：楊氏三代人物仕宦構成情況簡表

	統計人數	所佔百分比
武職	14	56%
禁衛武官	4	16%
贈官	16	64%
贈謚	4	16%
爵位	9	36%

〔註22〕按，此處統計爵位數，可能並不全面，如楊椿、楊昱等人，政治地位十分崇重，依常例似不應沒有爵位，但《魏書》本傳對此又確實不見記載。由於史學強調證據，故依然按照史籍之記載進行統計。

刺史	9	36%
尚書官員	10	40%
中書官員	4	16%
門下官員	13	52%
九卿官員	8	32%
出仕人員	22	88%
未出仕人員	3	12%

說明：①本表只統計自楊播至其孫輩三代，共 25 人的仕宦情況；②同一人物可能擔任過多種職務，如楊播所任職務中，既有武職，也有門下、九卿、刺史諸職，統計時分別計入各自義項；③「武職」一項，既包括曾經擔任過的實際軍事職務，也包括所帶或所加將軍號；「禁衛武官」包括衛尉、直閤、直寢諸職，該項曾計入「武職」一項，但爲突出該項，故又單爲一列。

　　據諸「表一」、「表三」，並結合文獻所載史料，分析楊氏家族任職特點如下：

　　（一）武職在楊氏家族人物所任職官中最爲重要，即使擔任文職者也往往身兼武職，其中更有近侍帝王的禁衛武職。以楊播一代而言，兄弟八人除楊阿難早死可不置論，另外七人中只有楊穎沒有將軍號〔註 23〕，餘者六人皆曾任武職，或帶將軍號，而且多數不止一個，其中：楊播 10 個、楊椿 19 個、楊順 5 個、楊津 30 個、楊舒 1 個、楊暐 4 個。楊播兄弟的子侄輩，延續了這一特點，多數人依然曾經擔任武職，或曾帶將軍號，具體情況如下：楊侃 8 個、楊昱 11 個、楊辯 1 個、楊仲宣 3 個、楊測 1 個、楊遁 1 個、楊逸 2 個、楊謐 2 個。〔註 24〕此外，我們還注意到，楊氏家族曾有多人多次出任「使持節」（持節、假節）、都督（都督諸軍事、鎮守都督、征討都督），直接領兵作戰，如楊椿 5 次、楊津 5 次、楊侃 2 次、楊昱 3 次，另外，楊氏多人贈官中均有將軍、「都督」之號，也進一步側證「武功」實爲楊氏家族門風的一個顯著特點。

〔註 23〕按，楊播一代兄弟八人，除楊阿難早夭，可不置論外。餘者七人，僅楊穎沒有將軍號，但他曾經擔任「平北府錄事參軍」，此職爲平北將軍府中的重要僚屬，蓋以「錄事參軍」之職，實相當於將軍府之隨軍秘書，負責整理、記錄軍府文書檔案，故此職雖然不是武職，但與軍事活動仍有密切之關係。

〔註 24〕按，此處統計數字，包括所任武職及所帶將軍號（將軍號前後相同者，重複計算），但不包括贈官在內。

（二）楊氏家族所任文職，多為清顯官。綜合表一、表三所載楊氏人物任職之情況，不難看出，中書、門下、尚書、散騎諸省之清要職務，如中書侍郎、中書舍人、黃門侍郎、給事中、吏部尚書、散騎常侍諸職，楊氏均曾有人擔任，其中更有擔任尚書令、（左、右）僕射、侍中等尚書、門下長官者。就任職於三省的情況而言，楊氏人物曾任職於門下省的比例最高，達到 52%；其次是任職於尚書省，比例達 40%；任職於中書省的比例較低，只有 16%。這個任職比例與北魏職官系統的某些特點也存在契合之處，在北魏職官體系中，中書、門下、尚書三省地位與南朝不盡相同，其中中書機構的地位相對要低一些，這主要是因為北魏前期官制同時存在一個「內秘書」機構，在一定程度上代行中書機構的決策權。儘管到魏孝文帝遷都洛陽後，任用自南朝北奔的王肅對官制進行釐定，並模仿南朝官制建立起中書、門下、尚書為主體的職官體系，但依然未能改變尚書、門下兩省相對較強、中書機構則相對較弱的形勢。因此，楊氏作為在北魏政治舞臺長盛不衰的政治家族，其人物出任尚書、門下兩省職務的比例，遠遠高於中書職務，在某種意義上也反映出尚書、門下、中書三省所處政治地位的狀況。

楊氏人物所任中央文職，除上述三省之職務外，中散、侍御中散、內給事等近侍君主之職，楊氏也每有任其職者，這類職務在北魏職官系統中，雖很難說得上屬於「清流」，但因為近侍龍顏，故其機要性卻非同尋常。楊氏人物所任中央官職中，屬於九卿之職者共 9 例，占比也達到 32%，這個比例也算不低，其中太府、太僕、衛尉諸卿，其「清要」程度雖不如前述諸職，但因為侍從皇帝或為皇帝提供日常生活服務，因此也可以算得上是近侍君主之職。

（三）楊氏人物任職於地方者，治中、別駕等地方僚佐諸職除卻不計，僅擔任地方長官——刺史或郡守者，共 9 人，占比達 32%，其中更有人曾經出刺多州，如楊播曾任并州、華州刺史；楊椿則先後出刺過豫、濟、梁（2）、朔、定、岐、雍（2）、南秦等八州，前後十任刺史〔註 25〕；楊津也曾先後出

〔註25〕據《魏書》卷五八《楊播附弟椿傳》載楊椿誡子孫書，其中有云：「吾自惟文武才藝、門望姻援不勝他人，一旦位登侍中、尚書，四歷九卿，十為刺史，光祿大夫、儀同、開府、司徒、太保，（楊）津今復為司空者，正由忠貞，小心謹慎，口不嘗論人過，無貴無賤，待之以禮，以是故至此耳。」（第 1290頁）查楊椿所刺州，共得八個，其誡子孫書中所說「十為刺史」，包括一次正式任梁州刺史，一次「行梁州刺史」，另外，前後兩度出任雍州刺史，故加起

任岐、華、定三州刺史。如前所言，楊氏從階層分類上說，乃是以軍功為依憑的地方武力豪族，因而保持在地方上的實力為其政治活動之根基，在中國傳統政治生態背景下，一個家族如果要保持其在社會、政治上的長期興盛，就不能一味追求在中央政治中的發展，而放棄對地方（特別是故土鄉梓）的經營，否則其政治根基就有動搖之虞。因此，楊氏人物不僅在中央頻歷要職，且不斷有人出任地方州郡刺史，對於保證楊氏在北魏政治舞臺上的長期興旺發達，具有積極意義。

（四）從爵位、贈官、贈諡等方面來看，也可知楊氏在北魏一朝所獲得的崇高政治地位。據諸上表，楊氏家族共有 9 人先後獲得封爵、賜爵或襲爵，占比達 36%；共有 15 人獲得「贈官」，占比達 60%；共有 4 人獲得「贈諡」，占比 16%。這幾個數據都不算低，在傳統社會中，爵位、贈官、贈諡都具有極高的榮譽性，是判斷某一家族社會地位的幾項重要衡量指標。〔註 26〕楊氏在爵位、贈官、贈諡三方面，代不乏人，正表明其家族政治、社會地位之崇高性。

綜合以上所論，可知楊播家族的門風特點，實以武幹事功最為突出，楊氏人物在中央、地方頻繁擔任要職，三代人物封爵、贈官、贈諡連綿不絕，在北魏政治、社會上享有崇高的地位和聲譽，這一切的堅實基礎就是武幹事功。

楊播家族除武幹事功突出外，從楊播兄弟起，就特別注意用儒家孝悌禮儀教育子弟，由此又形成楊氏「家世純厚，並敦義讓，昆季相事，有如父子」〔註 27〕的門風。儘管楊播家族出自弘農華陰楊氏的說法靠不住，但楊氏自崛起於北魏政治社會以後，特別是移居華陰之後，尤其重視以詩書禮樂教育子弟，刻意培養忠謹孝悌的醇厚家風。對於楊播家族的門風，前揭魏收曾有過極高評價，云：「楊播兄弟，俱以忠毅謙謹，荷內外之任，公卿牧守，榮赫累朝，所謂門生故吏遍於天下。而言色恂恂，出於誠至，恭德慎行，為世師範，

來共「十為刺史」，正文中在「梁」、「雍」二字之後標示「(2)」，即指曾兩度出刺該州。
〔註26〕關於爵位及贈官、贈諡的政治意義，楊光輝、劉長旭兩氏曾有較為系統的論述，敬請參閱楊著：《漢唐封爵制度》（北京，學苑出版社，1999。）、劉著：《兩晉南朝贈官研究》（北京師範大學歷史學博士學位論文，指導教師：黎虎教授；完成時間：2002 年 5 月，文藏北京師範大學圖書館）。
〔註27〕《魏書》卷五八《楊播傳》，第 1302 頁。

漢之萬石家風、陳紀門法，所不過也。」

楊播家族忠謹敦厚的門風，又是如何形成的呢？其中原因大致可以概括如下：

其一，弘農楊氏乃是關西地區自東漢以來的著名儒學世家，楊播家族既自稱其後裔，頭頂這樣一個顯赫的光環，如何才能夠讓人信服？一味依恃武幹事功立家，當然不行，還需要向世人展示其詩禮傳家、溫柔敦厚家學門風。於是，我們就看到了這樣的現象，至遲從楊播兄弟這一代開始，楊氏就開始有意識地用儒家禮義教化培育後輩子弟，這集中體現在楊椿的誡子孫書中，云：

> ……至於親姻知故，吉凶之際，必厚加贈襚；來往賓僚，必以酒肉飲食。是故親姻朋友無憾焉。國家初，丈夫好服綵色。吾雖不記上谷翁時事，然記清河翁時服飾，恒見翁著布衣韋帶，常約敕諸父曰：「汝等後世，脫若富貴於今日者，慎勿積金一斤、綵帛百匹已上，用爲富也。」又不聽治生求利，又不聽與勢家作婚姻。至吾兄弟，不能遵奉。今汝等服乘，以漸華好，吾是以知恭儉之德，漸不如上世也。又吾兄弟，若在家，必同盤而食；若有近行，不至，必待其還，亦有過中不食，忍飢相待。吾兄弟八人，今存者有三，是故不忍別食也。又願畢吾兄弟世，不異居、異財，汝等眼見，非爲虛假。如聞汝等兄弟，時有別齋獨食者，此又不如吾等一世也。吾今日不爲貧賤，然居住舍宅不作壯麗華飾者，正慮汝等後世不賢，不能保守之，方爲勢家作奪。

> ……汝等脫若萬一蒙時主知遇，宜深慎言語，不可輕論人惡也。

> 吾自惟文武才藝、門望姻援不勝他人，一旦位登侍中、尚書，四歷九卿，十爲刺史，光祿大夫、儀同、開府、司徒、太保，津今復爲司空者，正由忠貞，小心謹慎，口不嘗論人過，無貴無賤，待之以禮，以是故至此耳。聞汝等學時俗人，乃有坐而待客者，有驅馳勢門者，有輕論人惡者，及見貴勝則敬重之，見貧賤則慢易之，此人行之大失，立身之大病也。汝家仕皇魏以來，高祖以下乃有七郡太守、三十二州刺史，内外顯職，時流少比。汝等若能存禮節，不爲奢淫驕慢，假不勝人，足免尤誚，足成名家。吾今年始七十五，自惟氣力，尚堪朝覲天子，所以孜孜求退者，正欲使汝等知天下滿

足之義，爲一門法耳，非是苟求千載之名也。汝等能記吾言，百年
之後，終無恨矣。〔註28〕

恭儉禮讓、慎言謹行，嚴於律己、寬厚待人、不論人惡、不言人過，行之以
禮、知足常樂、兄弟手足、同爨而食，諸如此類，均是以孔孟爲代表的傳統
儒家所追求的理想人格修養，楊椿兄弟以此勉勵子弟，並反覆申誠，目的就
是爲了培養起一個能讓自己在百年之後「終無恨矣」的忠厚家風。在楊椿看
來，在他自己這一輩，已經不能完全保持前輩「又不聽治生求利，又不聽與
勢家作婚姻」的家訓了；而到子侄輩，則「恭儉之德，漸不如上世」；另外，
兄弟同盤而食、忍飢相待，不異居、不異財的門風，到子侄輩中，也已漸漸
不能保持，所有這些現象這些都令他憂心忡忡。在仕途上，楊椿特別指出，
即使承蒙人主知遇，也一定要保持慎言謹行，尤其不能輕言人過，要做到無
論貴賤，一律要待人以禮，絕不能因貧賤富貴而區別對待，對於子侄輩中有
輕論人惡的現象，楊椿表示出深深的擔憂，認爲這是「人行之大失，立身之
大病」。

通過楊椿的誡子孫書，我們十分清楚地看到，楊播家族在北魏一朝雖以
武幹事功顯達，卻有意識地培養詩禮濟世、忠厚傳家的新門風，楊氏兄弟主
觀上追求門風的變化，既有頭頂弘農楊氏家族光環所造成的內在動力，亦有
主動適應孝文帝南遷洛陽，推行「齊整人倫，分明姓族」等政策的外在推動
力量。不論出於何種原因，楊氏家族能夠在憑藉武功致身通顯之後，實現家
族門風的成功轉型，與楊播兄弟一代人有意識的引導是分不開的。

其二，楊播兄弟不但經常對子孫約之以禮，而且能夠以身作則，帶頭垂
範，通過言傳身教培養忠謹厚重的家風。在前揭楊椿誡子孫書中，我們已然
可以看到楊椿的自我反省，此事隱約表明，楊播兄弟對子孫的教育並非一味
說教，而是結合深刻的自我剖析展開，由此達到事半功倍的效果。

身教勝於言傳，楊播兄弟在現實生活中率先垂範，時刻注意自身品德的
修養。如楊播少年時代即自身修整，「奉養盡禮」〔註29〕，宣武帝時期楊播遭
高肇譖害，除名爲民，「於是閉門靜處，蕭然不以得失爲情，澹爾以時命自守」，
故時人稱讚他「世推儒德……性協剛柔」〔註30〕。楊椿，「性寬謹」、「端愼小

〔註28〕 《魏書》卷五八《楊播附弟椿傳》，第1289～1291頁。
〔註29〕 《魏書》卷五八《楊播傳》，第1279頁。
〔註30〕 前揭楊播墓誌銘，《漢魏南北朝墓誌彙編》，第87頁。

心」〔註31〕。楊順，「寬裕謹厚」〔註32〕。楊津，「少端謹，以器度見稱」、「以敬慎見知」〔註33〕。楊穎，「資性沖邈，志秀天雲，情高古列，不橈下俗。至迺孝悌始於岐嶷，恭儉終於綴纊……及登庠序，才調秀逸。少立愛道之名，長荷彌篤之稱」〔註34〕。楊舒，「淵度凝深，風流濬邈。閨門垂孝敬之譽，鄉黨流泛愛之仁。爰自弱冠，銳情典誥。終朝下幃，薄暮潭思。業尚三禮之學，廣采百家之論。才藝優贍，道術通洽，汪汪焉，詳詳焉。允所謂黃中之傀髦，德音之令准者已。」〔註35〕楊暐，「性雅厚，頗有文學」〔註36〕。從中可以看到，楊播這一代人，均具有謹言慎行、寬厚待人的相同品德修養，並開始注重儒家經典的學習。

及至楊播子姪輩，楊氏家族人物的「文雅」氣質就已經比較明顯；至其孫輩以後，孔子所謂「文質彬彬」的人物，就開始出現於楊氏家族了。如：楊侃（楊播子），「頗愛琴書，尤好計畫」〔註37〕；楊昱（楊椿子），王肅曾稱讚他「非此郎，何得申二公（按，指楊播、楊椿）之美也」〔註38〕；楊仲宣（楊順子），「有風度才學」〔註39〕；楊玄就（楊順孫，仲宣子），「幼而俊拔」〔註40〕；楊遁（楊津子），「性澹退」〔註41〕；楊逸（楊津子，遁弟），「有當世才度……爲政愛人，尤憎豪猾……在州政績尤美」，及被尒朱仲遠所害，「吏人如喪親戚，城邑村落，爲營齋供，一月之中，所在不絕。」〔註42〕楊氏人物的的言行舉止、進退出處，表現出溫柔敦厚這一典型的儒家風範。在楊氏後輩中，尤其值得一提的是楊愔——楊津第四子，他是楊播子姪輩人物的傑出代表，不僅「文質彬彬」，且政治才能突出，北齊文宣帝時，楊愔一度成爲執政宰相。據《北齊書·楊愔傳》略云：

> 楊愔，字遵彥，小名秦王，弘農華陰人。父津，魏時累爲司空

〔註31〕　《魏書》卷五八《楊播附弟椿傳》，第 1284、1285 頁。
〔註32〕　《魏書》卷五八《楊播附弟順傳》，第 1295 頁。
〔註33〕　《魏書》卷五八《楊播附弟津傳》，第 1296 頁。
〔註34〕　《魏故華州別駕楊（穎）府君墓誌銘》，《漢魏南北朝墓誌彙編》，第 61 頁。
〔註35〕　《魏故鎮遠將軍華州刺史楊君墓誌銘》，《漢魏南北朝墓誌彙編》，第 95 頁。
〔註36〕　《魏書》卷五八《楊播附弟暐傳》，第 1301 頁。
〔註37〕　《魏書》卷五八《楊播附子侃傳》，第 1281 頁。
〔註38〕　《魏書》卷五八《楊播附姪昱傳》，第 1291 頁。
〔註39〕　《魏書》卷五八《楊播附姪仲宣傳》，第 1295 頁。
〔註40〕　《魏書》卷五八《楊播附姪孫玄就傳》，第 1295 頁。
〔註41〕　《魏書》卷五八《楊播附姪遁傳》，第 1300 頁。
〔註42〕　《魏書》卷五八《楊播附姪逸傳》，第 1300～1301 頁。

侍中。愔兒童時，口若不能言，而風度深敏，出入門閣，未嘗戲弄。
六歲學史書，十一受《詩》、《易》，好《左氏春秋》……愔一門四世
同居，家甚隆盛，昆季就學者三十餘人。學庭前有奈樹，實落地，
羣兒咸爭之，愔頹然獨坐。其季父暐適入學館，見之大用嗟異，顧
謂賓客曰：「此兒恬裕，有我家風。」宅內有茂竹，遂爲愔於林邊別
葺一室，命獨處其中，常以銅盤具盛饌以飯之。因以督屬諸子曰：「汝
輩但如遵彥謹慎，自得竹林別室、銅盤重肉之食。」愔從父兄黃門
侍郎昱特相器重，曾謂人曰：「此兒駒齒未落，已是我家龍文。更十
歲後，當求之千里外。」昱嘗與十餘人賦詩，愔一覽便誦，無所遺
失。及長，能清言，美音制，風神俊悟，容止可觀。人士見之，莫
不敬異，有識者多以遠大許之。〔註43〕

從中我們可以瞭解到，楊氏家族建有供子弟求學的專用學館，楊氏子弟從小
即入學其中；楊氏家學以儒家經典爲教學內容，從小即受到君臣父子禮義綱
常的教誨；楊氏家族長輩定期到學館檢查督學，故楊暐得以見到楊愔「恬裕」
神情，認爲其傳承了楊氏「家風」，遂以竹林別室、銅盤肉食以督屬其他子弟
專心向學。由此可見，楊氏能夠在武功創業基礎上，而後形成詩禮傳家之門
風，實與楊氏注重以儒家文化教育後代有直接關係。

就楊愔個人而言，他能夠成長爲「文質彬彬」的學者型官員，固然有其天
資聰穎的原因，亦得益於虛心向學的家族門風之霑漑。由於楊氏門風已成功轉
型，至高歡創業，掌控東魏政權之際，人們甚至忘記楊氏以武幹立家的傳統，
徑視之爲儒門了。徵諸史載，尒朱氏反攻倒算，大殺諸楊，楊愔輾轉投奔高歡，
被任命爲大行臺右丞，及韓陵之戰，「愔每陣先登，朋僚咸共怪歎曰：『楊氏儒
生，今遂爲武士，仁者必勇，定非虛論。』」〔註44〕朋僚之「咸共怪歎」，主要
就是由於他們認爲楊愔以儒生之身，卻充當陷陣之武士，蓋眾人儼然已經不瞭
解楊氏家族以武功開創家業，而後習學詩禮始成儒學門風之歷史也。

四、楊播家族之事功：以楊播、椿、津爲代表

爲進一步說明楊氏以武幹事功立家的門風特點，及其家族獵取功名之憑
藉，茲以楊播、椿、津三人爲代表，對諸楊事蹟稍作具體考述。

〔註43〕《北齊書》卷三四《楊愔傳》，第 453～454 頁。
〔註44〕《北齊書》卷三四《楊愔傳》，第 455 頁。

（一）「南清江沔，北輯沙燕」〔註45〕──楊播事蹟考述

　　楊播爲楊氏家族入魏後第五代之長子，爲奠定楊氏家族社會、政治地位的帶頭大哥。因此，欲明瞭楊氏家族在北魏政治舞臺發跡之歷史，就必須對楊播的人生進行剖析，茲依據《魏書》，並參考墓誌銘等相關史料，對楊播事蹟考述如下。

　　據諸《魏書・楊播傳》，楊播卒於宣武帝延昌二年（513），時年 61 歲，故其出生於 453 年（北魏文成帝拓跋濬興安二年）。如根據《魏書》本傳，則楊播之起家官爲「中散」〔註46〕，然據前揭楊播墓誌銘：「君年十有五舉司州秀才，拜內小，尋爲內行羽林中郎，累遷給事中，領內起部，又以本官進釐北部尙書事。」〔註47〕據此，則楊播 15 歲舉司州秀才，時在 467 年（北魏獻文帝拓跋弘皇興元年），舉司州秀才後，拜爲「內小」，不久轉爲「內行羽林中郎」。

　　按，「內小」、「內行羽林中郎」，均屬於「內行曹」。有學者指出，北魏前期職官系統中有一套內侍官制度，稱爲「內行官系統」，乃是「與外朝既相互關連又分庭抗禮的兩個並行行政系統」，其中內尙書系統相當於尙書省，內秘書系統相當於中書省，內侍官系統相當於門下省。〔註48〕對於「內小」之涵義，學界亦有較爲明確的界定，云：「皇帝身邊的親信。北魏置，隨侍於皇帝或皇后左右，無固定職掌。如派駐於某一曹署，則冠以其名，如秘書內小等。參見趙萬里《漢魏南北朝墓誌集釋》圖二四九之二《侯剛墓誌》。」〔註49〕對於「內行」之名及其職掌，也有學者指出，因爲其名不見於漢族職官，可能是由鮮卑語譯出，其職掌主要是護衛君主，與侍御曹職掌相同，並可以參與機密。〔註50〕

〔註45〕　按，其辭出於楊播墓誌銘，其中有云：「內奉王言，外宣帝略。爪牙是寄，腹心伊託，謀定中樞，威陵絕漠。神圖廣運，寶鼎底遷，南清江沔，北輯沙燕。」（《漢魏南北朝墓誌彙編》，第 87 頁。）

〔註46〕　《魏書》卷五八《楊播傳》云：「播本字元休，太和中，高祖賜改焉。母王氏，文明太后之外姑。播少修整，奉養盡禮。擢爲中散，累遷給事，領中起部曹。」（第 1279 頁）據此，則楊播起家官爲「中散」。

〔註47〕　《魏故使持節鎭西將軍雍刺史華陰莊伯墓誌銘》，《漢魏南北朝墓誌彙編》，第 86 頁。

〔註48〕　嚴耀中撰：《北魏前期政治制度》，第 61～72 頁，長春，吉林教育出版社，1990。

〔註49〕　前揭《中國古代職官大辭典》「內小」條，第 194 頁。

〔註50〕　前揭《漢唐職官制度研究》，第 77～78 頁。

「內小」、「中散」、給事中（給事、中給事），它們之間究竟有何聯繫、聯繫是否密切等，均可作進一步討論，我們這裏要強調的是，無論它們之間有什麼樣的關係，有一點是可以確定的，即三者在北魏前期職官系統中，均屬內三省系統，因而在近侍君主、居中護衛這一職能方面，具有一定相似之處。這可能是魏收在撰寫《魏書》時，將楊播的起家官書為「中散」而不言「內小」、「內行羽林中郎」的原因之一。當然，也可能有另外一種原因，即北魏孝文帝太和改制以後，包括「內小」、「內行羽林中郎」、「內行令（長）」、「內行阿干」在內的內行諸職均不再保留，而「中散」諸職則繼續保存於北魏的職官制度中，故魏收在撰寫《魏書·楊播傳》時，將其所任的「內行」諸職，改書為「中散」這一較為人熟知的職官名稱。不過，「內行」諸職的名稱並未完全消失於《魏書》，又表明魏收對於此類職官的名稱、職掌，應該也有一定瞭解。因此，《魏書·楊播傳》書楊播起家官為「中散」，其原因看來並不簡單，抑或是楊氏後人向史官所提供的「家傳」、「行狀」中，就是直書「中散」而非內行諸職，也未可知。要言之，楊播之起家官無論是「內小」，還是「中散」，其居中近侍君主的事實還是可以確定的。

傳中所言「給事」、「領中起部曹」二職，與墓誌銘所言「給事中」、「領內起部」則相同，蓋其時之「給事」、「給事中」或「中給事」實為同一職務的不同叫法；「中起部」即「內起部」，大概就是因為此「起部」（即「駕部」）同樣屬於內三省系統。以上「內小」、「內行羽林中郎」或「中散」、「給事（中）」、「領中起部曹」諸職，均為楊播早年所任職務，全為近侍君主、居中護衛的內侍官，儘管品級不高，但較得君主親信則無二致。

既釐清楊播起家官問題，接下來梳理其所任職官之具體情況。基於墓誌銘所述楊播任職時間相對明確，故據之整理如下表（表四：楊播歷職簡表）：

表四：楊播歷職簡表（資料來源：楊播墓誌銘）

任職時間	所任職官
皇興元年（467）	內小→內行羽林中郎→給事中，領內起部→釐北部尚書事
太和十五年（491）	員外散騎常侍、龍驤將軍、北征都督
太和十六年（492）	加征虜將軍，都督北蕃三鎮；秋，加武衛將軍，中道都督；冬，轉衛尉少卿，本官如故
太和十七年（493）	左將軍
太和十八年（494）	前將軍

太和十九年（495）	賜爵華陰子，尋遷右衛將軍
太和二十二年（496）	進爵華陰伯，拜太府卿，加平東將軍
太和二十三年（497）	假節，平西將軍
景明元年（500）	使持節，兼侍中大使
景明二年（501）	轉左衛將軍，本官、伯如故；冬，使持節、都督并州諸軍事、安北將軍、并州刺史；→使持節、都督華州諸軍事、安西將軍、華州刺史，伯如故
永平二年（509）	使持節、都督定州諸軍事、安北將軍、定州刺史，伯如故
延昌二年（513）	卒於洛陽縣依仁里
熙平元年（516）	贈使持節、鎮西將軍、雍州刺史，伯如故，諡莊

　　首先，分析楊播歷任武職之情況。楊播在孝文帝太和年間先後擔任過龍驤將軍、征虜將軍（該職《魏書・楊播傳》不載）、武衛將軍、衛尉少卿、左將軍、前將軍（該職《魏書・楊播傳》作假前將軍）、右衛將軍、平東將軍、平西將軍諸職，宣武帝時期曾任左衛將軍、安北將軍、安西將軍諸職，孝明帝時贈鎮西將軍。據《魏書》卷一一三《官氏志》所載太和二十三年頒佈的職員令〔註51〕：龍驤將軍從三品，征虜將軍從三品，衛尉少卿正四品（禁衛武官），武衛將軍從三品，前將軍正三品〔註52〕，左將軍、右衛將軍、平東將軍、平西將軍、左衛將軍、安北將軍正三品均為正三品，鎮西將軍則為從二品。由此可見，楊播所任武職之官品，最低者為正四品的衛尉少卿（禁衛武官），高者則有從三品、正三品，而贈官「鎮西將軍」則為從二品。

　　其次，再看楊播歷任文職之情況。「內小」、「內行羽林中郎」品級無考，但不應高於五品；中散，從五品〔註53〕；給事、中起部曹的品級大概為七品或六品〔註54〕；太府卿，從三品；北部給事中從六品；員外散騎常侍正五品；

〔註51〕 據《魏書》卷一一三《官氏志》：「二十三年，高祖復次職令，及帝崩，世宗初班行之，以為永制。」（第 2993 頁）按，孝文帝太和改制，曾於太和十七年頒佈過一次職員令，但那次只是帶有試行性質的徵求意見稿，太和二十三年的職員令才是最後的定稿，儘管該職員令是在孝文帝去世後，由宣武帝正式頒佈實行，但仍然是由孝文帝主持完成，該職員令自頒佈以後即成為北魏通行之官制。

〔註52〕 按，據《魏書・官氏志》，前將軍為正三品，如據《魏書・楊播傳》為「假前將軍」，則品級可能要稍低一些，大概為從三品（「假前將軍」即代理前將軍。）

〔註53〕 按，「中散」之品級不見於太和二十三年職員令，據太和十七年職員令，其品級為五品中。

〔註54〕 按，「給事」、「中起部曹」的品級，太和二十三年職員令無載，給事中品級為

散騎常侍從三品〔註55〕；兼侍中從三品〔註56〕；贈官中無文職官任。楊播所任文職，品級最高者爲從三品的太府卿、兼侍中以及散騎常侍，其中兼侍中與散騎常侍二職更是屬於象徵性的榮譽官銜，只有太府卿是實職；其餘文職則多爲五、六、七品的中下級官職。

比較楊播所任文、武職之品級，可以明確看出，武職對於楊播來說，意義遠重要於文職，因爲其所任武職均爲高級武官，所任文職品級不僅相對要低許多，且多爲徒具榮譽性的官銜。另外，楊播獲得「華陰子」賜爵，以及進爵爲華陰伯，無論是根據《魏書》本傳，還是墓誌銘的記載，都清楚地顯示出，主要是憑藉其所立軍功。由此，我們可以判斷，楊播的政治資本爲武幹事功，征戰沙場爲其安身立命、開創家業之本錢。

在討論完楊播任職情況之後，接下來以墓誌銘所載時間爲線索，結合史傳材料，將楊播主要軍功事蹟陳述如下：

1. 巡行邊防，北征柔然

北征柔然一直是北魏王朝的最重要軍事任務之一，綜合考察北魏與柔然之間的戰爭歷史，自孝文帝即位以後，北魏對柔然的大規模征戰雖然較前期減少，二者之間和平通使的次數也有所增加。但是，柔然仍不時侵掠北邊，因此「大議北伐」的呼聲依然不時或起，對柔然的戰爭仍未完全停止。太和十五、十六年前後，亦即孝文帝決定遷都洛陽的前一、二年，爲加強北部邊防，並爲順利實施遷都計劃做準備，孝文帝決定主動出擊柔然。〔註57〕

以上就是楊播太和十五年（491）出任龍驤將軍、北征都督的時代背景。太和十六年（492），「北征」柔然的戰爭啓動，楊播加號征虜將軍，「都督北

從六品，因此「給事」品級相應要低一些，因此可能爲七品；「中起部曹」，即相當於起部尚書的曹郎，起部尚書即駕部尚書，在北魏前期職官體系中設有此職，後期（包括太和十七年、二十三年兩次職員令）職官序列均不再出現，可能已經被剔除出新的職官體系，但在實際運作中，仍保留這簡舊有名稱，其品級大致與「尚書郎中」相仿，因此可能爲六品。

〔註55〕按，楊播所任「散騎常侍」一職，見於《魏書·楊播傳》，而墓誌銘無載。

〔註56〕據《官氏志》，侍中正三品，「兼侍中」可能稍低，大概爲從三品。

〔註57〕關於北魏與柔然之間的戰爭及北魏的北邊防務問題，張金龍氏有較爲細緻的論述，詳參氏著：《北魏前期的北邊防務及其與柔然的征戰關係》（《西北史地》，1989年第4期）、《北魏中後期的北邊防務及其與柔然的和戰關係》（《西北民族研究》，1992年第2期）二文，後皆收入前揭氏著《北魏政治與制度論稿》，第174～200頁。

蕃三鎮」，負責進攻「地豆于」部〔註58〕，此役楊播不負孝文帝期望，一舉將地豆于部擊潰。然據《魏書‧地豆于傳》載，地豆于因頻繁擾邊，故太和十四年（490），孝文帝下詔以征西大將軍、陽平王拓跋頤領兵擊走之，《魏書‧高祖紀》所載與傳同。〔註59〕據此，則出擊地豆于部落一役，當在太和十四年，而非太和十六年，抑或楊播墓誌銘所載有誤？

我認為墓誌銘所載並無錯誤，太和十四年陽平王拓跋頤領兵出擊地豆于，只是將其「擊走」，並非將其完全擊潰。因此，當太和十六年大規模征討柔然的戰爭開始後，地豆于部仍在此次征討範圍之內。拓跋頤仍然是此次此役的總指揮之一，楊播作為其手下戰將之一，以征虜將軍、「都督北蕃三鎮」的身份，具體負責對地豆于的軍事行動。墓誌銘所載擊破地豆于之役，當即《魏書‧楊播傳》所載「與陽平王頤等出漠北擊蠕蠕，大獲而還。」〔註60〕《魏書》本傳所言與拓跋頤等北擊柔然，只是籠統敘述，蓋征討地豆于屬於整個戰役的一個組成部分，此役後，楊播不僅獲得賞賜，而且得到陞遷，「高祖嘉其功，賜奴婢十口，遷武衛將軍。」〔註61〕

太和十六年秋，楊播憑藉擊破地豆于之功，加號武衛將軍，並被委任為「中道都督」，率三萬騎兵，再次隨拓跋頤遠征雞鹿塞（今內蒙古杭錦後旗西哈隆格山口）。太和十六年北征雞鹿塞之役，楊播墓誌銘及《魏書》本傳均有記述，銘文云：「其年秋，加武衛將軍、中道都督，率騎三萬，北出雞鹿塞五千餘里，迫逐茹茹而還。」傳云：「……遷武衛將軍，復擊蠕蠕，至居然山而還。」〔註62〕綜合銘、傳可知，楊播此次遠征，出雞鹿塞後，又向北追擊五千餘里，迫逐柔然至居然山以後方才回師。

如前所言，此次北征柔然之意義，不僅在於加強了北邊防務，更在於其中包含為遷都作準備的深層次政治意圖，故戰爭勝負之意義尤為重大。職此之故，孝文帝在戰爭發動之前，特地將軍事統帥拓跋頤召至平城，「勖以戰伐

〔註58〕按，「地豆于」，或作「地豆干」，據《魏書》卷一○○《地豆于傳》校勘記〔五〕：「地豆于國，《北史》卷九四『于』作『干』。按，本書他處也多作『地豆于』，間亦作『干』，《北史》則多作『干』，今仍之。」（第2225頁）蓋「干」、「于」二字形近似，極易混淆，今仍作「地豆于」不改。

〔註59〕《魏書》卷七下《高祖紀下》：「（太和十四年）夏四月，地豆于頻犯塞，甲戌，征西大將軍、陽平王頤擊走之。」（第166頁）

〔註60〕《魏書》卷五八《楊播傳》，第1279頁。

〔註61〕《魏書》卷五八《楊播傳》，第1279頁。

〔註62〕《魏書》卷五八《楊播傳》，第1279～1280頁。

之事」，即親自部署北征戰役，也正是因爲這次戰爭不同尋常，故對於統兵將領人選有也相對較高的要求，楊播能夠在這次戰役中被委以重任，適足表明楊氏家族在孝文帝心目中的重要地位。楊播之得孝文帝看重，還可另一位將領陸叡的身上得到印證，平原王陸叡出自與拓跋皇室關係至密的勳臣八姓——代郡陸氏，亦即步六孤（步陸孤、伏鹿孤）氏〔註 63〕，太和十六年北征柔然，主帥是陽平王拓跋頤，楊播、陸叡分別擔任另外兩路領兵元帥，因此，楊播在此次軍事行動中，能夠成爲平原王陸叡並列的北征將領，也可說明其深得孝文帝之器重。〔註 64〕

楊播能夠成爲此次北征三將之一，還與他曾經奉詔巡行北邊的經歷有關係。我們注意到，在此次北征之役的前一年（太和十五年，491），楊播曾以「北部給事中」的身份，奉詔「巡行北邊」，臨行前「高祖親送及戶，戒以軍略」〔註 65〕，也就是說，至遲從太和十五年起，孝文帝就已經開始著手策劃北征柔然的戰爭了，楊播奉詔巡行北邊，就屬於北征的前期準備工作之一。對於楊播來說，太和十五年的這段北巡經歷，大概也是他能夠在太和十六年北征軍事行動中被委以重任的原因之一。

2. 遷都洛陽，護駕有功

太和十七年（493）七月，孝文帝以「南伐」爲名，將遷都洛陽的行動付諸實施。當是鑒於楊播在北討軍事行動中的突出表現，故而意在遷都的「南征」行動展開時，楊播再一次成爲「南征」兩路大軍中的左軍統帥，並承擔護駕重任。此事《魏書·楊播傳》不載，墓誌銘對此卻有較爲細緻的描述，云：「（太和）十七年，大駕南征，二翼並進。以君爲左將軍，恒領萬騎，以衛中權。車駕至洛陽，定鼎於郟鄏。高祖初建遷都之始，君參密謀焉。仍以左將軍與咸陽王禧等經始太極廟社殿庫。又修成千金堨，引瀔、洛二水以灌

〔註 63〕按，代郡陸氏，即北魏「勳臣八姓」步六孤（步陸孤、伏鹿孤）氏，孝文帝遷都洛陽後推行漢化改革，改胡姓爲漢姓，此氏改爲陸氏。平原王陸叡原姓名爲「伏鹿孤賀六渾」（或「步陸孤賀六渾」），故《魏書·陸叡傳》載其妻父崔鑒「恨其姓名殊爲重複」。關於代郡陸氏之由「步六孤氏」改來，《魏書·官氏志》有載，詳細討論則可參前揭姚薇元氏《北朝胡姓考》內篇第二《勳臣八姓》「陸氏」條，第 28～31 頁。

〔註 64〕太和十六年北征柔然，北魏兵分三路，主帥爲懷朔鎮都大將、都督三道諸軍事、陽平王拓跋頤，中道都督即爲楊播，另一道爲鎮北大將軍、都督、北部尚書陸叡。

〔註 65〕《魏書》卷五八《楊播傳》，第 1279 頁。

京師。」〔註66〕

　　據此可知，在孝文帝謀劃遷都的過程中，楊播是參與「密謀」的重要人物之一；「南征」行動展開以後，楊播以左將軍的身份，統領「萬騎」，居中護衛孝文帝所在之中軍；定都洛陽之後，楊播又以左將軍的身份，與咸陽王拓跋禧等人一起，共同營構太極殿、太廟、社稷、倉庫等重要建築工程；在任期間，還主持修成「千金堨」，從而將瀍水、洛水引入洛陽。以上事務均爲孝文帝遷都洛陽前後的重大舉措，楊播始終參與最核心的決策，或是承擔最重要的任務，清楚地表明楊播乃是孝文帝信得過的人物。

　　大概正是憑藉在遷都洛陽前後的一系列功勳，故太和十八年（494），楊播轉任前將軍。

3. 從駕護衛，南征江淮

　　南遷洛陽以後，爲確保新都洛陽的安全，孝文帝先後發動了幾次「南征」戰役，其中太和十九年（495）、太和二十二年（498）兩次南征戰役，孝文帝均御駕親征。在孝文帝發動的這些「南征」戰役中，楊播全部隨駕從征，並承擔重要職責。

　　先來看太和十九年正月，孝文帝御駕親征，渡過淮河以後入駐壽春；二月，孝文帝繼續南進，兵至鍾離後，對其進行圍攻，擬攻取鍾離後進一步南下，徑至長江沿岸。就在此時，孝文帝最爲親任的大臣之一，其妻兄司徒馮誕去世，再加上久攻鍾離不克，孝文帝遂下詔班師。〔註67〕整個行動過程中，楊播一直都是作爲孝文帝的親信伴駕隨行，及孝文帝下詔班師，楊播又率部負責殿後，對於楊播此次「殿後」之役，《資治通鑑》有較爲生動的敘述：

　　　魏主使前將軍楊播將步卒三千、騎五百爲殿。時春水方長，齊
　　兵大至，戰艦塞川。播結陳於南岸以禦之，諸軍盡濟。齊兵四集圍

〔註66〕 《魏故使持節鎮西將軍雍刺史華陰莊伯墓誌銘》，《漢魏南北朝墓誌彙編》，第86頁。

〔註67〕 按，孝文帝此次渡淮南征行程的具體時間，《魏書·高祖紀下》與墓誌銘所載有所差異，據《高祖紀》：太和十九年正月「己亥，車駕濟淮。二月甲辰，幸八公山……戊申，車駕巡淮而東……丙辰，車駕至鍾離……辛酉，車駕發鍾離，將臨江水。司徒馮誕薨。壬戌，乃詔班師。」（第176頁）墓誌銘云：「十九年從駕渡淮，徑至壽春。三月，車駕進諸鍾離。司徒馮誕薨於留營，帝乃迴旆北渡……」對此差異，我以爲應從《魏書》本紀所載爲是。蓋帝王出巡日程，爲國家大事，有皇家實錄爲依據，此乃魏收修史所依據之史料。楊播墓誌銘之資料依據爲家傳行狀，多憑家人之記憶或口陳，在具體時間上難免有所失誤。

播，播爲圓陳以禦之，身自搏戰，所殺甚眾。相拒再宿，軍中食盡，
圍兵愈急。魏主在北岸望之，以水盛不能救，既而水稍減，播引精
騎三百歷齊艦大呼曰：「我今欲渡，能戰者來！」遂擁眾而濟。播，
椿之兄也。〔註68〕

楊播在此次「殿後」之役，幾乎稱得上是孤軍奮戰，以不到四千人之眾，掩
護主力部隊安全北撤，後又全身而退，其功厥偉，故戰後因功賜爵華陰縣子，
不久即遷爲右衛將軍。〔註69〕

4. 從征西南，保衛邊疆

太和二十二年至二十三年（498～499），北魏與南齊之間發生「沔北之
戰」。如前所述，「沔北之戰」，孝文帝仍然是御駕親征。魏齊「沔北之戰」的
主要戰場，在今豫南鄂北交界一帶，此戰分爲前後兩個階段，太和二十二年
爲戰役的第一階段，楊播仍然是此役領軍將帥之一，憑藉此役所立戰功，楊
播的爵位由華陰縣子進爲華陰縣伯，不久之後，又官拜太府卿，並加號平東
將軍。〔註70〕

太和二十三年正月，南齊將領陳顯達率兵攻擊北魏荊州，「沔北之戰」的
第二階段打響。孝文帝下詔以前將軍元英領兵抗擊，孝文帝本人也從鄴城出
發，親往前線；二月，陳顯達攻陷馬圈戍，並包圍順陽城；三月，孝文帝再
次御駕親征，儘管在行至梁城時，孝文帝身體不適，但北魏諸軍還是將陳顯
達、崔慧景等擊敗，廣陽王元嘉率部切斷均口（在今湖北均縣境內，均水匯
入沔水之處），邀擊陳顯達的歸路，迫使南齊放棄久攻不下的順陽。

正史並無楊播參與沔北之戰第二階段的史料記載，唯墓誌銘有楊播征戰
洛州的記載：「太和二十三年，假節平西將軍，董卒三萬，討逐巴帥泉榮祖於
洛州。」〔註71〕楊播西征洛州，壓平巴帥泉榮祖叛亂的軍事行動，包括《魏
書》、《資治通鑑》等「正史」在內，均無明確記載。事實上，楊播西征洛州

〔註68〕《資治通鑑》卷一四〇齊明帝建武二年（495）三月，第4380頁。
〔註69〕據前揭墓誌銘：「十九年從駕渡淮，徑至壽春。三月，車駕進諸鍾離。司徒馮
　　　誕薨于留營，帝乃迴旆北渡，留君爲殿，壯其厥功，賜爵華陰子，尋陟右衛
　　　將軍。」（《漢魏南北朝墓誌彙編》，第86頁。）
〔註70〕據前揭墓誌銘：「廿二年從征南陽，以破鄧城制勝之功，進爵爲伯。又拜太府
　　　卿，加平東將軍。」（《漢魏南北朝墓誌彙編》，第86頁。）
〔註71〕《魏故使持節鎮西將軍雍刺史華陰莊伯墓誌銘》，《漢魏南北朝墓誌彙編》，第
　　　86頁。

的戰役，在性質上仍屬於「沔北之戰」的一個組成部分。

首先，因爲楊播討破巴帥泉榮祖的時間，正處於「沔北之戰」第二階段期間。「巴帥泉榮祖」當爲「巴氏」之一部落首領，氐族種類繁多，且活動歷史悠久，「巴氏」自十六國時期李特建立成漢以後，一直主要活動於今豫南、鄂西北、陝東南、川北等地，北魏洛州（治上洛，即今陝西商州）即屬於這一區域。北魏洛州、荊州毗爾相連，因此，巴帥泉榮祖在「沔北之戰」展開期間，在洛州地區發起反魏軍事行動，不能排除有陳顯達等人居中策動的可能，退一步講，即便泉榮祖的活動並非受到南齊的策動，但其反叛活動至少在客觀上，還是直接掣肘了北魏在荊州的軍事行動。楊播應當就是在這種形勢下，被任命爲「假節、平西將軍」，前往鎮壓泉榮祖的叛亂活動，以確保「沔北之戰」正面戰場的軍事安全。

綜觀楊播一生，幾乎都是搏殺於疆場，曾多次參與重要軍事行動，並在南征北戰中屢建戰功，武幹事功乃是楊播及其家族最重要的政治基石。

（二）「四歷九卿，十爲刺史」〔註72〕——楊椿仕宦生涯略述

楊椿同樣以中散爲起家官，一開始職掌御廄曹，負責御用馬匹的管理與使用等事宜，由於楊椿爲人「端愼小心」，故不久即獲得「專司醫藥」的機會，陞遷爲內給事，與其兄楊播同侍禁闈，在此期間，楊椿曾一度兼領蘭臺行職。不久之後，楊椿又改任中都曹，並因處理獄訟公正，而得到孝文帝的讚賞。〔註73〕

楊播兄弟居中侍君，楊播主要是侍奉孝文帝，楊椿與四弟楊津，則主要侍奉孝文帝的祖母文明馮太后。楊氏三兄弟謹言愼行，小心翼翼地周旋於太后與幼主（孝文帝時年幼），從來不在兩宮之間搬弄是非，反而多方溝通彌合馮太后與孝文帝之間的言語齟齬。正是憑藉這種恭敬謹愼的行事作風，以及口不論人過的政治品格，及至文明太后駕崩，孝文帝獨立執政後，對於楊氏兄弟大加讚賞，並予以重用。〔註74〕

〔註72〕據《魏書》卷五八《楊播附弟椿傳》所載楊椿誡子孫書：「……吾自惟文武才藝、門望姻接，不勝他人，一旦位登侍中、尚書，四歷九卿，十爲刺史，光祿大夫、儀同、開府、司徒、太保，（楊）津今復爲司空者，正由忠貞，小心謹愼，口不嘗論人過，無貴無賤，待之以禮，以是故至此耳。」（第1290頁）

〔註73〕《魏書》卷五八《楊播附弟椿傳》，第1285頁。

〔註74〕據《魏書》卷五八《楊播附弟椿傳》所載楊椿誡子孫書，略云：「北都時，朝法嚴急。太和初，吾兄弟三人並居內職，兄在高祖左右，吾與津在文明太后

1. 楊椿歷職品級考述

楊椿的仕宦經歷，與其兄楊播大處相似，小有不同。相似之處在於，其歷官中武職也十分頻繁，並且都是高級武官（最高武職品級且高於楊播）；不同者，楊椿的文官品級，遠高於楊播，不僅歷任侍中、尚書、九卿，且有司徒、太保這樣的正一品榮譽性官銜。為方便論述，茲依據《魏書·楊椿傳》將其所歷官職之品級，表列如下（表五：楊椿任職品級簡表）：

表五：楊椿任職品級簡表

品級	武職	文職
正一品		司徒（公）、司空
從一品		
正二品	衛將軍、車騎大將軍〔註75〕	
從二品	撫軍將軍	尚書右僕射
正三品	安東將軍、平北將軍、平西將軍、左衛將軍	光祿大夫〔註76〕、太僕卿、衛尉卿〔註77〕、侍中、都官尚書

左右。于時口敕，責諸內官，十日仰密得一事，不列便大瞋嫌。諸人多有依敕密列者，亦有太后、高祖中間傳言構間者。吾兄弟自相誡曰：『今忝二聖近臣，母子間甚難，宜深慎之。又列人事，亦何容易，縱被瞋責，慎勿輕言。』十餘年中，不嘗言一人罪過，當時大被嫌責。答曰：『臣等非不聞人言，正恐不審，仰誤聖聽，是以不敢言。』於後終以不言蒙賞。及二聖間言語，終不敢輒爾傳通。太和二十一年，吾從濟州來朝，在清徽堂豫讌。高祖謂諸王、諸貴曰：『北京之日，太后嚴明，吾每得杖，左右因此有是非言語。和朕母子者唯楊椿兄弟。』遂舉賜四兄及我酒。汝等脫若萬一蒙時主知遇，宜深慎言語，不可輕論人惡也。」（第 1290 頁）

〔註75〕據《魏書》卷一一三《官氏志》所載太和二十三年職員令：驃騎將軍、車騎將軍為正二品，「二將軍加大者，位在都督中外之下」，而「都督中外諸軍事」的品級為從一品，因此，車騎大將軍的品級在正二品與從一品之間，高於正二品而低於從一品。（第 2994 頁）

〔註76〕據《魏書》卷一一三《官氏志》載太和二十三年職員令：左右光祿大夫，正二品；金紫光祿大夫從二品；光祿大夫銀青者，即銀青光祿大夫，正三品。（第 2994～2995 頁）楊椿此處所任光祿大夫，未有「左右」、「金紫」等字樣，故只能是正三品的「光祿大夫（銀青者）」。

〔註77〕按，「衛尉」在漢晉職官體系中屬於「九卿」，為文職，但衛尉在實際政治運作中，又常常兼職君主近前的護衛工作，承擔著禁衛武官的部分職掌，因此，亦不能排除有人將其列入「武職」序列。本文認為，既然「衛尉」在漢晉主流職官體系中一直位列「九卿」，故仍應視為文職官員。

從三品	冠軍將軍、征虜將軍、輔國將軍	中給事、給事中 〔註78〕
正四品	安遠將軍	中都曹？
從四品	寧朔將軍	
正五品		中散 〔註79〕
從五品		
正六品		宮輿曹少卿？
從六品		

說明：①資料來源：《魏書·楊椿傳》，官品據《魏書·官氏志》；②凡職務名稱後有
「？」者，表示此職品級尚不能完全肯定。③北魏諸州刺史品級不一、蓋因州分上、
中、下，其刺史品級自有差別，而這些州究屬上、中或下，一時又難以考定，故楊椿
所任諸州「刺史」之品級，本表不予論列。以下諸表涉及州刺史者，同此。

　　楊椿所任職務中，中散、內給事·領蘭臺行職、中都曹、宮輿曹少卿、
加給事中諸職，為太和十七年以前之任職，在職官系統上屬於太和十七年官
制之討論稿的範圍。其中品級明確者為：中散，品級為正五品中；內給事，
即中給事，品級為從三品中；給事中，從三品上。「領蘭臺行職」，屬代理蘭
臺職務，品級不詳，「領」、「行」一般用於品級高者代理品級較低職務，故此
職的品級當低於給事中（從三品上）；中都曹一職，屬北魏太和以前的職官體
系，不見於太和二十三年職員令，北魏前期官制有「三都大官」（內都大官、
中都大官、外都大官），為北魏前期掌管刑獄的職官，地位甚高，在尚書的刑

〔註78〕 按，「中給事」不見於太和二十三年職員令，見於太和十七年王肅主持修定的
　　　　職官制度討論稿，太和十七年的官制討論稿中，職官不僅分「正」、「從」，且
　　　　分「上、中、下」，比較複雜。其中「中給事」即「內給事」，品級為從三品
　　　　中；「給事中」則為從三品上。太和十七年官制討論稿、太和二十三年職員令
　　　　中均有「給事中」，討論稿中的「給事中」，品級為從三品上；二十三年職員
　　　　令中的「給事中」品級為正六品，二者品級差別較大，蓋兩者屬於不同職官
　　　　序列，前者「給事中」屬於內三省系統，因為居中侍君，故地位親重；後者
　　　　「給事中」則屬於三省之一——中書省之基層屬員，故品級較低。具體聯繫
　　　　楊椿任職經歷，其所任「宮輿曹少卿，加給事中」當在太和十七年以前，故
　　　　此「給事中」仍屬於內三省之「給事中」。
〔註79〕 「中散」不見於太和二十三年職員令，見於太和十七年王肅主持修定的職官
　　　　制度討論稿，其中「中散大夫」正四品上，「中散庶長」從四品上，「侍御中
　　　　散」正五品上，「中散」正五品中。楊椿所任「中散」，未見其它修飾詞語，
　　　　因此品級應當是正五品中。

部和九卿的大理（或廷尉）之上〔註80〕，「中都曹」即屬於「中都大官」下屬，品級當在四品左右；宮輿曹少卿，亦不見於太和二十三年職員令，據其名推測，當爲掌管君主或後宮車馬管理及使用的職官，從職掌上可以判斷，此職當爲太僕寺之下屬，太僕少卿的品級爲正三品上，宮輿曹既爲其下屬之一曹，因此宮輿曹少卿之品級，可能爲正六品上或中。〔註81〕

楊椿以上任職，當爲太和十七年及以前。其後之任職，則多爲孝文帝南遷洛陽，實行漢化改革以後，故其品級根據太和二十三年職員令，能夠較爲明確地加以釐清。楊椿所任官職中，武職也非常突出，這一點與楊播也較爲相似。楊椿所任眾多武職，均爲四品至二品的高級武官，其中品級最低者爲從四品的寧朔將軍，最高者爲高於正二品的車騎大將軍（位於正二品與從一品之間）。楊椿所擔任地方長官——刺史，品級爲正四品、從三品、正三品，也屬於高級官吏。〔註82〕此外，楊椿還前後5次出任「都督諸軍事」，並多次「持節」，也都是負責征討軍事行動的高級職務。〔註83〕

公元532年，楊椿獲得贈官，「都督冀定殷相四州諸軍事、太師、丞相、

〔註80〕 前揭《漢唐職官制度研究》第一章第四節，有云：「三都大官……從北魏皇始（396～397）初年始見，到太和中（大約太和九年至十七年，485～493）終廢，行用近百年。」（第73頁）

〔註81〕 宮輿曹少卿品級，諸史無載，可以根據相關史料進行推測。據《魏書》卷一一三《官氏志》所載太和十七年官制討論稿，「太僕少卿」的品級與「中常侍」、「中尹」、「代尹」等相同，爲正三品上（第2980頁）；「代尹」的屬官中，「代尹丞」爲其第一助手，品級爲從五品中（第2986頁）；宮輿曹作爲太僕寺下屬之一曹，其長官「宮輿曹卿」、「宮輿曹少卿」的品級不應高於「代尹丞」，亦即不太可能高於從五品中，又據同志，第六品上的職官中，有「代郡功曹主簿」一職（第2987頁），從隸屬上看，該職與「代尹」的關係，較之宮輿曹少卿與「太僕少卿」的關係有一定相似之處，因此，其品級也就很可能與之相類，故宮輿曹少卿的品級大概也在正六品上、中範圍之內。

〔註82〕 據《魏書》卷一一三《官氏志》所載太和二十三年職員令：北魏刺史的品級分爲三個等級，上州刺史爲正三品，中州刺史爲從三品，下州刺史爲正四品。楊椿一生「十任刺史」，先後擔任過八個州的刺史（其中梁州、雍州均兩次任職），這八州中有上、中、下之別，故其所任刺史品級也分爲三等。

〔註83〕 據《魏書》卷一一三《官氏志》所載太和十七官制討論稿：「都督中外諸軍事」爲正一品下、「都督府州諸軍事」從一品上、「都督三州諸軍事」正二品上、「都督一州諸軍事」從二品下。據太和二十三年職員令，「都督諸軍事」的品級有所降低，只規定了「都督中外諸軍事」爲從一品，其餘「都督府州」、「都督三州」、「都督一州」諸軍事的品級未有明確規定。既然「都督中外諸軍事」品級由正一品下調至從一品，則其餘諸職也相應下調一級或半級，但不可能低於從三品，因此依然屬於高級職務。

冀州刺史」，其中太師爲正一品，都督四州諸軍事從一品，冀州刺史正三品，至於「丞相」，更是十分罕見的贈官，一般情況下很少用來賜贈大臣。因此，無論從生前任職，還是從死後贈官來看，楊椿的政治地位似乎都要略高於楊播。但不知爲何，楊椿死後卻沒有獲得北魏朝廷的贈諡，此事頗爲蹊蹺。〔註84〕

2. 楊椿之武幹事功

楊椿之武幹事功，主要體現在擔任外職以後的四出征戰。概括而言，楊椿之軍事活動，主要在如下幾個區域征戰：

（1）征戰淮河流域

楊椿出任外職，是在孝文帝南遷洛陽之後，據前揭《魏書・楊椿傳》載：

> 出爲安遠將軍、豫州刺史。高祖自洛向豫，幸其州館信宿，賜馬十匹、縑千匹。遷冠軍將軍、濟州刺史。高祖自鍾離趣鄴，至碻磝，幸其州館，又賜馬二匹、縑千五百匹。坐爲平原太守崔敞所訟，廷尉論輒收市利，費用官炭，免官。後降爲寧朔將軍、梁州刺史。
> 〔註85〕

安遠將軍、豫州刺史乃是楊椿第一次出任外職，其後又相繼轉任濟州刺史、梁州刺史。不過，《魏書》本傳此處紀事時間不明，茲據相關史實加以推斷。

先來瞭解一下豫州的戰略地位。北魏豫州治所上蔡（今河南汝南），距離洛陽相對較遠，但豫州地理位置卻因爲處於南北交爭之地而相當重要，毗鄰豫州東南之南兗州治所渦陽，亦即馬頭郡治所（今安徽蒙城），乃是宋、齊、梁時期南北雙方極力爭奪的戰略要地之一。〔註86〕楊椿第一次出任外職，即被任命爲處於南北交爭之地的豫州刺史，已然可見孝文帝對他的重視及期望。另外，我們注意到，楊椿出刺豫州不久，孝文帝即由洛陽出發，前往豫州，並在豫州州館居留了三天或兩夜，其間還賞賜楊椿戰馬十匹、縑千

〔註84〕 與楊播相比，楊椿生前身後的官品都要高，但楊椿死後卻未獲贈諡，此事頗爲費解，因爲以楊椿生前之功績、官位，以及死後所獲高品贈官，獲得贈諡應該順理成章。抑或是諸史闕載，抑或是時屬動亂，朝廷已然無暇顧及此事？姑存疑待考。

〔註85〕 《魏書》卷五八《楊播附弟椿傳》，第1285頁。

〔註86〕 前揭《中國歷史地圖集》第四冊，《北朝・魏》「司、豫、荊、洛等州」，第46～47頁。

匹。〔註87〕此事亦可側證孝文帝和楊椿君臣之間有某種特殊感情，這種特殊
感情，即源於太和初年楊氏三兄弟居太后、高祖兩宮之間「和朕母子」的行
爲。

　　楊椿出任豫州刺史的時間，當即在孝文帝遷都洛陽後，所展開的一系列
「南征」軍事行動期間。如前所言，南遷洛陽後，孝文帝先後於太和十九年
（495）、太和二十二至二十三年（498～499）發動兩次南征戰役，其間孝文
帝均御駕親征。因此，楊椿出任豫州刺史，應當在太和十九年（495）正月之
前。茲據《魏書》帝紀，將孝文帝此間行程考述如下：

　　　　正月丙子（初六），南齊龍陽縣開國侯王朗自渦陽來降；壬午（十
　　　三），講武於汝水之西，大蒐六軍；己亥（三十），車駕濟淮。

　　　　二月甲辰（初五），幸八公山；戊申（初九），車駕巡淮而東；
　　　丙辰（十七），車駕至鍾離；辛酉（二十二），車駕發鍾離，將臨江
　　　水。司徒馮誕薨。壬戌（二十三），乃詔班師；丁卯（二十八），遣
　　　使臨江數蕭鸞殺主自立之罪惡。

　　　　三月戊寅（初九），幸邵陽；乙未（二十六），幸下邳。〔註88〕

　　孝文帝「自洛向豫」，即從洛陽到豫州，並在豫州州館留兩個晚上，其時
間當在渡過淮河之前。孝文帝南征渡過淮河的時間，是在 495 年正月三十日，
這也就是說，孝文帝住宿於豫州的時間，當在 495 年正月三十日之前。如此
一來，楊椿擔任豫州刺史的時間，必定在此之前。

　　在此之後不久，楊椿又由豫州刺史遷轉爲冠軍將軍（正三品）、濟州刺史
（治盧縣，亦即碻磝城，今山東東阿西北），孝文帝在由鍾離前往鄴城的途中，
再次駕幸濟州州館，因此只要將孝文帝「自鍾離趣鄴」的時間弄清楚，楊椿
擔任濟州刺史的時間也就可以明確。據前揭《魏書》本紀，由於司徒馮誕去
世，孝文帝遂「自鍾離趣鄴」，時間在 495 年二月二十二、二十三日以後。這

〔註87〕據《魏書》卷五八《楊播附弟椿傳》：「出爲安遠將軍、豫州刺史。高祖自洛
　　　　向豫，幸其州館信宿，賜馬十匹、縑千匹。」其中「信宿」之意，一解爲「連
　　　　宿兩晚」，《詩·豳風·九罭》「公歸不復，子女信宿。」毛傳：「再宿曰信；
　　　　宿，猶處也。」一解爲「謂兩三日」，《後漢書·蔡邕傳》「論」曰：「董卓一
　　　　旦上朝，辟書先下，分時枉結，信宿三遷。」李賢注：「謂三日之間，經歷三
　　　　臺也。」綜合此二解可知，「信宿」當指兩晚或三日，蓋三日之間恰爲兩晚也。
〔註88〕北魏孝文帝太和十九年（495），即齊明帝建武二年，據陳垣《二十史朔閏表》，
　　　　是年正月辛未朔、二月庚子朔、三月庚午朔，據此即可推出孝文帝之行程日期。

表明，楊椿改任濟州刺史的時間，必在二月二十二、二十三日之前，否則孝
文帝就不可能在「自鍾離趣鄴」途中，路過其州館，並再次予以他賞賜。

綜合而論，楊椿出任豫州刺史的時間，當在太和十九年（495）正月之前（最
有可能在太和十八年末）。孝文帝在「南征」期間渡過淮河之前，曾在豫州逗留
三天左右。正月三十日，孝文帝南渡淮河，大約與此同時，楊椿即由豫州刺史
改任濟州刺史，因爲到二月二十二、二十三日孝文帝由鍾離出發前往鄴城的途
中，再次駕幸濟州時，楊椿已經在濟州刺史任上。楊椿出任外職的時間，即便
從太和十八年正月算起，到太和十九年正月、二月之間又改任濟州刺史，則在
大約一年的時間裏，楊椿先後出刺兩州，所帶將軍號也由正四品升爲正三品，
且孝文帝兩次駕臨其州館，並給予賞賜，充分表明楊椿之得孝文帝信重。在此
期間，楊椿的兄長楊播，則一直作爲孝文帝的親信伴駕護君。

（2）征戰西南地區

據諸前揭《魏書》本傳，楊椿在擔任濟州刺史期間，因遭到平原太守崔
敞的訴訟，被廷尉論奏以收取市利，浪費官炭之罪，受到免官的懲處。後降
號爲寧朔將軍（從四品），出任梁州刺史。楊椿免官，及出任梁州刺史，大概
是在什麼時間？這要從楊椿出任梁州刺史，成功平息楊集始之叛亂之時間加
以推測。據《魏書》本傳略云：

> 初，武興王楊集始爲楊靈珍所破，降於蕭鸞。至是，率賊萬餘自
> 漢中而北，規復舊土。椿領步騎五千出頓下辨，貽書集始，開以利害。
> 集始執書對使者曰：「楊使君此書，除我心腹之疾。」遂領其部曲千
> 餘人來降。尋以母老，解還。後武都氐楊會反，假椿節、冠軍將軍、
> 都督西征諸軍事、行梁州刺史，與軍司羊祉討破之。於後梁州運糧，
> 爲羣氐劫奪，詔椿兼征虜將軍，持節招慰。尋以氐叛，拜光祿大夫、
> 假平西將軍、督征討諸軍事以討之。還，兼太僕卿。〔註89〕

按，楊集始爲仇池楊氏首腦人物，西南部的漢中地區一直是仇池楊氏的活動
基地，仇池楊氏爲這一地區具有決定性的力量，它利用特殊的地理形勢及南
北朝之間的矛盾，一直在南北雙方之間搖擺不定。無論南朝還是北朝均未能
完全控制這個地區，南北雙方均以一種近乎羈縻的政策處理同仇池楊氏的關
係。

〔註89〕《魏書》卷五八《楊播附弟椿傳》，第 1285 頁。

　　早在北魏平城時代，楊集始即與北魏發生關係，孝文帝太和六年（482）九月，仇池氏王楊文弘死，因諸子年幼，遂以兄子楊後起作爲繼承人。對楊文弘的這個安排，北魏立即加以承認，正式任命楊後起爲武都王，而以楊文弘之子楊集始爲白水太守。然不久之後，楊集始卻宣佈自立爲王，但很快被楊後起擊敗。〔註90〕公元486年（北魏太和十年、南齊永明四年）閏正月，楊後起死，南齊下詔以楊集始爲北秦州刺史、武都王；北魏也宣佈以楊集始爲武都王。在南北之間，楊集始選擇了北魏，並至平城朝拜，北魏遂以之爲南秦州刺史。〔註91〕公元492年（北魏太和十六年，南齊永明十年）九月，楊集始進攻漢中，被南齊梁州刺史陰智伯擊敗，遂向北魏求援，並再次到平城朝見，北魏遂以之爲南秦州刺史、漢中郡侯、武興王。〔註92〕由此可見，仇池楊氏雖然一直在南、北朝之間搖擺不定，但楊集始自孝文帝太和初年起，政治傾向卻頗爲明顯，基本上都是以北魏藩臣的身份在漢中一帶活動。

　　公元497年（北魏太和二十一年，南齊建武四年）八月，北魏宣佈以楊靈珍爲南梁州刺史，但楊靈珍並不領情，反而投向了南齊，並將母親和兒子作爲人質送到南鄭，請求南齊出兵助己。在南齊的襄助下，楊靈珍的弟弟婆羅阿卜珍率步騎萬餘，對北魏武興王楊集始發起襲擊，殺其二弟楊集同、楊集眾；楊集始窘急之下，只得宣佈投降南齊。面對漢中出現的這個緊急狀況，同年九月，孝文帝任命河南尹李崇爲都督隴右諸軍事，領兵數萬進討。〔註93〕

　　以上就是楊椿出任梁州刺史的背景，也就是說，楊椿出任寧朔將軍、梁州刺史的時間，應當就在太和二十一年（497）八月前後，當時他是作爲李崇麾下將領，隨之出征漢中。鑒於楊集始降齊在很程度上是出於被迫，故楊椿就任梁州刺史後，並沒有直接訴諸武力征討，而採取了懷柔的策略，他親自致函楊集始，向他說明其中利害關係。此招果然奏效，楊集始很快做出決定，率部曲千餘人向楊椿投誠。就這樣，楊椿不戰而屈人之兵，兵不血刃地解決了西南漢中地區的動亂，爲北魏在東方淮河流域的軍事行動解除了掣肘之患。此役之後，楊椿即因母親年老的緣故，解甲回鄉。

〔註90〕《資治通鑑》卷一三五齊高帝建元四年（482）九月，第4250頁。
〔註91〕《資治通鑑》卷一三六齊武帝永明四年（486）閏正月，第4271頁。
〔註92〕《資治通鑑》卷一三七齊武帝永明十年（492）九月，第4323頁。
〔註93〕《資治通鑑》卷一四一齊明帝建武四年（497）八月、九月，第4412頁。

　　北魏宣武帝景明四年（梁武帝天監二年，503）正月，仇池氏楊會發動叛亂。基於楊椿曾經有過招服楊集始的經歷，故楊會叛亂發生以後，宣武帝遂以之為假節、冠軍將軍、都督西征諸軍事、行梁州刺史之職，會同左將軍羊祉，共同出征。楊椿與羊祉聯兵而進，很快就將楊會擊破。〔註94〕楊會雖然被擊破，但漢中地區短時間內並未能穩定下來，動亂形勢依然持續，此後數月，楊椿、羊祉二人一直在這個地區作戰，其間楊椿也由「假節」進為「持節」，遷轉兼征虜將軍、都督征討諸軍事。戰鬥持續到當年五月，楊、羊二人聯手，再次大破反氏，斬殺數千級，最終將楊會反叛討平。〔註95〕

　　由於其時正處於北魏與蕭梁大規模戰爭時期，南北雙方自西向東，戰線綿延數千里。故而西南地區的局勢始終不能平靜，兼之這一帶素為仇池氏楊氏的主要活動區域，因而南北雙方在這個地區的爭奪，往往以仇池楊氏為代表的氏、羌等少數民族的叛服這一形式表現出來。因此，楊會反魏叛亂雖然被壓平，卻不能表明仇池楊氏已完全歸附北魏，他們隨時有可能在南朝的策動下，再次發起反魏軍事行動。

　　北魏宣武帝正始二年（梁武帝天監四年，505），仇池氏再次起兵反魏，斷絕漢中地區的運糧通道，梁州刺史邢巒率兵征討。同年四月，已經回到朝廷擔任光祿大夫的楊椿，再次奉詔以假平西將軍、都督證討諸軍事的身份，率兵前往漢中招慰。〔註96〕同年十一月，武興王楊紹先的叔父楊集起反叛，宣武帝下詔，命楊椿就地參與征討；十二月，北魏又下詔令驃騎大將軍源懷前往漢中，共同征討楊集起。此役持續到正始三年（梁武帝天監五年，506），

〔註94〕《魏書》卷八《宣武帝紀》：「（景明）四年春正月乙亥，車駕籍田於千畝。梁州氏楊會反。詔行梁州事楊椿、左將軍羊祉討之。」（第195～196頁）

〔註95〕《魏書》卷八《宣武帝紀》：「（景明四年）五月甲戌，楊椿、羊祉大破反氏，斬首數千級。」（第196頁）此事《魏書》卷八九《羊祉傳》也有記載，但較為簡略：「景明初，為將作都將，加左軍將軍。四年，持節為梁州軍司，討叛氏。」（第1923頁）

〔註96〕《魏書》卷八《宣武帝紀》：「（正始二年）二月，梁州氏反，絕漢中運路。刺史邢巒頻大破之。」（第198頁）本紀所載此事，即前揭楊椿傳所載「於後梁州運糧，為群氏劫奪，詔椿兼征虜將軍，持節招慰」一事。從中可見，楊椿前往漢中，主要是「持節招慰」，與梁州刺史邢巒專以武力攻討，分工似有不同，大概正是鑒於楊椿太和二十一年（497）曾經有過招服楊集始的經歷，在仇池楊氏心目中較有威信。據此可知，《魏書》本紀所載正始二年四月「丙寅，以仇池氏叛，詔光祿大夫楊椿假平西將軍，率眾以討之。」（第199頁）此句語言表述不甚準確，楊椿率兵出征，當是主要以招慰為主。

是年正月，以梁、秦二州刺史邢巒爲主的征討諸軍，接連擊破仇池，迫使楊集起兄弟相繼投降。〔註97〕

　　（3）征戰關隴

　　梁州地區以仇池氐楊氏爲主的反魏叛亂雖被壓平，但北面與之毗鄰的秦州（治上邽，今甘肅天水）卻發生以呂苟兒（羌族）爲首的叛亂，秦州的動亂很快波及涇州（治安定，今甘肅涇川），涇州屠各陳瞻起而呼應，從而造成關隴地區的大規模動蕩。爲此，北魏先後派出右衛將軍元麗（宗室）、征西將軍于勁（外戚）等人掛帥，前往征討，並最終在元麗的指揮部署下，鎮壓了秦、涇二州的少數民族叛亂。此事《魏書》卷八《宣武帝紀》有載：

　　　　（正始三年正月，506）秦州民王智〔註98〕等聚眾二千自號王公，尋推秦州呂苟兒爲主，年號建明。（第201頁）

　　　　（二月）戊午，詔右衛將軍元麗等討呂苟兒。（第201頁）

　　　　（五月）癸未，以秦隴未平，詔征西將軍于勁節度諸軍。（第202頁）

　　　　（六月）乙巳，安西將軍元麗大破秦賊，斬賊帥王智五人，梟首六千。（第202頁）

　　　　（七月）庚辰，元麗大破秦賊，降呂苟兒及其王公三十餘人，秦、涇二州平。（第203頁）

楊椿也參與這次軍事行動，他是以別將的身份，隸屬安西將軍元麗。是役，楊椿同樣表現出智勇雙全的軍事才能，並成就了擊斬屠各陳瞻所部的首功，據諸《魏書》本傳：

　　　　秦州羌呂苟兒、涇州屠各陳瞻等聚眾反，詔椿爲別將，隸安西將軍元麗討之。賊入隴，守蹊自固。或謀伏兵山徑，斷其出入，待糧盡而攻之；或云斬除山木，縱火焚之，然後進討。椿曰：「並非計

〔註97〕《魏書》卷八《宣武帝紀》：「（正始二年）冬十有一月戊辰朔，武興國王楊紹先叔父集起謀反，詔光祿大夫楊椿討之……十有二月庚申，又詔驃騎大將軍源懷愼，令討武興反氐。」、「（正始三年正月）壬申，梁秦二州刺史邢巒連破氐賊，克武興……己卯，楊集起兄弟相率降。」（第201頁）

〔註98〕王智，據《魏書》卷十九上《濟陰王小新成附子麗傳》作「王法智」，傳云：「時秦州屠各王法智推州主簿呂苟兒爲主，號建明元年，置立百官，攻逼州郡。」（第449頁）

也。此本規盜，非有經略，自王師一至，無戰不摧，所以深竄者，
正避死耳。今宜勒三軍，勿更侵掠，賊必謂我見險不前，心輕我軍，
然後掩其不備，可一舉而平矣。」乃緩師不進，賊果出掠，乃以軍
中駑馬餌之，不加討逐。如是多日，陰簡精卒，銜枚夜襲，斬瞻傳
首。入正太僕卿，加安東將軍。〔註99〕

　　楊椿再次征戰於關隴地區，已是北魏末年，全國範圍內都呈現出動亂的
態勢，一直就不太平的關中地區，更是變亂頻發。從正光五年（524）以後，
楊椿的職務多有變化，先後被任命爲南秦州刺史、岐州刺史、衛尉卿、尚書
右僕射（均帶將軍號）諸職，最終出任都督雍‧南豳二州諸軍事、衛將軍、
雍州刺史（後進號車騎將軍、儀同三司），會同蕭寶夤等軍，征戰於關中地區。
儘管其時扶風以西的涇、岐（治雍縣，今陝西寶雞東北）、豳（治豳州，今甘
肅寧縣）諸州全部失陷，但由於楊椿及其侄楊侃仍在頑強防禦，故關中的局
勢並未全失控。在這種情勢下，北魏朝廷遂下詔以楊椿以本官加侍中、兼尚
書右僕射的身份，出任行臺尚書令，節度關西諸將，並給予他可以自行任命
統內五品以下及郡縣官員的權力。〔註100〕就在這項任命下達不久，楊椿就以
身患暴疾爲由，向朝廷提出離職申請。孝明帝下詔許可，並以蕭寶夤代任其
雍州刺史、行臺之職。

　　楊椿正當權力上陞之時，卻以疾患爲由向朝廷申請離職，楊椿的申請報
告一經提交，即爲朝廷所批准，並立即以蕭寶夤替代其職。一切都顯得較爲
突兀，我懷疑其中可能另有隱情。仍據前揭《魏書》本傳：

　　　　椿還鄉里，遇子昱將還京師，因謂曰：「當今雍州刺史亦〔無〕
　　　　不賢於蕭寶夤，但其上佐，朝廷應遣心膂重人，何得任其牒用？此
　　　　乃聖朝百慮之一失。且寶夤不藉刺史爲榮，吾觀其得州，喜悅不少。
　　　　至於賞罰云爲，不依常憲，恐有異心，關中可惜。汝今赴京，稱吾
　　　　此意，以啓二聖，并白宰輔，更遣長史、司馬、防城都督。欲安關

〔註99〕《魏書》卷五八《楊播附弟椿傳》，第1285～1286頁。又，據前引《濟陰王
　　　　小新成附子麗傳》：「時秦州屠各王法智推州主簿呂苟兒爲主……涇州人陳瞻
　　　　亦聚眾自稱王，號聖明元年。詔以麗爲使持節、都督、秦州刺史，與別駕楊
　　　　椿討之……椿又斬瞻。」（第449頁）據此，則楊椿作爲元麗的下屬，以秦州
　　　　「別駕」的身份參與攻討。「別駕」與「別將」是否矛盾？按，「別駕」是其
　　　　時楊椿所任州職，「別將」，則是指其作爲元麗手下一名領兵將軍而言，二者
　　　　並不牴牾。
〔註100〕《魏書》卷五八《楊播附弟椿傳》，第1287～1288頁。

中，正須三人耳。如其不遣，必成深憂。」昱還，面啓肅宗及靈太
后，並不信納。及寶夤邀害御史中尉酈道元，猶上表自理，稱爲椿
父子所謗。〔註101〕

據此我們約略可以瞭解到楊椿與蕭寶夤之間，關係並不和諧，楊椿對蕭氏的
不信任至少表現爲如下兩個方面：（1）、楊椿認爲，蕭寶夤並非雍州刺史最佳
人選，即便以之爲雍州刺史，但其主要僚屬長史、司馬、防城都督諸職，朝
廷應該派遣「心膂重人」擔任，而不可由蕭氏自己選用。（2）、楊椿懷疑蕭寶
夤可能有異心，不可信任，建議朝廷加以提防。正是基於對蕭寶夤的極不信
任，故楊椿在返回鄉里之前，特別叮囑兒子楊昱：一定要把自己對蕭寶夤的
懷疑，當面奏陳孝明帝和靈太后知曉，同時告知執政宰輔。而到後來，蕭寶
夤殺害御史中尉酈道元，也給朝廷上了一道奏章，說自己遭到楊椿父子的誹
謗。綜合上述楊、蕭二人之間的互相指斥，我們有理由相信：楊椿當初申請
離職，可能並非由於身患「暴疾」，而是因爲他擔任關中行臺尙書令的時候，
與蕭寶夤之間就發生了較爲激烈的衝突。

（三）「巨細躬親，孜孜不倦」〔註102〕——楊津政治生涯之特點

楊津，字羅漢，本名延祚，孝文帝賜名爲津，係楊播五弟。楊津少年時
代即表現出端正恭謹、器度不凡的品格作風，十一歲起家爲侍御中散，侍奉
文明太后左右。歷任符璽郎中、振威將軍、監曹奏事令、直寢、直閣、太子
步兵校尉等職，這些均爲最貼近帝王的親近之職。太和十七年，「高祖南征，
以津爲都督征南府長史，至懸瓠，徵加直閣將軍。後從駕濟淮，司徒誕薨，
高祖以津送柩還都。遷長水校尉，仍直閣。」〔註103〕伴駕而行，與其兄楊播
一內一外，承擔近侍護衛孝文帝的重要職責。在孝文帝隨後發動的一系列「南
征」戰役中，楊津始終擔任其近侍武官——直閣將軍，一直陪伴孝文帝左右，
成爲其心腹近衛。

及宣武帝即位，楊津依然擔任禁衛武官，並爲宣武帝所親任。景明二年
（501）五月，咸陽王元禧與其妃兄黃門侍郎李伯尙等人謀叛，當時宣武帝在
楊津等人的陪同下，正出遊北邙山。武興王楊集始馳出告變，宣武帝入居華
林園，在領軍將軍於烈等人的支持下，迅速平定叛亂。據《楊津傳》記載，

〔註101〕《魏書》卷五八《楊播附弟椿傳》，第1288頁。
〔註102〕《魏書》卷五八《楊播附弟津傳》，第1296頁。
〔註103〕《魏書》卷五八《楊播附弟津傳》，第1296頁。

在這次未遂政變中，直閣中有近半數參與此事，故宣武帝在亂平之後，曾說：「直閣半爲逆黨，非至忠者安能不預此謀？」宣武帝當眾稱讚楊津，自然是對楊津在元禧政變中所持立場的肯定，楊津也因此由長水校尉遷轉爲左中郎將，後遷驍騎將軍，仍任兼直閣。

爲便於分析，茲列楊津歷任職官如下（表六：楊津任職品級簡表）：

表六：楊津任職品級簡表（資料來源：《魏書・楊津傳》，官品據《魏書・官氏志》）

品級	武職	文職
正一品	驃騎大將軍〔註104〕	司空
從一品	都督九州中外諸軍事〔註105〕	
正二品	衛將軍、車騎將軍	左光祿大夫，尚書令，開國縣侯〔註106〕
從二品	假撫軍將軍、撫軍將軍	
正三品	平北將軍、右衛將軍、左衛將軍、安北將軍，右將軍	吏部尚書

〔註104〕據《魏書》卷一一三《官氏志》，太和十七年頒佈的職員令（徵求意見稿）和太和二十三年頒佈的正式職員令，同一品級內均有更爲細緻的等級劃分，前者細分爲「上、中、下」，後者則區分爲「正、從」。「大將軍」在前一職員令中的品級爲第一品上，在後一職員令中的品級則爲正一品，楊津任驃騎大將軍的時間已在北魏末年「六鎮之亂」以後，故此處定「驃騎大將軍」爲正一品。

〔註105〕據《魏書・楊津傳》，尒朱榮死後，楊津被任命爲「都督并肆燕恒雲朔顯汾蔚九州諸軍事、驃騎大將軍、兼尚書令、北道大行臺、并州刺史，侍中、司空如故」，其中「都督九州諸軍事」的品級，史無其載。據《魏書》卷一一三《官氏志》，太和十七年職員令：都督中外諸軍事爲正一品下、都督府州諸軍事爲從一品上、都督三州諸軍事爲正二品上、都督一州諸軍事爲從二品下。太和二十三年職員令，有關「都督諸軍事」的品級規定，不如前一職員令詳細，僅載「都督中外諸軍事」的品級爲從一品，相較而言品級有所下降。綜合楊津所任職務中「驃騎大將軍」一職的品級爲正一品，故推定此職（都督九州諸軍事）的品級至少應該達到從一品，才能與其它職務相匹配。

〔註106〕按，「開國縣侯」爲爵位，並非官品，爲使表格簡明，故不再將爵位單獨列項，而將其載入「文職」義項，特此說明。

從三品	直閣將軍〔註107〕、征虜將軍、輔國將軍、左中郎將、北中郎將	散騎常侍
正四品	驍騎將軍	河內太守
從四品	振威將軍、左中郎將、右將軍	符璽郎中〔註108〕、監曹奏事令〔註109〕、都督征南府長史〔註110〕
正五品	長水校尉	侍御中散〔註111〕
從五品	太子步兵校尉	

　　綜觀楊津所歷武職，不難發現，楊津所任武職並不低，最低者爲從五品的太子步兵校尉，其次是從四品的振威將軍（領監曹奏事令、直寢）、左中郎將、右將軍諸職。其餘均爲三品以上的武職將軍。當然，楊津所歷的品級區分，呈現明顯的階段性，其所任高級武職，多數是在宣武帝以後的北魏末年。

〔註107〕按，「直閣將軍」爲禁衛武官序列，不見於太和二十三年職員令，在太和十七年職員令中，品級爲「從三品下」。據《魏書・楊津傳》，楊津始任直閣將軍的時間，是在孝文帝南征時：「高祖南征，以津爲都督征南府長史，至懸瓠，徵加直閣將軍。後從駕濟淮，司徒誕薨，高祖以津送柩還都。遷長水校尉，仍直閣。」（第1296頁）；及宣武帝元恪即位，楊津仍宿值禁中，元禧謀反壓平，「因拜津左中郎將，遷驍騎將軍，仍直閣」。考慮到「直閣將軍」直到太和二十三年正式頒佈職員令後，才從北魏職官序列消失，故楊津擔任該職均在此之前，故定其品級爲「從三品」。

〔註108〕據《魏書》卷一一三《官氏志》，「符璽郎中」在太和十七年、二十三年兩次職員令中均見，但品級有較大差別，在前一職員令中的品級爲「從四品中」，而在後一職員令中僅爲「從六品上」，考慮楊津擔任該職是在孝文帝時期，又考慮其起家官「侍御中散」爲正五品上，故定其品級爲從四品。

〔註109〕按，「監曹奏事令」一職，《官氏志》所載前後二職員令均無載，然太和十七年職員令中，「從四品中」一列「令」（第2982頁）一職闕具體名稱，校勘記【五】以爲當有脫文，此説是，我推測以爲此處所闕，有可能就是「監曹奏事」諸文，試爲言之：蓋楊津此前所任「符璽郎中」爲從四品中，後遷轉爲振威將軍（從四品中），領監曹奏事令，以武職同時兼文職之任，故曰「領」，而一般情況下均以相同或相近品級兼「領」他職，由此可以推測，「監曹奏事令」的品級也當爲「從四品中」或與之相近之品級。故此處定「監曹奏事令」爲從四品。

〔註110〕據《魏書》卷一一三《官氏志》，太和十七年職員令「諸開府長史」的品級爲從四品上；太和二十三年職員令無明確記載，但「從第二品將軍、二蕃王長史」的品級爲正五品，而征南將軍的品級爲正二品，因此其府長史的品級理應高於正五品，故推定爲從四品。

〔註111〕據《魏書》卷一一三《官氏志》，「中散」諸職不見於太和二十三年職員令，見於太和十七年王肅主持修定的職官制度討論稿，其中「侍御中散」爲第五品上。

楊津在孝文帝時期所任武職，最高者爲從四品的振威將軍，但這並不意味其時楊津的政治地位就不如其兄楊播、楊椿，因爲楊津同時所任符璽郎中、監曹奏事令、直寢、直閣、太子步兵校尉諸職，儘管品級都不高，但一無例外都是最貼近君主的職務。徵諸史傳，楊津在太和時期基本上與馮太后、孝文帝寸步不離，史言「津以身在禁密，不外交遊，至於宗族姻表，罕相祇候。」〔註112〕正是由於楊津長期居中近侍、仰奉龍顏，故而其自幼就有所表現的「端謹」作風得到進一步強化，史書說他「巨細躬親，孜孜不倦」，實與此政治經歷有莫大關係。

楊津「巨細躬親，孜孜不倦」的政治作風，到他出任外職時，仍然有所表現。咸陽王元禧叛亂壓平不久，楊津出任外職，除征虜將軍、岐州（治雍城鎮，今陝西寶雞東北，雍水上流）刺史，在岐州任職期間，楊津「巨細躬親，孜孜不倦」，表現出較爲突出的吏治才能，不僅令州民「闔境畏服」，且令「官屬感厲，莫有犯法」〔註113〕。不久之後，因爲母親去世，楊津丁憂去職。延昌（512～515）末年，楊津又先後出任右將軍‧華州刺史、北中郎將‧帶河內太守等職，其時胡太后專持朝政，因爲懷疑楊津有貳於己，不欲使其處於「河山之要」，故將楊津調離河內，轉任平北將軍、肆州（治肆州，位於今山西忻州北、定襄西）刺史，後又轉任并州刺史諸職。

及至「六鎮之亂」爆發，北魏王朝風雨飄搖，楊津開始了他外出討賊、內安王室的征戰生涯，軍事政治地位進一步提升。北魏孝明帝孝昌（525～527）初年，楊津以右將軍，加散騎常侍的身份，行定州（治中山，今河北定州）諸軍事，其時六鎮亂兵已經進逼北魏舊都平城（今山西大同）。眼見平城情勢危急，北魏朝廷立即宣佈任命楊津爲安北將軍、假撫軍將軍、北道大都督、右衛將軍（後轉左衛，加撫軍將軍）等職，出兵進佔靈丘郡（治今河北靈丘），馳援平城。然而，就在楊津舉兵北援平城的時候，鮮于修禮在博陵郡（治安平，今河北安平）起兵，定州形勢急轉而下，楊津不得已只好回師救援。在定州之戰中，楊津排除定州刺史元固及其部屬的干擾，親自操戈上陣，殺賊數百，遂解定州之圍。事後，楊津遷轉鎮軍將軍、討虜都督，兼吏部尚書、北道行臺諸職。由於其兄楊椿當年在定州時，被州民趙略參奏除名，故楊津執掌定州以後，趙略舉家逃亡，從而造成定州人心不安，楊津到任後，立即

〔註112〕《魏書》卷五八《楊播附弟津傳》，第1296頁。
〔註113〕《魏書》卷五八《楊播附弟津傳》，第1296～1297頁。

下令慰喻，將趙略召回，迅速穩定定州人心。

定州之圍雖暫時緩解，卻並未從根本上改變被圍困的處境，與定州相鄰的冀、相、瀛諸州已大部被鮮于脩禮、杜洛周等亂兵所控制，他們不時舉兵相向，定州依然處於「孤城獨立，在兩寇之間」的窘境。楊津遂多方設維，以一己之力撐持局面，史言「津貯積柴粟，脩理戰具，更營雉堞，賊每來攻，機械競起。又於城中去城十步，掘地至泉，廣作地道，潛兵涌出，置爐鑄鐵，持以灌賊。賊遂相語曰：『不畏利槊堅城，唯畏楊公鐵星。』」〔註114〕與此同時，楊津還通過給叛軍首領頒發鐵券、授予爵位等方法，對其進行分化瓦解，由此造成叛軍首領鮮于脩禮、毛普賢等人因內訌而斃命。然而，由於處在叛軍的重重包圍之中，定州之圍終究未能紓解，其間楊津還曾派遣長子楊遁突圍而出，前往柔然求援，柔然可汗阿那瓖在楊遁的苦苦哀求之下，雖然派出精騎一萬前往救援，但是當柔然騎兵進至廣昌鎮〔註115〕時，葛榮已派兵事先守住隘口，柔然援兵遂不戰而退。援兵久候不至，軍府長史李裔出城投降，引葛榮叛軍攻入定州，楊津遂爲叛軍所擒。杜洛周本擬烹殺楊津，而爲部下諫阻，雖然已經成爲階下囚，楊津仍對叛軍首領「以大義責之」。直到尒朱榮擊破葛榮，楊津才得以回到洛陽。

孝莊帝元子攸永安元年（528），朝廷任命楊津爲荊州刺史，加散騎常侍、當州都督等職，楊津以此前在定州陷寇爲由，推辭不受。次年（529），楊津兼任吏部尚書，除車騎將軍、左光祿大夫。就在同年，元顥叛亂，孝莊帝準備親征，遂以楊津爲中軍大都督，兼領軍將軍。及元顥敗亡，楊津遂領兵入宿殿中，將孝莊帝從北邙山迎回宮中，楊津也因此護駕之功，榮升司空，加

〔註114〕《魏書》卷五八《楊播附弟津傳》，第1298頁。

〔註115〕據《魏書》卷五八《楊播附弟津傳》云：「阿那瓖遣其從祖吐豆發率精騎一萬南出，前鋒已達廣昌，賊防塞隘口，蠕蠕持疑，遂還。」（第1298頁）此「廣昌」顯非南朝之廣昌郡（治今江西廣昌），當係北魏設於北邊之軍鎮，據《魏書》卷三二《高湖傳》載，高氏族人有高各拔者，曾任廣昌鎮將，卒贈燕州刺史。據此似可推測，廣昌鎮可能設於燕州（治廣寧，今河北涿鹿）境內（燕州境內又有廣寧、廣武等地名，似亦可作爲側證）。又同書卷一一二《靈徵志八》載，孝文帝太和九年六月庚戌，「濟、洛、肆、相四州及靈丘、廣昌鎮暴風折木。」據此可知，廣昌鎮的地理位置必定靠近靈丘。如果再考慮此軍鎮可能與定州相鄰，而《楊津傳》又言「賊防塞隘口」，柔然遂退兵諸事以觀，則廣昌鎮當位於靈丘東南方向靠近定州的古長城一帶（在今河北淶源附近），蓋此地因爲有長城而成爲邊塞隘口也。（參前揭《中國歷史地圖集》第四冊「北朝魏相、冀、幽、平等州」，第50～51頁。）

侍中之職。

　　及孝莊帝刺殺尒朱榮，尒朱氏兄弟舉兵向闕，楊津因此被任命爲「都督并肆燕恒雲朔顯汾蔚九州諸軍事、驃騎大將軍、兼尚書令、北道大行臺、并州刺史，侍中、司空如故」，承擔起討伐尒朱氏的重任。楊津臨危受命，然兵力寡弱，馳至鄴城前線時，麾下僅有五百羽林士兵，不得已他只好下令招募兵士。鑒於形勢不利，楊津遂決定領兵東下，擬與其子楊逸（時任光州刺史）、侄楊昱（時任東道行臺）會合，再作打算。就在楊津行至濟州（治盧縣即碻磝城，在今山東東阿西北，黃河渡口）準備渡河時，尒朱仲遠攻陷東郡的消息傳來，楊津的戰略意圖已經無法實現，於是只好返回京師洛陽。節閔帝元恭普泰元年（531），楊津在洛陽遇害，終年 63 歲。孝武帝元修太昌（532）元年，楊津獲得朝廷的贈官贈諡，還葬本鄉時，詔以大鴻臚持節監護喪事。

五、北魏政治變動對楊氏家族之影響

　　孝文帝的漢化改革，對於促進胡漢融合確實發揮了積極作用，但是這些改革不可能完全消除民族的隔閡，北魏統治集團內部的胡漢矛盾、胡漢衝突依然存在。作爲鮮卑貴族與漢人世家大族聯合執政的北魏政權，其內部的政治變動對統治集團的每一個家族都不可避免地要產生影響。作爲孝文帝漢化改革的擁護者和受益者，楊播家族在爲北魏政權效命立功的時候，也將家族推向了鼎盛，成爲統治集團中頗受矚目的政治家族。

　　「木秀於林，風必摧之」，從來都是眞理，北魏政治變動不可避免地影響到楊氏家族的興衰。事實上，在孝文帝死後不久，宣武帝元恪即位之後，楊氏家族就開始遭受政治上的打擊。徵諸史載，楊播在宣武帝時期曾被免官削爵，到孝明帝元翊熙平年間（516～518）始得昭雪。楊播被除名爲民的原因，據《魏書·楊播傳》云：

> 　　景明初，兼侍中，使恒州，贍恤寒乏。轉左衛將軍。出除安北將
> 軍、并州刺史，固辭，乃授安西將軍、華州刺史。至州借民田，爲御
> 史王基所劾，削除官爵。延昌二年，卒于家。子侃等停柩不葬，披訴
> 積年，至熙平中乃贈鎮西將軍、雍州刺史，并復其爵，諡曰壯。〔註116〕

據諸本傳所載，楊播於景明（500～503）初年被削官除爵，乃是因爲在華州刺史任上「借民田」，而遭到御史王基彈劾。此事，楊播墓誌也有記載，但所

〔註116〕《魏書》卷五八《楊播傳》，第 1280 頁。

述緣由卻與《魏書》不同：

> 君以直方居性，權臣所忌，帝舅司徒公高肇譖而罪之，遂除名
> 爲民。於是閉門靜處，蕭然不以得失爲情，澹尒以時命自守，春秋
> 六十有一，以延昌二年歲次癸巳十一月十六日寢疾薨於洛陽縣之依
> 仁里。嗣子號忠貞之見枉，冀追賢之有期。三年冬，權遷殯於華陰
> 鄉館焉。仰遵顧命，喪事之禮，儉過貧庶。四年，高肇伏辜，怨屈
> 斯理。以熙平元年，有詔申雪，追復爵位。冊贈使持節、鎮西將軍、
> 雍州刺史。考終定諡，是爲莊。粤其年秋九月二日庚申〔註117〕，卜
> 窆于本縣舊塋，乃作銘以誌墓。〔註118〕

就墓誌銘所載來看，楊播是因爲得罪了宣武帝的舅舅高肇，遭其譖害而被免官削爵。

楊播究竟因爲什麼緣故而被免官削爵？《魏書》本傳和墓誌所載的原因，哪一個更可靠？前揭杜葆仁、夏振英《華陰潼關出土的北魏楊氏墓誌考證》一文說：「楊播任華州刺史後，需要不需要『至州借民田』？我們認爲此事不大可能。任華州刺史時距北魏建國已很有一段時間，楊播家『入魏之始，即位上客，給田宅，賜奴婢、馬牛羊，遂成富室』。另外楊播的母親王氏，是文明太后的外姑，『以外親優賜亟加，前後萬計』，此時似不需要『至州借民田』。」顯然，在《考證》一文的作者看來，楊播在華州借民田並不可信。

事實眞相究竟如何？竊以爲，《魏書》本傳與墓誌所載的這兩個原因並不矛盾。高肇在政治上打擊楊播，自然不能毫無理由，而必須找到合適的藉口。但是，包括楊播在內的楊氏人物在政治上一向以謹愼著稱，因此要在朝中找到其疏誤可能並不容易。如前所論，楊播家族是在孝文帝定鼎洛陽後新遷至華陰，因此在建設家園的過程中對於「民田」肯定有所需求，這些「民田」從何而來？或買或借，方法不一，在「買」或「借」的過程中，當然不能排除強取豪奪的可能性。結果此事被高肇抓住，並成爲對楊播進行政治打擊的理由。

〔註117〕據陳垣氏《二十史朔閏表》，熙平元年九月乙丑朔，初二應當爲「丙寅」，墓誌銘日期之失誤，當由於撰寫墓誌銘爲事後追憶，故不免記憶有差錯。

〔註118〕《魏故使持節鎮西將軍雍州刺史華陰莊伯墓誌銘》，《漢魏南北朝墓誌彙編》，第87頁。

　　爲什麼「借民田」能夠作爲打擊楊播的藉口呢？首先，作爲地方長官向其管轄之下的百姓「借」田的含義，實際上往往就是強取豪奪，因此《楊播傳》所載其「借民田」，與《魏書》所載其它官吏「奪占」民田的性質相同。對於官吏「借」或「奪占」民田，北魏早在平城時代就曾下詔予以整頓，也確有官員因爲奪占民田而受到御史等監察官員的彈劾。易言之，單單是「借民田」的問題，不足以造成楊播免官削爵的後果，其眞正原因是是楊播得罪了權臣高肇，「借民田」只是高肇用來打擊楊播的一個藉口，這也正是後來楊侃等人「披訴積年」的原因所在。〔註 119〕

　　當然，這裏還有一個問題，即高肇打擊楊播的動機何在？其中原因，無論《魏書》本傳，還是墓誌銘都沒有透露。我們認爲，楊播之受高肇政治迫害，當是遭受池魚之殃，高肇在政治上的崛起，實得益於宣武帝元恪打擊宗室諸王的政策。〔註 120〕徵諸史籍及墓誌，楊播家族與宗室諸王一直關係密切。〔註 121〕因此，在高肇與宗室諸王所進行的政治鬥爭中，楊播及其家族很可能站在宗室諸王的立場，楊播墓誌銘所說的「君以直方居性」所隱含的意義，當即指此。

〔註 119〕據《魏書》卷四下《世祖紀下》所載太平眞君四年（443）六月庚寅詔書，云：「……牧守令宰不能助朕宣揚恩德，勤恤民隱，至乃侵奪其產，加以殘虐，非所以爲治也……牧守之徒，各屬精爲治，勸課農桑，不聽妄有徵發，有司彈糾，勿有所縱。」（第 96 頁）太武帝拓跋燾所以要下這道詔書，就是鑒於地方官奪占民田家產的現象比較嚴重，故下詔整飭。但就總體情況來看，北魏地方官員因爲奪占百姓田產而受到處分者並不多見，原因是北魏官員在馮太后執政期間，尤其是在推行「班祿酬廉」之前，曾長期沒有俸祿，因此對於官員貪污及侵逼平民等行爲往往不予追究，或只是象徵性地加以懲罰。所以，楊播因爲「至州借民田」遭刺史彈劾而免官削爵，在其子楊侃等人看來顯然是極大冤獄，因此他們要「停柩」不葬，「披訴積年」。

〔註 120〕關於高肇專權，請參張金龍撰：《北魏政治史研究》之十一《宣武帝的統治與高肇專權》，蘭州，甘肅教育出版社，1996。並參李文才撰：《高肇伐蜀與所謂「高肇專權」》，《北朝研究》第 1 輯，第 82～94 頁，北京，燕山出版社，2000。

〔註 121〕據《魏書》卷五八《楊播傳》，楊播曾與楊平王元頤共同領兵北征柔然，沔北之戰又在彭城王元勰仗下聽用，據墓誌又知，楊播曾與咸陽王元禧共同經營洛陽太極廟社殿庫；而據楊舒墓誌：「……以君歷試惟允，復參征南軍事。都督元王特深器眷，杖以帷幄之任，諮以決勝之謀。」在對南齊、蕭梁的幾次戰爭中，楊舒曾參鎮南將軍中山王元英軍事，又參高陽王元雍府事；另外，楊舒之妻又是武昌王元和的妹妹。凡此均可證，楊氏和北魏宗室諸王不僅關係一直比較密切，而且與宗室諸王之間還有姻親關係。

　　因此，對於楊播被免官削爵的原因，我們可作如下認識：楊播因為在政治上黨同宗室諸王而與高肇對立，結果被高肇以其在華州「借民田」為由而免官削爵，御史王基彈劾楊播當是出於高肇的授意或指使。

　　楊播的遭遇只是楊氏家族政治厄運的開始，比起楊氏家族後來所遭受的巨大政治災難，實不可同日而語。孝明帝元詡即位以後，楊氏的下一代領軍人物楊昱再一次和元氏宗室發生衝突，並因此受到執政人物元叉的迫害。公元 520 年，靈太后妹夫宗室（道武帝玄孫）元叉與宦官劉騰聯合，幽禁靈太后胡氏，元叉與劉騰共同執政，歷史上稱為「元叉專政」。楊昱之所以得罪元叉，是因為他在政治上屬於元叉政敵靈太后一方，此外，也有胡漢文化衝突的因素。據《魏書・楊昱傳》略云：

> 久之，轉太尉掾，兼中書舍人。靈太后嘗從容謂昱曰：「今帝年幼，朕親萬機，然自薄德化不能感親姻，在外不稱人心，卿有所聞，慎勿諱隱。」昱於是奏揚州刺史李崇五車載貨，恒州刺史楊鈞造銀食器十具，並餉領軍元叉。靈太后召叉夫妻泣而責之。叉深恨之……神龜二年，瀛州民劉宣明謀反，事覺逃竄。叉乃使（元）和及元氏誣告昱藏隱宣明，云：「父定州刺史椿、叔華州刺史津，並送甲仗三百具，謀圖不逞。」叉又構成其事。乃遣左右御仗五百人，夜圍昱宅而收之，並無所獲。靈太后問其狀，昱具對元氏逼釁之端，言至哀切。太后乃解昱縛，和及元氏並處死刑，而叉相左右，和直免官，元氏卒亦不坐。及元叉之廢太后，乃出昱為濟陰內史。中山王（元）熙起兵於鄴，叉遣黃門盧同詣鄴刑熙，並窮黨與。同希叉旨，就郡鎖昱赴鄴，訊百日，後乃還任。〔註122〕

由此可見，楊昱與元叉結怨，首先是政治方面的原因，因為雙方政治理念相差甚大。作為朝中執大權者，元叉接受賄賂、拉幫結派，在楊昱看來是對中央權威的破壞，故而上章參奏，結果造成元叉對他懷恨在心。

　　除了政治方面的原因外，雙方在文化觀念方面也有較大衝突。仍據同傳所載：

> 昱第六叔舒妻，武昌王（元）和之妹，和即（元）叉之從祖父。舒早喪，有一男六女，及終喪而元氏頻請別居。昱父椿乃集親姻泣而謂曰：「我弟不幸早終，今男未婚，女未嫁，何忽忽便求離居？」

不聽。遂懷憾焉。〔註123〕

由此可知，造成元叉對楊氏不滿的另一個原因，即在胡漢文化觀念方面的衝突。楊舒早死，留下尚處年幼的子女，楊舒之妻元氏卻在終喪之後，頻繁提出別居（元氏別居的目的，應當是為了自己能夠再嫁）。然而，元氏的請求卻遭到楊氏家族的堅決反對。楊氏家族不同意元氏別居的請求，乃是因為元氏的行為不符合楊氏門風規範，對於四世同堂，一直謀求家風轉型的楊氏家族來說，詩禮傳家、閨門整肅乃是最起碼的要求。雙方在文化觀念上的分歧，反過來進一步加劇雙方在政治上的矛盾衝突。

正是政治與文化觀念上的雙重矛盾，促成執政者元叉對楊氏的政治報復。神龜二年（519）瀛州發生民亂，元叉遂誣陷楊昱及其父、叔與之有染。儘管最終查明此事不實，但對於楊氏家族的政治生涯產生負面影響，應無疑義。再到後來，元叉幽禁靈太后，楊昱再一次受到政治迫害，先是被外貶為濟陰內史，後中山王元熙起兵討伐元叉，楊昱又被誣指參與其事，並因此再次被捕入獄。直到元叉倒臺，楊昱才又復出北魏政壇。

以上政治變動，影響基本局限於統治集團的上層，對楊氏家族的政治前途尚未構成致命性的危害。但到北魏末年的政治大動亂發生以後，楊氏就難逃其釁了。從「六鎮之亂」，到元灝入洛，再到尒朱榮入主朝政，在歷次政治變動中，楊氏家族均有人為之殞命。特別是尒朱榮為代表的代北胡化勢力集團掌控政權後，推行了一條與孝文帝漢化完全相反的胡化政策，大殺漢化衣冠朝士，釀成震驚一時的「河陰之變」。就楊氏家族而言，在「河陰事變」前後，曾不止一次遭受到屠戮和血洗。

孝莊帝元子攸刺殺尒朱榮，性質比較複雜。從統治集團權力之爭的角度來看，此事件乃是不甘心充當傀儡的孝莊帝，與實際執政者尒朱榮之間矛盾激化的結果；從文化衝突的層面看，又是以孝莊帝為核心的洛陽漢化集團，與尒朱氏集團為代表的代北胡化勢力之間的矛盾總爆發。在孝莊帝謀刺尒朱榮的行動中，楊侃為核心成員之一，史載「莊帝將圖尒朱榮也，侃與其內弟李晞、城陽王（元）徽、侍中李彧等，咸預密謀。」〔註124〕在隨後對抗尒朱氏的軍事行動中，楊昱則是中堅人物之一〔註125〕，其子楊孝邕，則在脫身以

〔註123〕《魏書》卷五八《楊播附佺昱傳》，第 1292 頁。

〔註124〕《魏書》卷五八《楊播附子侃傳》，第 1284 頁。

〔註125〕據《魏書》卷五八《楊播附佺昱傳》：「尒朱榮之死也，昱為東道行臺，率眾

後，密謀響應高歡以圖尒朱氏〔註126〕。正因為楊氏乃是北魏末年與尒朱氏對抗的強力人物，故尒朱氏攻入洛陽以後，楊氏就成為重點屠殺的對象，據諸史載，楊氏死於尒朱氏之手的人物有楊侃、楊椿、楊昱、楊孝邕、楊順、楊辯、楊仲宣、楊玄就、楊測、楊津、楊遁、楊逸、楊謐、楊暐，楊氏幾代人幾乎被屠殺殆盡，史言楊氏「東西兩家，無少長皆遇禍，籍其家。」〔註127〕

綜觀北魏末年的歷次巨變，楊氏家族雖不斷有人罹難，但也一直是各種勢力所極力籠絡的對象。對北魏朝廷進行來說，人丁興旺、忠誠謹厚的楊氏家族乃是一支亂世之中可以依靠的力量；對於叛亂者而言，楊氏家族的巨大社會影響力，則是可以利用的無形資本。六鎮亂起，楊氏家族不斷有人臨危受命，其中既有楊椿、楊津等前輩，也有楊侃、楊昱、楊逸等第二、三代人物，他們或征戰於疆場，或折衝於廟堂，為扶北魏王朝將傾之大廈而盡忠竭智。另一方面，無論是叛亂者鮮于脩禮、杜洛周、葛榮，還是扶天子以令諸侯的尒朱氏，乃至後來奠定北齊基業的梟雄高歡（渤海高氏），均曾極力拉攏楊氏以為羽翼。如杜洛周、葛榮以重兵圍困定州城，楊津盡力捍守，叛軍久攻不下，葛榮遂許以司徒之職，勸說楊津出城投降；及城破，楊津又當眾以大義斥責叛軍，而杜洛周「弗之責也」。〔註128〕後來葛榮兼併杜洛周，楊津父子又被葛榮拘禁，葛榮欲以女妻津子楊愔，並逼迫楊愔就任偽職。〔註129〕尒朱天光亦曾招慰過楊侃，然終因擔心楊氏不能與己合作，而將其殺害。〔註130〕楊愔在輾轉歸附高歡以後，就任大行臺右丞，成為高歡得力助手；及楊愔遭人陷害，隱姓匿跡後，高歡派人四處尋訪，並以女妻之。〔註131〕凡此，均說

拒尒朱仲遠。」（第1294頁）

〔註126〕據《魏書》卷五八《楊播附侄昱傳》：「（昱）子孝邕，員外郎。走免，匿於蠻中，潛結渠帥，謀應齊獻武王以誅尒朱氏。微服入洛，參伺機會。為人所告，世隆收付廷尉，掠殺之。」（第1294頁）

〔註127〕《魏書》卷五八《楊播傳》，第1302頁。按，以上被殺諸楊，除楊暐死於「河陰之變」，其餘人等均是在尒朱榮既死，尒朱世隆、尒朱兆、尒朱仲遠等攻入洛陽之後被殺。楊暐其實也死於尒朱氏之手，蓋「河陰之變」的策動者為尒朱榮。傳言楊氏「東西兩家」者，即洛陽（在東）、華陰（在西）兩處家宅也，蓋北魏一朝，楊氏於洛陽、華陰均置有家宅田產，故稱「東西兩家」者，實指東西兩處家宅，非謂分為兩家也。

〔註128〕《魏書》卷五八《楊播附弟津傳》，第1298頁。

〔註129〕《北齊書》卷三四《楊愔傳》，第454頁。

〔註130〕《魏書》卷五八《楊播附子侃傳》，第1284頁。

〔註131〕據《北齊書》卷三四《楊愔傳》：「既潛竄累載，屬神武至信都，遂投刺轅門。

明楊氏家族的社會地位及其影響力。

　　總而言之，自云弘農楊氏的楊播家族，其弘農郡望雖有假託之嫌，但楊氏爲北朝有顯赫影響之政治家族，則毋庸置疑。楊播家族憑藉與北魏政權的密切關係，不僅在孝文帝、宣武帝之際盛極一時，即便到北魏末年乃至以後的東魏北齊，依然頗有社會影響。楊播家族數世同居，總服同爨，兄弟間相敬如賓，家風純厚，家教嚴格，待人接物以禮，子弟品高德潔，具有北方世家大族的典型特徵。與此同時，楊氏家族又與崔、盧、李、鄭等純粹以儒學禮法立世的家族有所不同，楊氏儒雅尚文的家風中，武勇氣幹始終不廢，每一代子弟中都有人征戰疆場，從而形成文武兼修的獨特門風。這種兼資文武的家風，一直傳承到後來的東魏、北齊甚至隋唐，從而確保楊氏數世不衰，例如在北齊文宣帝時期執掌朝政的楊愔，就是一位飽學涵養之士，而隋朝名將楊素，也同樣出自這個家族，及至李唐皇朝建立，楊氏後裔依然有人。

便蒙引見……由是轉大行臺右丞。于時霸圖草創，軍國務廣，文檄教令，皆自愔及崔懷出……神武知愔存，遣愔從兄寶猗齎書慰喻，仍遣光州刺史奚思業令搜訪，以禮發遣。神武見之悦，除太原公開府司馬，轉長史，復授大行臺右丞，封華陰縣侯，還給事黃門侍郎，妻以庶女。」（第 455～456 頁）

北齊史三題

之一：論北齊文宣帝高洋的用人之道

　　北齊文宣帝高洋在中國歷史上一直被歸入淫暴君主的行列，且因爲其時北齊政權「胡化」氛圍濃厚，故史家在分析文宣帝「淫暴」之成因時，每每措意於其中的胡漢之爭，認爲文宣帝所以「荒淫殘暴」，與其偏袒胡人的用人方法有直接關係。文宣帝高洋的用人之道，眞相究竟如何，就成爲我們認識和評價其政治狀況的一個重要指標。

　　本文名爲《北齊史三題》，首先就從文宣帝高洋的用人之道說起。

一、「以法馭下，公道爲先」——文宣帝之用人（上）

　　北齊文宣帝高洋素有「淫暴」之名，不過《北齊書》對他的評價還沒有作完全否定，略云：

> 帝少有大度，志識沉敏，外柔內剛，果敢能斷。雅好史事，測始知終，理劇處繁，終日不倦。初踐大位，留心政術，以法馭下，公道爲先。或有違犯憲章，雖密戚舊勳，必無容舍，內外清靖，莫不祗祗肅。至於軍國幾策，獨決懷抱，規模宏遠，有人君大略。又以三方鼎時，諸夷未賓，修繕甲兵，簡練士卒，左右宿衛置百保軍士。每臨行陣，親當矢石，鋒刃交接，唯恐前敵之不多，屢犯艱危，常致克捷。嘗於東山遊讌，以關隴未平，投杯震怒，召魏收於御前，立爲詔書，宣示遠近，將事西伐。是歲，周文帝殂，西人震恐，常

爲度隴之計。

　　既征伐四克，威振戎夏，六七年後，以功業自矜，遂留連耽湎，肆行淫暴。或躬自鼓舞，歌謳不息，從旦通宵，以夜繼晝。或袒露形體，塗傅粉黛，散髮胡服，雜衣錦綵。拔刀張弓，遊於市肆，勳戚之第，朝夕臨幸。時乘駝駝牛驢，不施鞍勒，盛暑炎赫，隆冬酷寒，或日中暴身，去衣馳騁，從者不堪，帝居之自若。親戚貴臣，左右近習，侍從錯雜，無復差等。微集淫嫗，分付從官，朝夕臨視，以爲娛樂。凡諸殺害，多令支解，或焚之於火，或投之於河。沉酗既久，彌以狂惑，至於末年，每言見諸鬼物，亦云聞異音聲。情有蒂芥，必在誅謬，諸元宗室咸加屠勦，永安、上黨並致冤酷，高隆之、高德政、杜弼、王元景、李葥之等皆以非罪加害。嘗在晉陽以稍戲刺都督尉子耀，應手即殞。又在三臺大光殿上，以鑊鑊都督穆嵩，遂至於死。又嘗幸開府暴顯家，有都督韓悊無罪，忽於眾中喚出斬之。自餘酷濫，不可勝紀。朝野懍懍，各懷怨毒。而素以嚴斷臨下，加之默識強記，百僚戰慄，不敢爲非，文武近臣，朝不謀夕。又多所營繕，百役繁興，舉國騷擾，公私勞弊。凡諸賞賚，無復節限，府藏之積，遂至空虛。自皇太后諸王及內外勳舊，愁懼危悚，計無所出。暨于末年，不能進食，唯數飲酒，麴糵成災，因而致斃。

〔註1〕

以上兩段文字是唐代史學家李百藥對北齊文宣帝高洋的綜合評價。在第一段文字中，李百藥通過對文宣帝高洋性格、器識、才能及其政治軍事活動的剖析，得出結論認爲，高洋在統治前期（天保六七年以前），乃是一位政治軍事才能突出、「規模宏遠，有人君大略」的有爲之主。在第二段文字中，則通過較爲詳細地羅列文宣帝高洋在天保六、七年以後的種種荒唐行爲，在此基礎上得出結論認爲，文宣帝高洋在其統治後期逐漸變成一個「留連耽湎，肆行淫暴」的昏君。

　　李百藥對高洋的「兩段論」式評價，後被魏徵、李延壽、司馬光等人所承襲，如魏徵在《北齊書》「總論」、李延壽在《北史》、司馬光在《資治通鑑》中，對高洋的評價，與李百藥基本一致。現代史家對文宣帝高洋的評價，可

〔註 1〕《北齊書》卷四《文宣紀》，第 67～68 頁。

以呂思勉氏、熊德基氏為代表。前者在所著《兩晉南北朝史》中曾以「文宣淫暴」為章目,對高洋加以評述,云:「北齊亂君,實以文宣為首」,不過,呂氏同時指出,高洋「淫暴」多在天保六、七年之後,其所以多行「淫暴」,除「本性」的原因之外,與他患有比較嚴重的精神疾病也有很大關係。〔註2〕後者在《鮮卑漢化與北朝三姓的興亡》一文中,則基本承用李百藥的看法,指出:「高洋才智實不在其父兄之下,即位之後勵精圖治……在高洋即位的開始六年中,不僅是北齊的鼎盛時期,而且是北魏末年以來鮮卑繼續漢化的最有希望的時期。」〔註3〕以上呂、熊二人對高洋的評價儘管存在較大差距,但均能客觀持論而非一味褒貶;此外,二人均將文宣帝一生分為兩個時期進行評價,又與李百藥「兩段論」的評價方法,頗有相似之處。

上引李百藥所說,文宣帝高洋用人能夠「以法馭下,公道為先」,可以作為我們考察其用人之道切入點。其中「公道」一詞,其意自不同於今,當指高洋用人不拘泥於民族界限,只以是否有利於鞏固統治為判斷標準。

徵諸史實,文宣帝高洋在執政以後,不僅能夠有效籠絡、駕馭胡漢人才,穩固統治基礎,而且在用人時能夠做到委政臣僚,用人不疑,表現出高超的馭臣手段。正由於文宣帝高洋駕馭人才的方法高明,並且能夠做到用人不疑、疑人不用,因而即使進入其統治後期,文宣帝的精神狀態確實變得有些昏憒,但由於執政大臣仍能比較充分的發揮輔政作用,故北齊的國家機器依然能夠正常運轉。對於文宣帝高洋晚期的政治狀況,司馬溫公曾有公允評價,云:「內外憒憒,各懷怨毒;而素能默識強記,加以嚴斷,群下戰慄,不敢為非。又能委政楊愔,愔總攝機衡,百度脩敕,故時人皆言主昏於上,政清於下。」〔註4〕所謂「主昏於上,政清於下」,如果沒有對大臣的充分信任,肯定不能做到。

徵諸相關史實,我們完全可以斷言,文宣帝高洋在平衡胡漢政治勢力,駕馭驅使大臣方面,其所表現出來的政治手段、政治智慧,絲毫不遜色於乃父高歡、乃兄高澄,甚至在許多方面比起乃父乃兄,做得更好。

〔註2〕前揭《兩晉南北朝史》第十四章《周齊興亡》,有云:「文宣淫暴之事,多在天保六七年後,非徒本性,實亦疾病使然,觀其冒犯寒暑,臨履危險,多為人所不堪可知,(自注:《本紀》又云:至於末年,每言見諸鬼物,亦云聞異音聲,亦其有疾之一證。)即其耽於麴糵,亦未必非病狀也。」(第704頁)

〔註3〕熊德基撰:《六朝史考實》,第138~139頁,北京,中華書局,2000。

〔註4〕《資治通鑑》卷一六六梁敬帝太平元年(556)六月,第5150頁。

　　眾所週知，北齊的鮮卑化、西胡化風氣比較濃厚，高氏父子自高歡開始，就以鮮卑人自居，因此在其統治集團中，鮮卑化的勳貴勢力比較強大。職此之故，東魏北齊的民族成見、民族隔閡與民族衝突均比較突出。〔註5〕但是我們必須注意，如果統治集團內部胡漢勢力始終嚴重對立，甚至水火不容，東魏北齊的政權還能夠正常運轉下去嗎？所以，對於東魏北齊的執政者來說，他們所面臨的首要任務，就是調和統治集團內部的胡漢矛盾，穩固統治基礎，保證政權正常運轉。於是，這就出現一個最高執政者用人的問題。

　　在調和內部胡漢矛盾方面，高歡、高澄都處理得比較得體，從而成功地將胡漢勳貴聚攏到一起，奠定了東魏北齊的立國根本。有史實表明，高洋在調和胡漢關係方面，不僅繼承了父兄調和胡漢的用人政策，而且同樣做得很成功，在某些方面甚至有過之而無不及。綜觀高洋執政時期，特別是執政前期的集團核心層，基本上做到了胡漢勢力的均衡，甚至漢人勢力在政治核心圈所佔的比重、受信任的程度還要超過胡人勢力。如楊愔、高德政、杜弼、司馬子如、高隆之、崔昂等人，均爲漢文化素養很深的人物，他們在高洋統治時期基本上都處於政治核心層。〔註6〕

〔註5〕關於北齊的鮮卑化、西胡化風氣，陳寅恪氏曾有精闢論述，詳參前揭《陳寅恪魏晉南北朝史講演錄》第十八篇《北齊的鮮卑化及西胡化》，第 292～297 頁。

〔註6〕本文對民族成分的劃分，按照陳寅恪氏「文化決定論」觀點進行處理，即：「魏晉南北朝時期的民族，往往以文化來劃分，而非以血統來劃分。少數民族漢化了，便被視爲『雜漢』、『漢兒』、『漢人』。反之，如果有漢人接受某少數民族文化，與之同化，便被視爲某少數民族人……在研究北朝民族問題的時候，不應過多地去考慮血統的問題，而應注意『化』的問題。」（《陳寅恪魏晉南北朝史講演錄》第十八篇《北齊的鮮卑化及西胡化》，第 292 頁）以此理論爲觀察視角，楊愔、高德政、杜弼、司馬子如、高隆之、燕子獻、鄭頤等人，都是漢文化素養很深的人，而且他們的血統本來又是漢族。以文化而言，楊愔自不必多說。司馬子如，自稱河內溫人，其籍貫有可能靠不住，但他「事姊有禮，撫諸兄子慈篤，當時名士並加欽愛，世以此稱之。」（《北齊書》卷一八《司馬子如傳》，第240頁）可見，即便司馬子如的籍貫河內可能不實，但他在文化上卻是漢化無疑。高隆之「雖無涉學，而欽尚文雅，縉紳名流，必存禮接。寡姊爲尼，事之如母，訓督諸子，必先文義。世甚以此稱之。」（《北齊書》卷一八《高隆之傳》，第238頁），這些均是典型的漢人士大夫作派，因此，從文化層面上說，高隆之自應視爲漢人。杜弼，「字輔玄，中山曲陽人也，小字輔國。自序云，本京兆杜陵人……弼性好名理，探味玄宗，自在軍旅，帶經從役。注老子《道德經》二卷……弼儒雅寬恕，尤曉史職。所在清潔，爲吏民所懷。耽好玄理，老而愈篤。又注《莊子·惠施篇》、《易上下繫》，

　　漢人或漢化人士處於文宣帝高洋的政治核心層，首先可以從高澄遇刺身亡，高洋平定叛亂之後，決策趕往晉陽一事作爲考察的視角。東魏武定七年（梁武帝太清三年，549）七月，高澄在鄴都北城東柏堂與散騎常侍陳元康、吏部尚書侍中楊愔、黃門侍郎崔季舒等人，密謀禪代之事，並商討未來新政權的人事安排等問題。膳奴蘭京等人，利用進食的機會，發動突然襲擊，刺殺高澄。高澄遇刺，事出倉促，當時正在城東雙堂的高洋，臨危不亂，從容指揮，迅速壓平叛亂。﹝註7﹞高洋平叛之後，是繼續留在鄴城，還是迅速趕赴晉陽、控制其軍事政治之根本所在？這是考驗高洋政治智慧及政治判斷力的第一道考題。徵諸史實，在高洋商討是否前往晉陽的決策過程中，參與決策的核心成員，絕大部分爲漢化之士人，此事載諸《北齊書‧高德政》：「世宗（高澄）暴崩，事出倉卒，羣情草草。勳將等以纘戎事重，勸帝早赴晉陽。帝亦回遑不能自決，夜中召楊愔、杜弼、崔季舒及（高）德政等，始定策焉。以楊愔居守。」﹝註8﹞如前所論，高洋在徘徊不能決斷的情況下，向楊愔、杜弼、崔季舒、高德政諸人咨詢，適足顯示高洋對於漢化士人的倚重。

　　其次，在高洋謀劃禪代的決策及禪代運作過程中，漢化人士依然處於核心圈。在整個禪代過程中，從最機密的籌劃決策，到領銜勸進、擬定禪代交書、觀察人情民意等具體事務，參與的核心人物多爲漢人或漢化士人。據前揭《北齊書‧高德政傳》略云：

　　　　德政與帝舊相昵愛，言無不盡。散騎常侍徐之才、館客宋景業

名《新注義苑》，並行於世。弼性質直，前在霸朝，多所匡正。及顯祖作相，致位僚首，初聞揖讓之議，猶有諫言。顯祖嘗問弼云：『治國當用何人？』對曰：『鮮卑車馬客，會須用中國人。』顯祖以爲此言譏我。」（《北齊書》卷二四《杜弼傳》，第346、348、353頁）杜弼自云京兆杜陵的籍貫可能靠不住，但他的漢文化水平卻很高，又，杜弼與高洋對話，云「鮮卑車馬客，會須用中國人」，而高洋以爲「此言譏我」，均足表明，無論是血統還是文化習養，杜弼自然都是漢人。崔昂，字懷遠，博陵安平人也，博陵崔氏著名漢人世家大族。高德政，「字士貞，渤海蓨人……德政死後，顯祖謂羣臣曰：『高德政常言宜用漢人，除鮮卑，此即合死。又教我誅諸元，我今殺之，爲諸元報讐也。』」（《北齊書》卷三〇《高德政傳》，第406、410頁）因此，高德政從文化上講，也屬漢人無疑。

﹝註7﹞按，高澄遇刺事件，《北齊書》卷三《文襄紀》紀事頗爲顛倒謬誤，其情「校勘記【一二】」已有詳述。本文此處據《資治通鑒》卷一六二梁武帝太清三年七月之記述（第5026～5027頁）。

﹝註8﹞《北齊書》卷三〇《高德政傳》，第407頁。

先爲天文圖讖之學，又陳山提家客楊子術有所援引，並因德政勸顯祖行禪代之事。德政又披心固請。帝乃手書與楊愔，具論諸人勸進意。德政恐愔猶豫不決，自請馳驛赴京，託以餘事，唯與楊愔言，愔方相應和。

德政還未至，帝便發晉陽，至平都城，召諸勳將入，告以禪讓之事。諸將等忽聞，皆愕然，莫敢答者……帝已遣馳驛向鄴，書與太尉高岳、尚書令高隆之、領軍婁叡、侍中張亮、黃門趙彥深、楊愔等……徐之才、宋景業等每言卜筮雜占陰陽緯候，必宜五月應天順人，德政亦勸不已。仍白帝追魏收。收至，令撰禪讓詔冊、九錫建臺及勸進文表。

至五月初，帝發晉陽。德政又錄在鄴諸事條進於帝，帝令陳山提馳驛齎事條並密書與楊愔。大略令撰儀注，防察魏室諸王。山提以五日至鄴，楊愔即召太常卿邢邵、七兵尚書崔悛、度支尚書陸操、詹事王昕、黃門侍郎陽休之、中書侍郎裴讓之等議撰儀注……即命司馬子如、杜弼馳驛續入，觀察物情。七日，子如等至鄴，眾人以爲事勢已決，無敢異言。〔註9〕

上述諸人，除高岳係高齊宗室、婁叡係外戚之外，其它如崔劼、高德政、楊愔、高隆之、杜弼、徐之才、張亮、趙彥深、司馬子如、裴讓之、陽休之、陸操、崔暹、王昕、崔悛、魏收等人，均爲漢人或漢化士人。

再次，在高洋臨終前所安排的政治格局中，漢人或漢化人士占多數，也說明高洋用人並非偏重於鮮卑。599年九月，高洋自知命在旦夕，遂爲太子高殷安排了一個由五人組成的輔政班子，具體組成人員如下：常山王高演、尚書令・開封王楊愔、領軍大將軍・平秦王高歸彥、侍中燕子獻、黃門侍郎鄭頤。〔註10〕在這五位輔政大臣中，高演爲高洋母弟，乃是血緣關係十分緊密的宗室親王之一；高歸彥，齊神武高歡族弟，係高齊皇室較爲疏遠的宗親，但深得文宣帝高洋的信重，文宣帝末年，任領軍大將軍，總統禁衛諸軍。〔註11〕餘

〔註9〕 《北齊書》卷三〇《高德政傳》，第407-408頁，並參諸《北齊書》諸人列傳。

〔註10〕 《資治通鑑》卷一六七陳武帝永定三年（599）九月，第5191頁。

〔註11〕 《北齊書》卷一四《平秦王（高）歸彥傳》：「平秦王歸彥，字仁英，神武族弟也……天保元年，封平秦王……以討侯景功，別封長樂郡公，除領軍大將軍，領軍加大，自歸彥始也。文宣誅高德正，金寶財貨悉以賜之。乾明初，拜司徒，仍總知禁衛。」（第186頁）

者楊愔、燕子獻、鄭頤三人，均爲漢人，鮮卑人則一個也沒有。〔註12〕

綜上所論，可知在文宣帝高洋統治時期，漢化勢力始終處於北齊政治的核心層，高洋在用人方面不存在重用鮮卑、排斥漢人的情況。

二、不拘胡漢，唯才是擧——文宣帝之用人（下）

文宣帝高洋用人，不拘胡漢，還有兩個問題必須澄清。

其一，高洋禪魏之後，貶斥漢人崔暹、崔季舒之事。高洋登基而二崔遭貶，學界每有以此作爲統治集團內部胡漢衝突、胡漢矛盾的證據，認爲二崔被貶乃是鮮卑與漢人之爭的結果，並以此說明高洋用人偏重鮮卑。〔註13〕事實如何？據《北齊書》卷三○《崔暹傳》、卷三九《崔季舒傳》可知，二崔在齊神武高歡、齊文襄高澄執政時期，都是「密謀大計，皆得預聞」的重要臣僚，而且曾奉命整肅吏治，特別是崔暹更是擔任過御史中尉等憲臺之職，專門負責糾劾百官，高澄曾稱讚他「我尚畏羨，何況餘人」。由於二崔糾察百官甚嚴，因此得罪了許多「勳貴」，特別是得罪了那些不知法爲何物的胡化權貴。因此，在高洋執政以後，這些權貴便將矛頭一齊指向二崔，據《崔季舒傳》略云：「時勳貴多不法，文襄無所縱捨，外議以季舒及崔暹等所爲，甚被怨疾。」〔註14〕相較之下，《崔暹傳》所述更爲具體，云：

> 顯祖初嗣霸業，司馬子如等挾舊怨，言暹罪重，謂宜罰之。高隆之亦言宜寬政綱，去苛察法官，黜崔暹，則得遠近人意。顯祖從之。及踐祚，譖毀之者猶不息。帝乃令都督陳山提等搜暹家，甚貧匱，唯得高祖、世宗與暹書千餘紙，多論軍國大事。帝嗟賞之。仍不免眾口，乃流暹於馬城，晝則負土供役，夜則置地牢。歲餘，奴告暹謀反，鎖赴晉陽，無實，釋而勞之。

> 尋遷太常卿。帝謂羣臣曰：「崔太常清正，天下無雙，卿等不及。」……十年，暹以疾卒，帝撫靈而哭。贈開府。〔註15〕

〔註12〕 據《北齊書》卷三四《楊愔傳》，愔，弘農華陰人；同卷《燕子獻傳》，子獻，廣漢下洛人；同卷《鄭頤傳》，頤，彭城人。（第453、460、461頁）

〔註13〕 如繆鉞氏即持此論，詳見繆鉞撰：《東魏北齊政治上漢人與鮮卑之衝突》，原刊四川大學《史學論叢》第1期（1949年），後收入氏著《讀史存稿》，第78～94頁，北京，三聯書店，1963。

〔註14〕 《北齊書》卷三九《崔季舒傳》，第512頁。

〔註15〕 《北齊書》卷三○《崔暹傳》，第405～406頁。

由此可見，高洋執政時貶斥二崔，有其特殊背景。這是由於高澄遇刺本來事出倉促，且當時掌兵權的主要又是這些「勳貴」，因此在包括司馬子如、高隆之等漢人在內的「勳貴」的壓力之下，高洋不得已將他們貶徙北邊。〔註16〕

對於二崔的政治才幹，文宣帝高洋早有所知，所以在政治形勢安定之後，高洋立即將他們召回，並委以重任。如崔季舒，「天保初，文宣知其無罪，追爲將作大匠，再遷侍中。俄兼尚書左僕射、儀同三司，大被恩遇。」〔註17〕至於崔暹，高洋還繼承其兄高澄遺志，將妹妹嫁給其子崔達拏，實現高崔兩家聯姻。〔註18〕除此之外，還有二事可以說明文宣帝高洋對崔暹、崔季舒之態度，一是天保十年（559）崔暹死後，高洋以帝王之尊，親至其家「撫靈而哭」，並贈開府〔註19〕；二是高洋因爲二崔之事多次責備司馬子如，史載「顯祖引子如數讓之曰：『崔暹、季舒事朕先世，有何大罪，卿令我殺之？』因此免官。」〔註20〕此二事充分說明高洋對於二崔之信重，並不以其漢族身份介懷。

綜合而論，司馬子如、高隆之等人與崔暹、崔季舒之間的矛盾與鬥爭，其性質爲統治集團內部所習見的權力之爭，更大程度上是個人之間因爲權力爭奪而形成的恩怨是非，而與胡漢民族隔閡、民族衝突並沒有什麼關係。因爲司馬子如、高隆之均爲漢化人士，他們與同爲漢人的二崔之間的鬥爭，怎麼能夠說成是漢人與鮮卑之爭呢？〔註21〕

其二，據《北齊書・廢帝紀》載：「文宣每言太子（案：指廢帝高殷，

〔註16〕 據《北齊書》卷三九《崔季舒傳》：「及文襄遇難，文宣將晉陽，黃門郎陽休之勸季舒從行……季舒性愛聲色，心在閑放，遂不請行，欲恣其行樂。司馬子如緣宿憾，及尚食典御陳山提等共列其過狀，由是季舒及（崔）暹各鞭二百，徙北邊。」（第512頁）

〔註17〕 《北齊書》卷三九《崔季舒傳》，第512頁。

〔註18〕 據《北齊書》卷三○《崔暹傳》：「初，世宗欲以妹嫁暹子，而會世宗崩，遂寢。至是，羣臣讌於宣光殿，貴戚之子多在焉。顯祖歷與之語，於坐上親作書與暹曰：『賢子達拏，甚有才學。亡兄女樂安主，魏帝外甥，內外敬待，勝朕諸妹，思成大兄宿志。』乃以主降達拏。」（第406頁）

〔註19〕 《北齊書》卷三○《崔暹傳》，第406頁。

〔註20〕 《北齊書》卷一八《司馬子如傳》，第240頁。

〔註21〕 如黃永年氏就認爲，高澄信用二崔糾劾鮮卑勳貴，到高洋執政時，在鮮卑壓力下流徙二崔於北邊，並非如繆鉞氏所說的那樣是漢人與鮮卑之衝突，而是文人與勳貴之間的權力之爭。詳參所著《論北齊的政治鬥爭》，原刊香港中文大學《中國文化研究所學報》新6期（1997年），後收入氏著《文史探微》，第32～68頁，北京，中華書局，2000。

高洋長子）得漢家性質，不似我，欲廢之，立太原王（案，指太原王高紹德，高洋次子）。」〔註22〕又同書《杜弼傳》載：「顯祖嘗問弼云：『治國當用何人？』對曰：『鮮卑車馬客，會須用中國人。』顯祖以爲此言譏我。」〔註23〕又同書《高德政傳》載：「德政死後，顯祖謂羣臣曰：『高德政常言宜用漢，除鮮卑，此即合死。又教我誅諸元，我今殺之，爲諸元報仇也。』」〔註24〕學者常以此爲據，說明高洋對自身鮮卑血統的認可，以及他在用人方面重鮮卑而輕漢人。

　　高氏以鮮卑自居確屬實情，但正如前面所分析的那樣，高洋在位期間，在治國理政上，對於漢人一直非常倚重。對於杜弼所說的「鮮卑車馬客，會須用中國人」，高洋的反應也僅僅是「以爲此言譏我」，並沒有進一步深究，因爲他十分清楚杜弼所說的是事實。至於後來杜弼被高洋所殺，實與統治集團內部的權力之爭有關，如杜弼就受到了高德政的攻擊，高德政與杜弼之間的矛盾與鬥爭，並非胡漢之爭，而屬於統治階級內部的權力之爭，因爲此二人均爲漢人或漢化士人。當然，杜弼被殺還有其它原因，如文宣帝高洋當時患有嚴重的精神性疾病，就是造成他濫殺無辜的一個重要因素。

　　至於誅殺高隆之、高德政等重臣，原因也不在於他們是漢人，而是因爲他們位高權重引起了高洋的猜疑，如呂思勉氏就曾指出，他們「皆有取死之道焉，史所言致死之由，不必實也。」〔註25〕呂氏所說「史所言致死之由」，即指傳統史書所說諸人漢人的身份，呂氏此說甚是。要之，杜弼、高隆之、高德政諸人之被殺，均非死於鮮卑與漢人之爭，我們在理解高洋殺高德政時所說的那一段話，也只能理解爲這是高洋在極度病態下的胡言亂語，不能據之說明是對漢人的摧殘，因爲到後來高洋神智稍爲清醒，即對誅殺杜、高等人表示出後悔。〔註26〕

　　高洋自認鮮卑人，對於鮮卑的文化自然有所認同。他所認同的是什麼呢？

〔註22〕《北齊書》卷五《廢帝紀》，第73頁。

〔註23〕《北齊書》卷二四《杜弼傳》，第353頁。

〔註24〕《北齊書》卷三〇《高德政傳》，第410頁。

〔註25〕前揭《兩晉南北朝史》上冊第十四章《周齊興亡》，第704頁。

〔註26〕《北齊書》卷二四《杜弼傳》：天保十年夏，「上因飲酒，積其怒失，遂遣就州斬之，時年六十九。既而悔之，驛追不及。」（第353頁）卷三〇《高德政傳》：既殺高德政，「帝後悔，贈太保，嫡孫（高）王臣襲焉。」（第410頁）另外，文宣帝高洋誅殺杜、高等人，均是在精神近乎失常的狀態下而爲，黃永年氏前揭文亦有詳論，敬請參看。

我以為，當是指他在生活方式的某些方面對鮮卑化、西胡化有所認同，而在治國理政上，則不可能偏偏倚重胡化勳貴。我們這裏可以用反證法來證明，有史實表明高洋對於南朝風格的書畫、醫術等都表現出頗大興趣，因此對於南朝降臣中有一技之長者，多數加以重用，如徐之才，不僅為高洋的弄臣，還參與禪代大事，史載徐之才「又援引證據，備有條目，帝從之。登祚後，彌見親密。之才非唯醫術自進，亦為首唱禪代，又戲謔滑稽，言無不至，於是大被狎昵。」〔註27〕再如，文宣帝高洋曾禮遇南朝人陸法和，史言「文宣聞其奇術，虛心相見，備三公鹵簿，於城南十二里供帳以待之……文宣宴法和及其徒屬於昭陽殿，賜法和錢百萬、物千段、甲第一區、田一百頃、奴婢二百人、生資什物稱是」〔註28〕，文宣帝高洋對於南朝風格的文化藝術充滿興趣，並禮敬來自南朝的文化人物，難道我們就可以據此說高洋已經南朝化了嗎？所以，我們說北齊鮮卑化、西胡化，只能是指北齊統治集團在社會生活方式的某些方面，接受了鮮卑化與西胡化，如西域的音樂、舞蹈、雜技、遊戲等項目，確為北齊統治者所酷愛。但必須明白的是，北齊社會不可能已經全盤胡化，更不可能在政治、經濟、軍事等重要領域的決策方針上，全面採用胡化的辦法加以制訂或解決。道理很簡單，作為最高統治者，文宣帝高洋必須站在全局的立場上看問題，至於在社會政治生活中採用漢化，還是胡化，用鮮卑還是用漢人，其立足點只有一個，那就是要看是否有利於穩固統治基礎，易言之，無論胡化抑或是漢化，都只是手段或方法等技術層面上的東西，穩固統治基礎才是根本。〔註29〕

總之，高洋執政時期，北齊的民族成見並不如某些著作所說的那樣嚴重，高洋用人不存在信用鮮卑人而排斥漢人的問題。我們在這裏還可以舉出如下

〔註27〕《北齊書》卷三三《徐之才傳》，第 445 頁。
〔註28〕《北齊書》卷三二《陸法和傳》，第 430～431 頁。
〔註29〕例如，高洋能夠頂住來自鮮卑貴族的強大壓力，堅持立趙郡李祖娥為皇后，也從某一方面說明了他內心深處對於鮮卑與漢人的區別，並不甚在意，當然，高洋堅持立李祖娥也不能說成是他認同漢化的證據，他這麼做，主要是為了籠絡趙郡李氏等漢人世家大族，是基於政治上的考慮，是為了獲得漢族高門的支持。另一方面，我們也看到在反對立李祖娥為皇后的人中間，固然有以婁太后為代表的鮮卑貴族，同樣也有高隆之、高德政等漢化分子，而且二高還是反對者的中堅人物，他們這麼做當然不可能是從胡漢之分考慮，而是以政治利益為出發點，如高德政到後來還請求廢李后而立段昭儀，主要就是為了「結勳貴之援」，即為了能夠與姑臧段氏（段榮、段韶）拉上關係。詳參《北齊書》卷九《文宣皇后李氏傳》，第 125～126 頁。

例證：

（1）崔劼，清河崔氏，世爲三齊大族，「天保初，以議禪代，除給事黃門侍郎，加國子祭酒，直內省，典機密。清儉勤愼，甚爲顯祖所知。拜南青州刺史，在任有政績。」〔註30〕

（2）趙彥深，平原人，「自云南陽宛人，漢太傅（趙）熹之後」，自高歡時代即「專掌機密」，高澄執政時也深得信重，「文宣嗣位，仍典機密，進爵爲侯。天保初，累遷秘書監，以爲忠謹，每郊廟，必令兼太僕卿，執御陪乘。轉大司農。帝或巡幸，即輔贊太子，知後事……文宣璽書勞勉，徵爲侍中，仍掌機密。」〔註31〕

（3）崔昂，博陵安平人，高澄執政期間，引爲記室參軍，「委以心腹之任」，並曾負責整頓吏治；文宣帝高洋曾當眾告訴太子高殷，稱崔昂是「國家柱石，汝宜記之。」天保十年，又特召崔昂至御所，說：「歷思羣臣可綱紀省闥者，唯冀卿一人。」當天即任命爲兼右僕射，數日後，即正除僕射，史言崔昂「深爲顯祖所知賞，發言獎護，人莫之能毀。議曹律令，京畿密獄，及朝廷之大事多委之。」〔註32〕

（4）唐邕，太原晉陽人，「善書計，強記默識，以幹濟見知，擢爲世宗（高澄）大將軍府參軍。及世宗崩，事出倉卒，顯祖部分將士，鎮壓四方，夜中召邕支配，造次便了，顯祖甚重之。顯祖頻年出塞，邕必陪從，專掌兵機……顯祖親執邕手……啓太后云：『唐邕強幹，一人當千。』……是以恩寵日隆，委任彌重……一日之中，六度賜物。又嘗解所服青鼠皮裘賜邕，云：『朕意在車馬衣裘與卿共弊。』……顯祖嘗登童子佛寺，望并州城曰：『此是何等城？』或曰：『此是金城湯池，天府之國。』帝云：『我謂唐邕是金城，此非金城也。』其見重如此……顯祖或時切責侍臣不稱旨者：『觀卿等舉措，不中與唐邕作奴。』其見賞遇多此類。」〔註33〕

上述崔劼、崔昂、趙彥深、唐邕四人，連同前面所舉崔暹、崔季舒、楊愔等

〔註30〕 《北齊書》卷四二《崔劼傳》，第 558 頁。
〔註31〕 《北齊書》卷三八《趙彥深傳》，第 505～506 頁。
〔註32〕 《北齊書》卷三〇《崔昂傳》，第 410～411 頁。
〔註33〕 《北齊書》卷四〇《唐邕傳》，第 530～531 頁。

人，全部爲漢人，他們在禪魏建齊、治國理政的過程中，都是文宣帝高洋頗爲信重的重要臣僚。據此，我們怎麼還能說高洋重用鮮卑而打擊漢人呢？

再從反面來看，鮮卑貴族犯法受到嚴懲的例子，在當時實屬尋常，李百藥所說「有違犯憲章，雖密戚舊勳，必無容捨」並非虛言，因爲即便是宗室人物犯法，也要受到懲處。如廣武王高長弼，爲高歡從祖兄子，曾聚集徒黨爲非作歹，「時有天恩道人，至兇暴，橫行閭肆，後入長弼黨，專以鬥爲事。文宣並收掩付獄，天恩黨十餘人皆棄市，長弼鞭一百。」〔註34〕又據《北齊書‧元景安傳》載，天保年間，北方緣邊因爲鎮戍尙未建立，故突厥頻頻入寇，文宣帝遂下詔命元景安與諸軍緣塞備守，「督領既多，且所部軍人富於財物，遂賄貨公行。顯祖聞之，遣使推檢，同行諸人贓汙狼藉，唯（元）景安纖毫無犯。」〔註35〕如所週知，北齊領兵將領多爲鮮卑化貴族，文宣帝高洋「遣使推檢」的對象，自然就是這些鮮卑化的軍事貴族。再如，前揭崔暹之所以受到司馬子如、高隆之等人的攻擊而被貶，就是因爲他在高澄及高洋執政時期，對鮮卑勳貴「糾劾」過嚴所致，這反過來說明，高洋對於鮮卑貴族不法行爲之禁止打擊，較之乃父乃兄要更爲嚴厲。

再從駕馭人才的手段來說，我們也必須承認，文宣帝高洋確實有其獨到之處。茲舉二例以資說明。

其一，高阿那肱的事例。高阿那肱，善無人，出身胡族，史載其人「妙於騎射，便僻善事人」〔註36〕。這也就是說，高阿那肱既有一定眞本領，又善於溜須奉迎。類似這樣一個具有雙重性格的胡人，他在現實社會中有什麼樣的表現，關鍵就要看主人如何駕馭驅使。高阿那肱在文宣帝統治時期，表現如何？據諸史載，北齊文宣帝天保五年（554）四月，柔然進寇肆州，文宣帝高洋領兵親征，在黃瓜堆一役大獲全勝，俘獲柔然酋長菴羅辰妻子。在這次戰役中，高阿那肱一路兵馬負責截斷柔然退路，文宣帝「令都督善無高阿那肱帥騎數千塞其走路。時柔然軍猶盛，阿那肱以兵少，請益，帝更減其半。阿那肱奮擊，大破之。菴羅辰超越巖谷，僅以身免。」〔註37〕對於高阿那肱在此次戰役中的表現，胡三省曾有評論，云：「同一高阿那肱也，齊文宣用之

〔註34〕《北齊書》卷一四《陽州公（高）永樂附弟長弼傳》，第182頁。
〔註35〕《北齊書》卷四一《元景安傳》，第543頁。
〔註36〕《北齊書》卷五〇《恩倖傳‧高阿那肱傳》，第690頁。
〔註37〕《資治通鑒》卷一六五梁元帝承聖三年（554）四月，第5112～5113頁。

則致死以破敵，後主用之則賣主以求生。蓋厲威猶可使之知懼，濫恩不足以得其死力也。」〔註38〕高阿那肱在文宣帝高洋的駕馭下，能夠發揮其「妙於騎射」的特長，破敵立功。而到了武成帝高湛、後主高緯時期，高阿那肱卻完成變成了另外一副模樣，最終成爲「盛業鴻基，以之顚覆」〔註39〕的佞倖，在北周滅齊的戰役中，高阿那肱更是封鎖消息，暗通周軍，並直接造成後主高緯被周軍生擒的結局。〔註40〕

　　高阿那肱在不同時期，表現出截然不同的精神面貌，完全取決於駕馭者的操控。兩相比較，文宣帝高洋用人手法之高明，灼然可見。

　　其二，北齊的「佞倖」問題比較突出，李百藥曾說：「甚哉齊末之嬖倖也，蓋書契以降未之有焉。心利錐刀，居台鼎之任；智昏菽麥，當機衡之重……非直獨守弄臣，且復多干朝政……齊運短促，固其宜哉……其宦者之徒，尤是亡齊之一物。」〔註41〕在李百藥看來，「佞倖」乃是造成北齊短祚而亡的一個重要原因。《北齊書・恩倖傳》所具列的「恩倖」，主要有郭秀、和士開、穆提婆、高阿那肱、韓鳳、韓寶業等人，其中郭秀活動於高歡、高澄執政時期，其它人則主要活動於武成帝高湛、後主高緯時期。

　　綜觀北齊一朝歷史，只有文宣帝高洋時期沒有「恩倖」，如前舉之高阿那肱，雖然廁身「恩倖」之列，但他之爲「恩倖」並非在文宣帝高洋統治時期。即使是到了文宣帝統治後期，高洋確實也稍顯昏憒，並曾寵幸一些小人，但對於政治局面還是拿捏得較爲得體，儘管對那些驅走身邊的小人有所寵幸，卻從來不讓他們過問政治。對此，李百藥已經說得十分清楚，略云：「天保五年之後，雖罔念作狂，所幸之徒唯左右驅馳，內外褻狎，其朝廷之事一不與

〔註38〕　《資治通鑑》卷一六五梁元帝承聖三年（554）四月胡注，第5113頁。
〔註39〕　《北齊書》卷五〇《恩倖傳序》，第685頁。
〔註40〕　據《北齊書》卷五〇《恩倖・高阿那肱傳》載：「周師逼平陽，後主於天池校獵，晉州頻遣馳奏，從旦至午，驛馬三至，肱云：『大家正作樂，何急奏聞。』……及軍赴晉州，令肱率前軍先進，仍總節度諸軍……有軍士告稱那肱遣臣招引西軍，今故聞奏。後主令侍中斛律孝卿檢校，孝卿云：「此人妄語。」還至晉，那肱腹心告肱謀反，又以爲妄，斬之。乃顯沛還鄴，侍衛逃散，唯那肱及內官數十騎從行……及周將軍尉遲迥至關，肱遂降。時人皆云肱表歟周武（帝），必仰生致齊主，故不速報兵至，使後主被擒。肱至長安，授大將軍，封公，爲隆州刺史，誅。」（第691頁）由此可見，作爲總節度諸軍的統帥，高阿那肱不僅在戰爭過程中封鎖消息、決策失當、指揮失誤，而且暗中通敵賣國，並最終造成後主被擒，北齊滅亡。
〔註41〕　《北齊書》卷五〇《恩倖傳序》，第685頁。

聞。」〔註42〕也就是說，文宣帝高洋所寵幸的小人，只是在他日常生活中驅馳奔走，而不能干預朝廷政治。徵諸史實，確乎不爽，如和士開在天保年間，擔任長廣王高湛（即後來的武成帝）開府行軍參軍，高湛非常喜歡一種叫握槊的遊戲，和士開對此遊戲頗為擅長，加之傾巧便僻，又能彈胡琵琶，因此深得高湛親狎寵愛。然而，「顯祖知其輕薄，不令王與小人相親善，責其戲狎過度，徙長城。」〔註43〕後來，雖因高湛之請求，和士開被任命為京畿士曹參軍之職，但在文宣帝一朝，他始終沒有能夠在政治上得意。和士開在政治上平步青雲，始於武成帝高湛即位之後，並最終成為後主的顧命大臣。徵諸史載，武成帝、后主時期政治的腐敗，和士開是難辭其咎的主要佞臣之一。〔註44〕再如韓寶業、盧勒叉、齊紹等人，「並高祖舊左右，唯門閽驅使，不被恩遇。歷天保、皇建之朝，亦不至寵幸，但漸有職任」。〔註45〕由此可見，即便到統治後期，文宣帝的精神病態日趨加重，但在政治上仍未昏庸糊塗，對於身邊的驅走小人，依然只是將他們當成日常生活中的玩物以供「驅馳」、「褻狎」，卻從來不讓他們染指政治生活。

關於這一點，我們還可以祖珽為例，作進一步的說明。史載祖珽「天性聰明，事無難學，凡諸伎藝，莫不措懷，文章之外，又善音律，解四夷語及陰陽占候，醫藥之術尤是所長。」〔註46〕在武成帝高湛、後主高緯時期，祖珽頗受寵幸，曾官至宰相，甚有權勢。那麼，祖珽在高洋統治時期又如何呢？史言「文宣帝雖嫌其數犯憲，而愛其才伎，令直中書省，掌詔誥……除（祖）珽尚藥丞，尋遷典御。又奏造胡桃油，復為割截免官。文宣每見之，常呼為賊。」〔註47〕由此可見，文宣帝高洋所看中的，乃是祖珽的「才伎」，且基本上以弄臣待之，而不讓他在政治上弄權，這從祖珽在文宣帝一朝只擔任過尚藥丞、典御等低級官職就可以看出，至於祖珽曾「直中書省，掌詔誥」，也不過是奉命行事，根本不可能弄權。〔註48〕正是因為在文宣帝高洋時期一直受

〔註42〕《北齊書》卷五○《恩倖傳序》，第 685 頁。
〔註43〕《北齊書》卷五○《恩倖・和士開傳》，第 686 頁。
〔註44〕詳參《北齊書》卷五○《恩倖・和士開傳》，第 686～689 頁。
〔註45〕《北齊書》卷五○《恩倖・韓寶業傳》，第 693 頁。
〔註46〕《北齊書》卷三九《祖珽傳》，第 516 頁。
〔註47〕《北齊書》卷三九《祖珽傳》，第 516 頁。
〔註48〕祝總斌氏指出，北朝（包括北齊在內）中書省的最大特點，是從來沒有執掌過像魏晉（中書監、令）、南朝（中書舍人）那樣重的權力，基本只是一個「掌詔誥」或「管司王言」的機構，包括中書省長官中書監、中書令在內的中書

到壓制，所以到武成帝高湛繼位以後，出於報復心理，祖珽遂上奏書，請改高洋尊號爲「威宗景烈皇帝」〔註49〕。

基於以上，我認爲，文宣帝高洋不失爲一個英明的封建君主，在治國理政方面表現出相當突出的政治才能，以言其用人，並不存在重用鮮卑而輕視漢人的情況，對於漢人中的才智之士如楊愔、崔暹、崔季舒等人，文宣帝都能夠放心地使用；而對於鮮卑勳貴犯法者，也決不姑息。北齊的鼎盛時期，就是文宣帝高洋在位期間，而究其原因，實與他推行不拘胡漢，唯才是舉的用人政策，有著不可分割的聯繫。

之二：論北齊文宣帝高洋之政治措置與軍事武功

北齊文宣帝高洋政治才能突出，不僅體現於他在用人方面不拘胡漢，唯才是舉，還可以從他即位以後的一系列政治措置，以及所取得的卓越事功得到明確體現。茲摭取相關史料，對此加以闡述。

一、文宣帝高洋之政治措置

文宣帝高洋在位期間所採取的一系列政治措置，及其在位期間的政治狀況，均足以說明他是一位頗知人君大體的封建帝王，用唐代史學家李百藥的話來說，就是「顯祖因循鴻業，內外協從，自朝及野，羣心屬望。東魏之地，舉國樂推，曾未期月，玄運集已。始則存心政事，風化肅然，數年之間，翕斯致治。」〔註50〕

省諸職，其權力只限於掌管詔誥，很少能夠對詔誥內容參與意見。(詳參前揭氏著《兩漢魏晉南北朝宰相制度研究》之第九章第四節《北朝的中書省》，第350～358頁。)中書監、令尚且如此，那麼沒有任何職銜的「直中書省，掌詔誥」，就更不可能擁有實際權力了。

〔註49〕《北齊書》卷三九《祖珽傳》：「武成(高湛)於天保世頻被責，心常銜之。珽至是希旨，上書請追尊太祖獻武皇帝爲神武，高祖文宣皇帝改爲威宗景烈皇帝，以悅武成，從之。」(第516頁)按，此處記述改文宣帝高洋尊號，乃是出於武成帝高湛的旨意，但實際上，高湛並未就此事表達明確態度，祖珽「希旨」上書，主要動因自是爲了取悅武成帝高湛，但從中還是能夠體會出他對文宣帝高洋心存報怨。故祖珽「希旨」上書奏改文宣帝之尊號，不能排除其所挾之報復心理。

〔註50〕《北齊書》卷四《文宣紀》「論曰」，第69頁。按，同書卷六《孝昭紀》後面的「論曰」，語詞略有不同，云：「文宣因循鴻業，內外叶從，自朝及野，羣心屬望，東魏之地，舉國樂推，曾未期月，遂登宸極。始則存心政事，風化

公元 550 年五月，高洋受禪，建立北齊以後，立即「遣大使於四方，觀察風俗，問民疾苦，嚴勒長吏，厲以廉平，興利除害，務存安靜。若法有不便於時者，政有未盡於事者，具條得失，還以聞奏。」〔註51〕如果說這還有點新朝開國例行公事的意味，那麼在隨後的六月到八月期間連續發布的幾道詔書，就已經全面涉及教育、民生、社會風氣、政治生活的各個方面，主要包括：整頓風俗，倡導節儉；祭孔興教，獎勵儒學；關注民生，勸課農桑；鼓勵進諫，修正律法。對於高洋受禪建國以後所發布的這些詔書，我認為不能僅僅看作一紙具文。徵諸史籍，高洋在位期間特別是天保六年以前，完全稱得上勵精圖治，史家說他「雅好吏事，測始知終，理劇處繁，終日不倦」〔註52〕，絕非溢美之辭。以下分而述之。

（一）崇儒興學

天保元年（550）八月，文宣帝高洋即位不久，即下詔：「郡國修立黌序，廣延髦儁，敦述儒風。其國子學生亦仰依舊銓補，服膺師說，研習《禮經》。往者文襄皇帝所運蔡邕石經五十二枚，即宜移置學館，依次修立。」〔註53〕建國伊始即下詔興學，顯示出文宣帝高洋對儒學的重視。

文宣帝高洋興學崇儒，並非只是一種粉飾太平的噱頭，而有其實際內容。文宣帝一向自認鮮卑人，對此我們並不否認，但是他在文化方面，也十分重視用儒學教訓子孫，如《北齊書·儒林傳序》就說：「及天保、大寧、武平之朝，亦引進名儒，授皇太子諸王經術。」〔註54〕天保（550～559）、大寧（即太寧，561～562）、武平（570～576）分別為文宣帝高洋、武成帝高湛、後主高緯之年號，這三個階段都是北齊引進名儒博士較為頻繁的時期，其中尤以天保年間為多。徵諸史載，文宣帝天保年間所引進的著名學者，有如下人等：

蕭然，數年之間，朝野安义。」（第 85 頁）據，卷四《文宣紀》校勘記【二二】引錢大昕《廿二史考異》卷三一云：「按百藥史論皆稱『史臣曰』，其稱『論曰』者，皆《北史》之文也。《齊史》八紀已亡其七，惟此篇猶是百藥之舊，而論不著史臣，蓋校書依前後篇之例改之。」（第 72 頁）據此可知，卷四《文宣紀》後的「論曰」，仍然是李百藥所撰。

〔註51〕《北齊書》卷四《文宣紀》，第 51 頁。
〔註52〕《北齊書》卷四《文宣紀》，第 67 頁。
〔註53〕《北齊書》卷四《文宣紀》，第 53 頁。
〔註54〕《北齊書》卷四四《儒林傳序》，第 582 頁。

（1）李鉉，字寶鼎，渤海南皮人，「燕趙間能言經者，多出其門」，「顯祖受禪，從駕還都。天保初，詔鉉與殿中尚書邢卲、中書令魏收等參議禮律，仍兼國子博士。時詔北平太守宋景業、西河太守綦母懷文等草定新曆，錄尚書平原王高隆之令鉉與通直常侍房延祐、國子博士刁柔參考得失。尋正國子博士。廢帝之在東宮，顯祖詔鉉以經入授，甚見優禮。數年，病卒。特贈廷尉少卿。及還葬故郡，太子致祭奠之禮，並使王人將送，儒者榮之。」〔註55〕

（2）刁柔，字子溫，渤海人，「少好學，綜習經史，尤留心禮儀……天保初，除國子博士、中書舍人……又參議律令……（天保）七年夏卒，時年五十六。」〔註56〕

（3）張買奴，平原人，「經義該博，門徒千餘人。諸儒咸推重之，名聲甚盛。歷太學博士、國子助教，天保中卒。」〔註57〕

（4）邢峙，字士峻，河間鄭縣人，通三《禮》、《左氏春秋》，「天保初，郡舉孝廉，授四門博士，遷國子助教，以經入授皇太子。峙方正純厚，有儒者之風。廚宰進太子食，有菜曰『邪蒿』，峙命去之，曰：『此菜有不正之名，非殿下所宜食。』顯祖聞而嘉之，賜以被褥縑纊，拜國子博士。」〔註58〕

（5）張景仁，濟北人，「天保八年，勑授太原王（高）紹德書，除開府參軍。」〔註59〕

上述五人均為當時北齊境內的名儒，文宣帝高洋對他們不僅加以禮敬，還下詔敕徵召入朝，拜以官職，並讓他們以儒學教育子孫。除此而外，文宣帝高洋還有過組織校勘經書，親聆儒者講經等活動，如樊遜，於天保七年（556）「詔令校定羣書，供皇太子。」〔註60〕又，同年冬天，據《北齊書‧廢帝紀》載，文宣帝即位初年，曾「詔國子博士李寶鼎傅之，寶鼎卒，復詔國子博士邢峙侍講……（天保）七年冬，文宣召朝臣文學者及禮學官於宮宴會，令以

〔註55〕《北齊書》卷四四《儒林‧李鉉傳》，第584～585頁。
〔註56〕《北齊書》卷四四《儒林‧刁柔傳》，第585～587頁。
〔註57〕《北齊書》卷四四《儒林‧張買奴傳》，第588頁。
〔註58〕《北齊書》卷四四《儒林‧邢峙傳》，第589頁。
〔註59〕《北齊書》卷四四《儒林‧張景仁傳》，第591頁。
〔註60〕《北齊書》卷四五《文苑‧樊遜傳》，第614頁。

經義相質，親自臨聽。」〔註61〕凡此均可證明他對儒學的重視。

文宣帝高洋之敬儒興學，還可以從重視史學等方面得到說明。天保二年（551），文宣帝高洋下詔撰寫北魏歷史，命魏收專司其事。據《北齊書・魏收傳》云：

> 二年，詔撰魏史。四年，除魏尹，故優以祿力，專在史閣，不知郡事。初帝令羣臣各言爾志，收曰：「臣願得直筆東觀，早成《魏書》。」故帝使收專其任。又詔平原王高隆之總監之，署名而已。帝勅收曰：「好直筆，我終不作魏太武誅史官。」……
>
> 時論既言收著史不平，文宣詔收於尚書省與諸家子孫共加論討，前後投訴百有餘人，云「遺其家世職位」，或云「其家不見記錄」，或云「妄有非毀」。收皆隨狀答之……但帝先重收才，不欲加罪。時太原王松年亦謗史，及（盧）斐、（李）庶並獲罪，各被鞭配甲坊，或因以致死，盧思道亦抵罪。〔註62〕

按，魏收所撰之《魏書》是否爲「穢史」，這裏不作討論。我們所要關注的是，文宣帝高洋對待修史的態度。

首先，爲了讓魏收能夠專心於史職，文宣帝不僅給予他優厚的「祿力」以供驅使，且特許他不需過問魏郡的日常行政事務。更爲重要的是，文宣帝同時還向魏收保證：「好直筆，我終不作魏太武誅史官。」其次，也是特別值得稱道的事情，即《魏書》修成以後，盧斐、李庶、王松年等人因爲書中對其先世有所貶抑，遂對魏收群起而攻之，在這種情況下，文宣帝先是命令魏收到尚書省和「諸家子孫共加論討」，其間文宣帝雖然也對魏收進行了批評，但同時拒絕了盧、李、王等人懲辦魏收的建議，並且還以「謗史」之罪對盧斐、盧思道、李庶、王松年等人進行處罰。

（二）改善民生

以改善民生而言，文宣帝高洋於天保年間，曾發布多道與民生有關的詔令，涉及免除徭役、減少興作、蠲免租稅或整頓貨幣流通等方面，具體內容如下：

> 天保二年（551）九月，「詔免諸伎作、屯、牧、雜色役隸之徒爲白戶。」〔註63〕

〔註61〕《北齊書》卷五《廢帝紀》，第 73 頁。
〔註62〕《北齊書》卷三七《魏收傳》，第 487～489 頁。
〔註63〕《北齊書》卷四《文宣紀》，第 55 頁。

天保四年（553）正月，「己丑，改鑄新錢，文曰『常平五銖』。」
〔註64〕

天保八年（557）四月，「乙酉，詔公私鷹鷂俱亦禁絕。」〔註65〕

天保八（557）年九月，「自夏至九月，河北六州、河南十二州、
畿內八郡大蝗。是月，飛至京師，蔽日，聲如風雨。甲辰，詔今年
遭蝗之處免租。」〔註66〕

天保九年（558）七月，「戊申，詔趙、燕、瀛、定、南營五州
及司州廣平、清河二郡去年螽澇損田，兼春夏少雨，苗稼薄者，免
今年租賦。」〔註67〕

如果說受禪建國時發布詔書關注民生，多少還有點「做秀」的味道，那麼以
上所列的種種措施，就確為實實在在的惠民之舉了。如前揭熊德基氏就認為，
赦免諸伎作、屯、牧、雜色役隸為「白戶」的決定，「解放了大批被壓迫、剝
削的國有小手工業者、屯田戶、牧戶以及各種奴役人等的半農奴身份。這是
想改組當時階級結構的一部分，也解放一部分社會生產力。」〔註68〕證諸相
關史實，此言不虛。

再如，天保四年（553）正月，文宣帝下令鑄造「常平五銖」新錢，因為
質量優良而有助於改善當時的貨幣流通狀況，並在一定程度上促進了商品經
濟的發展，對於北齊所造「常平五銖」新錢，歷來評價較高，如《五代志》》
就說：「齊文宣除魏永安五銖，改鑄常平五銖，重如其文，其錢甚貴，且制造
甚精。」〔註69〕平心而論，在中國古代貨幣發展史上，北齊的「常平五銖」
應該據有一席之地。

（三）整頓吏治

以吏治而言，終文宣帝高洋在位期間，不僅曾經對地方行政機構進行過
調整，而且以加強對官員督察為中心的吏治整頓工作，基本上能夠堅持下來。
具體情況如下：

〔註64〕《北齊書》卷四《文宣紀》，第 57 頁。
〔註65〕《北齊書》卷四《文宣紀》，第 63 頁。
〔註66〕《北齊書》卷四《文宣紀》，第 63 頁。
〔註67〕《北齊書》卷四《文宣紀》，第 65 頁。
〔註68〕前揭氏著《鮮卑漢化與北朝三姓的興亡》，《六朝史考實》，第 138 頁。
〔註69〕《資治通鑑》卷一六五梁元帝承聖二年（553）正月己丑條胡注，第 5096 頁。

1、省併地方行政機構，限制官吏兼職過多：文宣帝高洋調整地方行政機構，集中表現爲天保七年（556）十一月，下詔減少省併州郡鎮戍的數量，同時削減兼職者的「幹物」供給。其具體情況，史籍有載，略云：

十一月壬子，詔曰：

> 崐山作鎮，厥號神州；瀛海爲池，是稱赤縣。蒸民乃粒，司牧存焉。王者之制，沿革迭起，方割成災，肇分十二，水土既平，還復九州。道或繁簡，義在通時……魏自孝昌之季，數鍾澆否，祿去公室，政出多門，衣冠道盡，黔首塗炭。銅馬、鐵脛之徒，黑山、青犢之侶，梟張晉、趙，豕突燕、秦，綱紀從茲而頹，彝章因此而素。是使豪家大族，鳩率鄉部，託迹勤王，規自署置。或外家公主，女謁內成，昧利納財，啓立州郡。離大合小，本逐時宜，剖竹分符，蓋不獲已，牧守令長，虛增其數，求功錄實，諒足爲煩，損害公私，爲弊殊久，既乖爲政之禮，徒有驅羊之費。自爾因循，未遑刪改。

> 朕寅膺寶曆，恭臨八荒，建國經野，務存簡易。將欲鎮躁歸靜，反薄還淳，苟失其中，理從刊正。傍觀舊史，邈聽前言，周曰成、康，漢稱文、景，編户之多，古今爲最。而丁口減於疇日，守令倍於昔辰，非所以馭俗調風，示民軌物。且五嶺內賓，三江廻化，拓土開疆，利窮南海。但要荒之所，舊多浮僞，百室之邑，便立州名，三户之民，空張郡目。譬諸木犬，猶彼泥龍，循名督實，事歸烏有。今所併省，一依別制。

> 於是併省三州、一百五十三郡、五百八十九縣、二鎮二十六戍。又制刺史令盡行兼，不給幹物。〔註70〕

魏晉南北朝時期行政區劃較爲混亂，其中一個表現就是濫置郡縣，「百室之

〔註70〕 《北齊書》卷四《文宣紀》，第 62～63 頁。按，最末「又制刺史令盡行兼，不給幹物」一句，有誤。據校勘記【一五】：「《冊府》卷五〇五六〇六四頁『令』作『今』。按《隋書》卷二四《食貨志》云：『又制刺史守宰行兼者不給幹。』《通典》卷五同。又同書卷二七《百官志》中云：『諸州刺史守令已下幹及力皆聽敕乃給。』『刺史守令』連文，這裏『令』上脱『守』字，《冊府》以不可通，改作『今』。又據《隋書食貨志》，『盡』字也是衍文。」（第 71 頁）校勘記所說是，此句應當爲：「又制刺史守令行兼，不給幹物。」意思是：規定刺史、太守、縣令凡代理者或兼職者，不再發放額外幹物。其用意自然在於限制地方長官兼職過多。

邑，便立州名，三戶之民，空張郡目」的情況，南北朝皆然。這不僅直接造成行政管理效率的低下，而且增加了國家的財政負擔。

文宣帝高洋整頓行政區劃的努力，最終效果如何，姑置不論，他能夠清醒地認識到這個問題的嚴重性，並從主觀上力圖糾正，單是這種政治識見，首先就應當加以肯定。從「併省三州、一百五十三郡、五百八十九縣、二鎮二十六戍」的情況來看，應該說這次精簡地方行政機構的工作，還是取得了相當成效。此外，爲了將省併州郡的工作落到實處，文宣帝還同時規定，凡身兼數職者，「不給幹物」，即凡臨時代理，或身兼他職，均不再另外增加俸祿，這是企圖通過經濟方面的限制措施，減少兼職情況，以提高地方政府的行政效率，亦有助於減少省併工作中的阻力。

2、強化御史官員監察職能，躬親獄訟察納雅言：文宣帝高洋對吏治所進行的整頓，可從兩個方面加以說明。

其一，充分發揮監察官員的監察職能。在文宣帝高洋統治時期，以御史諸職爲核心的監察官員，不僅始終都能夠行使督察權力，而且權力得到進一步強化，監察官員除了可以採用「風聞」督察外，還有權對官員的違法行爲先作處置。這裏有一個典型事例可資說明。畢義雲，爲北齊著名「酷吏」，畢義雲曾派遣御史張子階到北豫州「采風聞」，張子階到豫州以後，即根據「風聞」對刺史司馬消難的僚屬先行採取了措施，「先禁其典籤家客等」，司馬消難因爲害怕，遂投奔北周。事情發生以後，「時論」普遍認爲是畢義雲逼走了司馬消難，然而，在「事亦上聞」之後，高洋並未追究畢義雲的責任。〔註71〕文宣帝之所以如此寬容畢義雲，根本原因就在於，他希望通過御史等監察官員的督察工作，對自北魏末年以來的混亂吏治加以整肅。在這一點上，可以說文宣帝高洋正是繼承了高歡、高澄的做法，而且更前進了一步。

徵諸史載，文宣帝高洋在位期間的御史、尚書左丞等監察諸職，均能夠充分發揮監察職能。如前揭畢義雲，「文宣受禪，除治書侍御史，彈射不避勳親。累遷御史中丞，繩劾更切。」〔註72〕畢義雲任職期間，因爲「繩劾」苛刻，而「頻被怨訟」，曾多次遭到尚書左丞司馬子瑞的彈劾，但多數情況下並未受到處罰或是從輕發落。〔註73〕再如盧斐，「天保中，稍遷尚書左丞，別典京畿詔獄，

〔註71〕 《北齊書》卷四七《酷吏・畢義雲傳》，第 658～659 頁。
〔註72〕 《北齊書》卷四七《酷吏・畢義雲傳》，第 658 頁。
〔註73〕 據《北齊書》卷四七《酷吏・畢義雲傳》：「（司馬）子瑞又奏彈義雲事十餘條，

酷濫非人情所爲⋯⋯又伺察官人罪失，動即奏聞，朝士見之，莫不重跡屛氣，皆目之爲盧校事。」〔註74〕要之，《酷吏傳》所載「酷吏」的行事，雖不免有深文周納、失於嚴酷之偏頗，但就履行督察職責、發揮監察職能而言，則有利於吏治清整，尤其是在以「人治」爲特色的封建社會。正是基於這個考慮，所以，當「循吏」宋世軌（時任大理寺少卿、兼攝御史）上書「極言（畢）義雲酷擅」以後，「顯祖引見二人，親勑世軌曰：『我知臺欺寺久，卿能執理與之抗衡，但守此心，勿慮不富貴。』勑義雲曰：『卿比所爲誠合死，以志在疾惡，故且一恕。』仍顧謂朝臣曰：『此二人並我骨鯁臣也。』」〔註75〕在文宣帝高洋看來，「循吏」固然是百官之楷模，必須褒揚，「酷吏」更是「志在疾惡」，也是整肅吏治不可或缺的角色，對其工作積極性也不能打擊。

另外，我們注意到，文宣帝高洋所說「我知臺欺寺久」，這隱約透露出，至少在北齊文宣帝時期，御史臺一直在事實上凌駕於大理寺之上。儘管在行政級別上，御史臺略高於大理寺，但二者同爲國家司法機關，並無隸屬關係，御史臺職在糾察百官，大理寺職在折衷理獄、詳明刑罰，也就是說，從職官制度的層面來說，二者各司其職，本無孰重孰輕之別，彼此之間更不可能存在領導與被領導的關係。〔註76〕因此，文宣帝時期御史臺一直凌駕於大理寺之上，顯然就屬於不正常的現象，爲何會出現這種情況？文宣帝親致宋世軌的敕文，其實已經告訴我們答案，那就是他希望御史臺能夠在監察百官、整肅吏治方面發揮更大作用，爲了達到吏治整肅的目標，哪怕御史臺在監察過程中有超越權限，甚至是違法辦案的行爲，也在所不惜。

有史實表明，北齊御史臺官員每年都要巡行州郡、按察官員，而且已經形成制度。據諸史載，張宴之在天保年間曾任北徐州刺史，深爲吏民所愛，

多煩碎，罪止罰金，不至除免。」（第 658 頁）
〔註74〕《北齊書》卷四七《酷吏・盧斐傳》，第 657 頁。
〔註75〕《北齊書》卷四六《循吏・宋世良附弟世軌傳》，第 640 頁。
〔註76〕據《新唐書》卷四八《百官志三》：「御史臺，大夫一人，正三品；中丞二人，正四品下。大夫掌以刑法典章糾正百官之罪惡，中丞爲之貳。」（第 1235 頁）大理寺，「卿一人，從三品；少卿二人，從五品下。掌折獄、詳刑。凡罪抵流、死，皆上刑部，覆於中書、門下。」（第 1256 頁）由此可見，御史臺的行政級別要略高於大理寺，但二者並無統屬關係，御史臺爲國家監察機關，負責督察官員違法名犯罪行爲，但無權直接處理，只需將所掌握的情況上報即可；大理寺則屬於司法審判機關，犯罪之官員或百姓，由大理寺負責審判定罪，在行政隸屬關係上，大理寺歸尚書刑部直接領導，大凡判處流放或死刑，都必須上報刑部備案，並由中書、門下進行覆核。

「御史崔子武督察州郡，至北徐州，無所案劾，唯得百姓所制《清德頌》數篇。乃歎曰：『本求罪狀，遂聞頌聲。』」〔註77〕崔子武以御史的身份巡察北徐州，本來是想尋找刺史張宴之的違法線索或證據，但由於張宴之深得百姓愛戴，結果在巡察過程中，崔子武只得到了吏民所製作的幾篇《清德頌》。我們不妨採用逆向思維的方式來分析此事，崔子武在北徐州「無所案劾」，是因為張宴之乃是一個深得民心擁戴的循吏，那麼反過來則表明，崔子武在其它州郡可能均「有所案劾」。這就告訴我們，在文宣帝高洋統治時期，御史臺要定期派出監察官員巡行地方，按察官員。

徵諸史籍，御史官員巡察州郡，其糾察彈劾之對象，並不局限於一般地方官員，即便是朝廷重臣或帝王心腹，也都在督察之列，而且一旦被御史糾劾，都要受到相應的懲處。茲舉以下事例，以成其說：

（1）徐遠，廣寧石門人，自齊神武高歡時代，即「常征伐克濟軍務，深為高祖所知」，「天保初，為御史所糾劾，遇赦免，沉廢二年。」〔註78〕

（2）司馬消難，河內溫縣人，父親司馬子如，與高歡早相結交，「分義甚深」，文宣帝高洋受禪後，雖曾一度對其懲處，但還是「以先帝之舊，拜太尉。」〔註79〕司馬消難，娶齊神武高歡女，以主婿、貴公子的身份，頻歷中書、黃門郎、光祿少卿等「清要」之職，後出任北豫州刺史，但「不能廉潔，在州為御史所劾。」〔註80〕

（3）崔悛，清河東武城人，在文宣帝禪代之際，參掌禮儀有功，除侍中，監起居注，並與高齊皇室結親。天保五年，出任東兗州刺史，其妻馮氏驕縱，「受納狼籍，為御史所劾，與悛俱召詣廷尉。尋有別勅，斬馮於都市。悛以疾卒於獄中，年六十一。」〔註81〕

（4）崔季舒，博陵安平人，齊文襄高澄時代即見親寵，文宣帝高洋即位後「大被恩遇」，乃是文宣帝特別倚重的大臣之一，崔季舒曾擔任齊州刺史，在齊州任上曾「坐遣人渡淮互市，亦有贓賄事，

〔註77〕《北齊書》卷三五《張宴之傳》，第469頁。
〔註78〕《北齊書》卷二五《徐遠傳》，第363頁。
〔註79〕《北齊書》卷一八《司馬子如傳》，第239～240頁。
〔註80〕《北齊書》卷一八《司馬子如附子消難傳》，第240頁。
〔註81〕《北齊書》卷二三《崔悛傳》，第335頁。

爲御史所劾，會赦不問。」〔註82〕儘管文宣帝最後沒有追問崔季舒的違法行爲，但御史糾彈不避親貴，還是可以肯定的。

（5）趙起，廣平人，自高歡創業起，即典知兵馬，深得高氏信任，「顯祖即阼之後，（趙）起罷州還闕，雖歷位九卿、侍中，常以本官監兵馬，出内驅使，居腹心之寄，與二張（張亮、張耀）相亞。出爲西兗州刺史，糾劾禁止，歲餘，以無驗獲免。」〔註83〕趙起爲文宣帝信重的心腹之臣，儘管最終因爲查無實據而被放免，但我們注意到，在當初遭到彈劾以後，還是被收監禁止一年多時間。

以上五例表明，在文宣帝高洋統治時期，御史臺監察百官的職能得到充分發揮，這對於吏治之整頓，無疑有著十分積極的作用。

其二，躬親獄訟，納諫改過。徵諸史載，文宣帝高洋在其統治前期，不僅能夠向大臣垂詢政治，親理獄訟，還頗富納諫精神，知過能改。

高洋受禪以後，曾多次問政於臣下。如天保初年，高洋曾召見太原郡守李稚廉，「問以治方，語及刑政寬猛」。〔註84〕天保五年（554）正月，「制詔」策問秀才樊遜，在五道策問中有兩道是關於政治的，其第二策爲「問求才審官」，第四策爲「問刑罰寬猛」；天保八年，下詔尚書開東西二省官選，所司策問，樊遜又「爲當時第一」。〔註85〕文宣帝高洋不僅多次問政於臣下，還曾親至尚書省處理奏章，史載天保七年二月，「詔常山王（高）演等於涼風堂讀尚書奏按，論定得失，帝親決之。」〔註86〕

文宣帝高洋能夠察納忠言，也有其例，據《北齊書‧魏收傳》，文宣帝高洋曾多次在「酣宴之次」想改立太子，太子少傅魏收認爲「太子國之根本，不可動搖」，「（楊）愔以收言白於帝，自此便止。」〔註87〕又，高洋曾下令讓守宰等地方官員各設大棒，「以誅屬請之使」，都官郎中宋世軌上奏認爲：「昔曹操懸棒，威於亂時，今施之太平，未見其可。若受使請賕，猶致大戮，身爲枉法，何以加罪？」高洋遂罷除此項苛政。〔註88〕再如，崔昂「又奏上

〔註82〕 《北齊書》卷三九《崔季舒傳》，第 512 頁。
〔註83〕 《北齊書》卷二五《趙起傳》，第 362 頁。
〔註84〕 《北齊書》卷四三《李稚廉傳》，第 572 頁。
〔註85〕 《北齊書》卷四五《文苑‧樊遜傳》，第 610、612、614 頁。
〔註86〕 《北齊書》卷四《文宣紀》，第 61 頁。
〔註87〕 《北齊書》卷三七《魏收傳》，第 490 頁。
〔註88〕 《隋書》卷二五《刑法志》，第 704 頁。

橫市妄費事三百一十四條，詔下，依啟狀速議以聞。」〔註89〕文宣帝高洋不僅能夠納諫，還知過能改，如元文遙曾被「中旨幽執」多年，後來高洋「自幸禁獄，執手愧謝，親解所著金帶及御服賜之，即日起爲尚書祠部郎中。」〔註90〕

（四）制度建設

以制度建設而言，文宣帝高洋統治時期也頗有發明。

先來看律法建設，著名法制史專家程樹德氏曾指出：「南北朝諸律，北優於南，而北朝尤以齊律爲最……神武文襄增損魏法爲麟趾格，已不純用舊制。文宣命造新律，久而未成，至武成河清三年，始頒齊律，歷時最久。史稱周律比於齊法，煩而不要，是周齊二律之優劣，在當時已有定論。隋氏代周，其律獨採齊制而不沿周制抑有由也。」〔註91〕

徵諸史載，北齊的法制建設，確實應該追溯到東魏高歡、高澄執政時期，但文宣帝高洋對於律法建設也非常重視。天保元年（550）五月，文宣帝受禪，八月甲午即下詔：「魏世議定《麟趾格》，遂爲通制，官司施用，猶未盡善。可令羣官更加論究。適治之方，先盡要切，引綱理目，必使無遺。」〔註92〕甫一建國，即下詔詳定律令，適見他對法制建設的重視程度。甲午詔書並非一紙空文，有史爲證，據以《北史·李渾傳》載，「齊天保初，除太子少保……文宣以魏《麟趾格》未精，詔（李）渾與邢卲、崔悛、魏收、王昕、李伯倫等修撰。嘗謂魏收曰：『彫蟲小技，我不如卿；國典朝章，卿不如我。』」〔註93〕文宣帝高洋統治時期參與修定律令者，人員眾多，僅天保初年就一度達到 43 人之多，其留名於史者，另有李鉉〔註94〕，崔昂、薛琡〔註95〕，刁

〔註89〕 《北齊書》卷三〇《崔昂傳》，第 411 頁。

〔註90〕 《北齊書》卷三八《元文遙傳》，第 503～504 頁。

〔註91〕 程樹德撰：《九朝律考》卷六《北齊律考序》，第 391 頁，北京，中華書局，2003。

〔註92〕 《北齊書》卷四《文宣紀》，第 53 頁。

〔註93〕 《北史》卷三三《李靈附曾孫渾傳》，第 1206 頁。又，《北齊書》卷二九《李渾傳》亦載有修律事，唯所言較簡：「天保初，除太子少保，邢卲爲少師，楊愔爲少傅，論者爲榮。以參禪代儀注，賜爵涇陽縣男。刪定《麟趾格》。」（第 394 頁）

〔註94〕 《北齊書》卷四四《儒林·李鉉傳》：「天保初，詔鉉與殿中尚書邢卲、中書令魏收等參議禮律，仍兼國子博士。」（第 585 頁）可見，李鉉也參與了律令修訂之事。

〔註95〕 《北齊書》卷三〇《崔昂傳》：「齊受禪，遷散騎常侍，兼太府卿、大司農卿……其年，與太子少師邢卲議定國初禮，仍封華陽縣男。又詔刪定律令，損益禮樂，

柔〔註 96〕等人。

又據諸前揭《魏收傳》，直到天保八年，魏收仍然在「參議律令」〔註 97〕，這表明直到文宣帝高洋統治晚年，修訂律令的工作仍在進行。所以說，儘管北齊律是在武成帝高湛河清三年（564）全部完成，但我們不應該輕忽文宣帝高洋在這方面的貢獻。至於這部成爲後來隋唐法律藍本的著名律令，爲什麼沒有能夠在高洋統治時期完成，實與其間「軍國多事」的時代背景有直接關係，因爲就對北齊歷史的綜合考察來看，文宣帝高洋在位期間，正是北齊軍事征戰最劇烈、武功最鼎盛的時期。

言文宣帝高洋統治時期的制度建設，晉陽陪都地位的確立，乃是一個不能迴避的問題。學界所熟知的「鄴城——晉陽兩都制」，是在高歡打敗尒朱氏集團、控制魏朝政權的過程中所形成。文宣帝高洋在鄴城受禪建國以後，不僅繼承了這項制度，繼續在鄴與晉陽之間來回穿梭，而且進一步完善了這一制度，將晉陽的陪都地位從制度層面鞏固下來。文宣帝高洋是如何從制度上鞏固晉陽陪都地位的呢？

鄙意，文宣帝從制度上鞏固晉陽的陪都地位，應當從天保元年（550）十月壬辰詔書入手進行考察。天保元年十月壬辰詔書的內容爲：「罷相國府，留騎兵、外兵曹，各立一省，別掌機密。」〔註 98〕對於壬辰詔書，周一良氏曾有過討論，指出此處所罷之相國府爲設在晉陽之相國府。此外，周一良氏還較爲詳細地闡發了「各立一省」政治內涵，略云：

> 文宣紀天保元年十月，「罷相國府，留騎兵外兵曹，各立一省，別掌機密」。《北史》文同。案：《通鑒》一七一胡注：「後齊制，尚書郎有中兵外兵，各分左右。左外兵掌河南及潼關以東諸州，右外兵掌河北及潼以西諸州丁帳及發召徵兵等事」此指京師鄴城之尚書

令尚書右僕射薛琡等四十三人在領軍府議定。又勅昂云：『若諸人不相遵納，卿可依事啓聞。』昂奉勅笑曰：『正合生平之願。』昂素勤慎，奉勅之後，彌自警勖，部分科條，校正今古，所增損十有七八。」（第 411 頁）可見，崔昂、薛琡也參與了天保初年修訂律令的工作（其時共 43 人參與其事），爲保證修訂工作的順利進行，文宣帝還特別下敕給崔昂，准許他可以就修訂事宜隨時上奏。

〔註96〕《北齊書》卷四四《儒林·刁柔傳》：「天保初，除國子博士、中書舍人……又參議律令。」（第 586 頁），可見，刁柔也參與天保初年修訂律令的工作。

〔註97〕據《北齊書》卷三七《魏收傳》：「八年夏，除太子少傅、監國史，復參議律令。」（第 489 頁）

〔註98〕《北齊書》卷四《文宣紀》，第 54 頁。

省也。此處各立一省，指相國府之兩曹，其分別升格成爲一省之事詳下。蓋高歡任相國，在晉陽設相國府。晉陽爲兵馬所在，自北魏末尒朱榮稱兵之前，并州已被目爲「戎馬之地」(《北齊書》二六平鑒傳)……其後高澄繼爲丞相，雖名義略有不同，而據晉陽爲基地以遙控朝政大權則未變。高澄死後，高洋又任相國。齊朝建立後，始罷晉陽之相國府。……高洋代魏後，對於「霸業所在」之根據地晉陽仍極爲重視，故太原給復三年，較齊郡、勃海、長樂等「義旗初起之地」遠爲優異……

本紀之文所謂「各立一省」，其解見卷四十唐邕傳：「齊朝因高祖作相，丞相府外兵曹、騎兵曹分掌兵馬。及天保受禪，諸司監咸歸尚書，唯此二曹不廢。令唐邕、白建主治，謂之外兵省〔此下當從《北史》補騎兵省三字〕。其後邕建位望轉隆，各爲省主，令中書舍人分判二省事，故世稱唐、白雲」。所云咸歸尚書，當指設於并州之尚書省，亦即所謂並省。《隋書·地理志中》太原郡下即言，「後齊并州置省，立別宮」。又稱太原爲「後齊別都」。北齊一代晉陽作爲陪都，重要性始終不減。皇帝不斷巡幸，甚至長居晉陽……〔註99〕

周一良氏對於「各立一省」的涵義，及晉陽相國府之重要地位的論述，可謂精審。但我認爲罷晉陽相國府，「各立一省」的政治意義並不僅止於此，還應當從制度建設的高度，分析這一政治舉措的深刻意義。何以言之？

這是因爲北齊既然已經建立，並定都於鄴城，如果仍保留晉陽之相國府，則名不正言不順，與常制不合，因爲晉陽固然是霸業根基，但畢竟在名義上仍然只是陪都。然而，晉陽之重要性在實際上又不亞於鄴城，必須牢牢控制，該怎麼辦？解決的辦法就是，在下詔罷晉陽相國府的同時，將原屬相國府的騎兵、外兵兩曹，升格爲彼此獨立的兩省，「別掌機密」，從而就形成了并州、鄴城兩個尚書省。兩省地位平等，各設一套職官機構，分別負責處理鄴城、并州的軍事政治事務。由於尚書省爲北齊的宰相機構〔註100〕，所以從此之後，北齊皇帝無論居留鄴都還是晉陽，都可以名正言順地通過尚書省操持政務、掌控天下。晉陽的陪都地位，也因此從制度的層面確定下來。

〔註99〕 前揭氏著《魏晉南北朝札記》之《北齊書札記》「各立一省」條，第406~407頁。
〔註100〕 前揭《兩漢魏晉南北朝宰相制度研究》，第229~238頁。

二、文宣帝高洋之軍事武功

高洋不僅政治才能突出，還頗富軍事才能，前述李百藥就對高洋的軍事才能給予了很高的評價。呂思勉氏一向不以文字許人，也說「文宣亦薄有武略」〔註 101〕。以下參諸史籍所載，對文宣帝高洋的軍事武功，略加述評。

（一）組建精銳部隊，合理配置兵力

文宣帝高洋軍事才能突出，首先體現爲組建了「百保鮮卑」和「勇士」兩支精銳部隊。史載「及文宣受禪，多所創革。六坊之內徙者，更加簡練，每一人必當百人，任其臨陣必死，然後取之，謂之百保鮮卑。又簡華人之勇力絕倫者，謂之勇士，以備邊要。」〔註 102〕如所週知，「六坊之內徙者」乃是高歡賴以起家的基本武力，原本戰鬥力就比較強，而「百保鮮卑」與「勇士」則是優中選優，戰鬥力之強悍自然無需多說。

更爲重要的是，文宣帝高洋對於這兩支部隊的配置使用，進行了恰當的區分：「百保鮮卑」主要用來衝鋒陷陣，「勇士」則主要用來防衛邊境要地，二者分工相對明確。文宣帝高洋如此配置使用這兩支精銳之師，當然不能理解爲他重視鮮卑而輕視漢人，而是他充分考慮到鮮卑兵與漢兵的不同特點，對於以騎兵爲主的鮮卑武裝來說，衝鋒陷陣是其強項；對於徒步爲主的漢兵來說，堅守城池則是其優勢。可見，在對「百保鮮卑」與「勇士」的配置使用上，文宣帝表現出極高的軍事智慧，做到了鮮卑兵與漢兵的優勢互補。史實表明，文宣帝高洋組建的這兩支部隊，以及對兩支部隊的分配使用相當成功，天保六、七年以前的征戰多數取得勝利，邊境地區也比較穩固，基本沒有受到來自外部的威脅，與文宣帝高洋對「百保鮮卑」和「勇士」這兩支部隊的合理配置，使之得以各自充分發揮出戰鬥力，有著直接的關係。

（二）御駕親征，衝鋒陷陣

天保六、七年以前，文宣帝高洋曾親自指揮了多次征戰，並取得勝績，也充分展示了他突出的軍事指揮才能。史稱文宣帝在位時期「軍國多事」，主要就是從其間的軍事征討而言。北齊的軍事征戰，主要有三個組成部分：一是對關中西魏北周政權的戰爭；二是對柔然、突厥、山胡、庫莫奚、契丹等少數民族的戰爭；三是對南朝梁、陳的戰爭。其中對少數民族的戰爭，多數

〔註 101〕前揭《兩晉南北朝史》上冊第十四章《周齊興亡》，第 709 頁。
〔註 102〕《隋書》卷二四《食貨志》，第 676 頁。

情況下都是文宣帝躬親其事，因此，也最能體現其軍事才能。

歷觀北齊征討諸少數民族的軍事行動，文宣帝高洋幾乎每次都要親臨前線，據《北齊書·文宣紀》載，這些軍事行動包括：

（1）、親征庫莫奚：天保三年（552）正月，「丙申，帝親討庫莫奚於代郡，大破之，獲雜畜十餘萬，分賚將士各有差。以奚口付山東為民。」〔註103〕

（2）親征山胡：天保四年（553）正月，「丙子，山胡圍離石。戊寅，帝討之，未至，胡已逃竄，因巡三堆戍，大狩而歸。」〔註104〕五年（554）正月，「癸巳，帝討山胡，從離石道。遣太師、咸陽王斛律金從顯州道，常山王（高）演從晉州道，掎角夾攻，大破之，斬首數萬，獲雜畜十餘萬，遂平石樓。石樓絕險，自魏世所不能至。於是遠近山胡莫不懾服。」〔註105〕

（3）親征契丹：天保四年（553）九月，「契丹犯塞。壬午，帝北巡冀、定、幽、安，仍北討契丹。」十月「丁酉，帝至平州，遂從西道趣長塹。詔司徒潘相樂率精騎五千自東道趣青山。辛丑，至白狼城。壬寅，至昌黎城。復詔安德王韓軌率精騎四千東趣，斷契丹走路。癸卯，經陽師水，倍道兼行，掩襲契丹。甲辰，帝親踰山嶺，為士卒先，指麾奮擊，大破之，虜獲十萬餘口、雜畜數十萬頭。樂又於青山大破契丹別部。所虜生口，皆分置諸州。是行也，帝露頭袒膊，晝夜不息，行千餘里，唯食肉飲水，壯氣彌厲。丁未，至營州。丁巳，登碣石山，臨滄海。」十一月「己未，帝自平州，遂如晉陽。」〔註106〕

（4）親征突厥：天保四年（553）十二月，「己未，突厥復攻茹茹，茹茹舉國南奔。癸亥，帝自晉陽北討突厥，迎納茹茹……親追突厥於朔州，突厥請降，許之而還。於是貢獻相繼。」〔註107〕

（5）親征柔然（茹茹）：天保五年（554）三月，「茹茹菴羅辰

〔註103〕《北齊書》卷四《文宣紀》，第56頁。
〔註104〕《北齊書》卷四《文宣紀》，第57頁。
〔註105〕《北齊書》卷四《文宣紀》，第58頁。
〔註106〕《北齊書》卷四《文宣紀》，第57頁。
〔註107〕《北齊書》卷四《文宣紀》，第58頁。

叛，帝親討，大破之，辰父子北遁。」夏四月，「茹茹寇肆州。丁巳，帝自晉陽討之，至恒州黃瓜堆，虜騎走。時大軍已還，帝率麾下千餘騎，遇茹茹別部數萬，四面圍逼。帝神色自若，指畫形勢，虜眾披靡，遂縱兵潰圍而出。虜乃退走，追擊之，伏尸二十里，獲菴羅辰妻子及生口三萬餘人。」五月「丁未，北討茹茹，大破之。」六月，「茹茹率部眾東徙，將南侵。帝率輕騎於金山下邀擊之，茹茹聞而遠遁。」〔註108〕

天保六年（555）六月，「丁卯，帝如晉陽。壬申，親討茹茹。甲戌，諸軍大會於祁連池。乙亥，出塞，至庫狄谷，百餘里內無水泉，六軍渴乏，俄而大雨……秋七月己卯，帝頓白道，留輜重，親率輕騎五千追茹茹。壬午，及於懷朔鎮。帝躬當矢石，頻大破之，遂至沃野，獲其侯利藹焉力妻阿帝、吐頭發郁久閭狀延等，並口二萬餘，牛羊數十萬頭。茹茹侯利郁久閭李家提率部人數百降。壬辰，帝還晉陽。」〔註109〕

根據以上，文宣帝高洋在天保六年（555）之前，親自指揮對突厥、柔然、山胡、奚、契丹等少數民族的軍事征討行動共有 11 次之多，其中征庫莫奚 1 次、征離石山胡 2 次、征契丹 3 次、征突厥 1 次、征柔然 4 次。這 11 次戰役的結果，無一不以勝利告終，且最終迫使這些少數民族向北齊稱臣納貢，大大緩解了北齊的邊防壓力，也充分展示了文宣帝高洋突出的軍事才能。就史料所顯示的信息來看，無論是從全局性的戰略部署到具體的戰術指揮，還是從臨陣對敵時的衝鋒陷陣，到面對強敵時的鎮定沉穩，無不顯示出文宣帝高洋良好的軍事素養和過硬的心理素質。

上述 11 次戰役都以北齊大獲全勝告終，首先告訴我們一個事實，即文宣帝高洋決不是靠僥倖或運氣贏得勝利，而是靠正確的戰略部署和恰當的戰術指揮取勝，當然，其時北齊軍隊戰鬥力強悍則是戰爭勝利的基礎和保證。文宣帝高洋在戰略戰術方面的良好素養，集中體現在天保四年（553）征討契丹、天保五年（554）征討離石山胡這兩次戰役。在這兩次戰役中，高洋在戰略部署上均採用兵分三路的作戰方法，如征討契丹之戰，文宣帝高洋本人率軍從西道直趨長塹，「司徒潘相樂率精騎五千自東道趣青山……安德王韓軌率精騎

〔註108〕《北齊書》卷四《文宣紀》，第 58 頁。
〔註109〕《北齊書》卷四《文宣紀》，第 60 頁。

四千東趣，斷契丹走路」；征討離石山胡之戰，文宣帝高洋從離石道，太師斛律金從顯州道，常山王高演從晉州道，「掎角夾攻」。正是由於部署得當、指揮正確，再加上諸軍用命、行動一致，故這兩次戰役均大獲全勝。至如其它幾次戰役，也都是在文宣帝高洋的親自部署與指揮下取得的勝利。

再從臨陣對敵時的表現來看，文宣帝高洋也無愧於「英雄天子」的稱號。以上 11 次戰役中，文宣帝高洋無不親臨前線、躬當矢石，如親征契丹一役，「帝親踰山嶺，爲士卒先，指麾奮擊……是行也，帝露頭袒膊，晝夜不息，行千餘里，唯食肉飲水，壯氣彌厲。」而在強敵環伺、敵眾我寡的險惡逆境中，文宣帝高洋依然能夠鎮靜從容、指揮若定，則顯示出其過人的膽識和良好的心理素質，如天保五年（554）四月，文宣帝追擊柔然到恒州黃瓜堆，「時大軍已還，帝率麾下千餘騎，遇茹茹別部數萬，四面圍逼。帝神色自若，指畫形勢，虜眾披靡，遂縱兵潰圍而出。虜乃退走，追擊之，伏尸二十里，獲菴羅辰妻子及生口三萬餘人。」所以說，北齊軍隊在這 11 次戰役中能夠每戰必克，除了戰略部署得當、戰術指揮正確的原因外，與文宣帝高洋衝鋒在前、身先士卒鼓舞了軍隊的士氣也大有關係。如果說宇文泰「高歡不死」的慨歎是對高洋治軍有方的肯定，那麼，突厥他鉢可汗「英雄天子」的美譽，則是對文宣帝高洋軍事指揮才能的由衷敬佩！

（三）修長城、立鎮戍，加強邊疆防禦能力

文宣帝高洋的軍事才能，還可以從修長城、立鎮戍一事上得到體現。北朝修築長城，其來已久，整個北魏及東、西魏、北齊、北周均有修築之舉。文宣帝高洋在受禪建立北齊後，修建長城的工作仍在繼續，其統治期間主要有三次，據《北齊書‧文宣紀》云：

> （1）天保三年（552），「冬十月乙未，至黃櫨嶺，仍起長城，北至社干戍四百餘里，立三十六戍。」〔註110〕此次共修建築長城 400 餘里，同時建立 36 處鎮戍機構。

> （2）天保五年（554），「十二月庚申，帝北巡至達速嶺，覽山川險要，將起長城。」六年（555），「是年，發夫一百八十萬人築長城，自幽州北夏口至恒州九百餘里。」〔註111〕按，此次修建長城跨

〔註110〕《北齊書》卷四《文宣紀》，第 56 頁。
〔註111〕《北齊書》卷四《文宣紀》，第 59、61 頁。

兩個年頭，天保五年十二月，文宣帝高洋親自進行實地考察，動工修築則在六年，共修築長城 900 餘里。

（3）天保七年（556），「先是，自西河總秦戍築長城東至於海，前後所築東西凡三千餘里，率十里一戍，其要害置州鎮，凡二十五所。」〔註112〕

（4）天保八年（557），「是年，於長城內築重城，自庫洛拔而東至於塢紇戍，凡四百餘里。」〔註113〕此次共修築長城 400 餘里。

根據所載天保七年「先是，自西河總秦戍築長城東至於海，前後所築東西凡三千餘里，率十里一戍，其要害置州鎮，凡二十五所。」則前後所築長城的里程爲 3000 餘華里，這是截止天保七年北齊長城的里程總數。然而，天保三年、六年這兩次所修長城加起來只有一千三百多里，因此天保七年「三千餘里」的統計數字，當包括此前東魏甚至北魏時期所修築的長城。至於天保八年所修長城 400 餘里，則是在原長城南面修築的第二道長牆，估計是因爲從庫洛拔到塢紇戍這一帶爲防禦北方柔然、突厥等游牧民族的關鍵區域，故而修築了這段內長城。據此可知，文宣帝高洋統治時期所修長城里程數，共計 1700 餘華里（包括天保八年的「重城」400 餘里）。

自秦始皇築長城被指爲「暴政」以後，歷代修建長城的行爲從來都被指責爲勞民之舉。但實際上，我們不應完全否認長城在國防方面的積極作用，在冷兵器時代，長城實爲農耕民族防禦游牧民族侵擾的有效手段。退一步講，如果長城眞的只是勞民逞欲的好大喜功之舉，那麼自春秋以來的中國歷朝歷代，幾乎均曾修築長城的事實，就十分費解了。

因此，對於文宣帝高洋犯險北巡、勘察地形以修建長城，我們還是應該給予肯定。從前述「十里一戍，其要害置州鎮，凡二十五所」等事實來看，文宣帝高洋在構築北方防線的問題上，很可能有一個整體思路，即以長城爲線、沿線在要害之地設置州鎮戍等鎮防機構，從而構建起一條點線結合、各點相互呼應的綜合防禦體系。作爲串連各州、鎮、戍等鎮防機構的線索，長城居於這個防禦體系的核心。在這條防線建成以後，北齊對柔然、突厥等北方游牧民族的防禦能力大大加強。除此而外，這條以長城爲核心的北方防線對於抗禦關中政權也很有作用，有效遏制了關中政權對北齊軍事重心晉陽的威脅。

〔註112〕《北齊書》卷四《文宣紀》，第 63 頁。
〔註113〕《北齊書》卷四《文宣紀》，第 64 頁。

對於北齊長城在國防上所發揮的重要作用，還可以結合具體史實進行分析。徵諸史載，北齊趙郡王高叡深得文宣帝高洋之信重，天保六年，高叡以定州刺史、撫軍大將軍、六州大都督、開府儀同三司的身份，奉詔「領山東兵數萬監築長城」，歷經一年多時間，如期完成修築長城的任務。天保七年，文宣帝高洋下詔令高叡以本官的身份，都督滄·瀛·幽·安·平·東燕六州諸軍事、滄州刺史；八年，「徵叡赴鄴，仍除北朔州刺史，都督北燕、北蔚、北恒三州，及庫推以西黃河以東長城諸鎮諸軍事。」〔註114〕高叡所任職務，值得我們特別關注者有二：一是該職在北齊僅此一見；二是高叡都督的範圍包括「庫推以西黃河以東長城諸鎮諸軍事」，這就表明，「長城諸鎮」是被列入北齊統一的軍事防禦體系加以考慮的。

高叡所任此職之所以重要，主要是由其所承擔的戰略任務決定。徵諸《中國歷史地圖集》「北朝（齊）」地圖所展示〔註115〕，北朔州治所在今山西朔州市朔城區，北恒州治所即今山西大同，北燕州治所在今河北涿鹿縣，這三個地區以北恒州爲中心呈弧形分佈，從地緣構成看，其重點防禦對象爲北方少數民族；「庫推以西黃河以東長城諸鎮諸軍事」所承擔的戰略任務，則以黃河河曲以東的長城及其附近鎮戍爲依託，直接與關中政權抗衡。簡言之，高叡所任該職，不僅處於防禦北方少數民族入侵的前哨，又處於和關中政權直接對峙的前沿，故而戰略地位顯要無比。分析高叡在任期間的所作所爲，可進一步印證長城在軍事防禦中的重要作用，史載高叡就任北朔州刺史以後，「慰撫新遷，量置烽戍，內防外禦，備有條法，大爲兵民所安。」〔註116〕由此可見，高叡能夠在擔任北朔州刺史期間出色地完成任務，與充分發揮長城及鎮戍的作用是分不開的。反過來看，在以長城、鎮戍爲核心的防禦體系還沒有建成之前，北齊的邊境幾乎每年都要窮於應付，史載天保五年（554）前後，「時初築長城，鎮戍未立，突厥強盛，慮或侵邊，仍詔（元）景安與諸軍緣塞以備守。」〔註117〕

基於以上所論，我們可以對文宣帝高洋作出總體性評價：文宣帝高洋不失爲一個有重大作爲的封建帝王，他在政治、軍事等方面都表現出極高的才

〔註114〕《北齊書》卷一三《趙郡王琛附子叡傳》，第 171 頁。
〔註115〕《中國歷史地圖集》第四冊「北朝（齊）」，第 65～66 頁。
〔註116〕《北齊書》卷一三《趙郡王琛附子叡傳》，第 171 頁。
〔註117〕《北齊書》卷四一《元景安傳》，第 543 頁。

能。從政治方面來說，文宣帝在位期間不僅糾正了以前的一些不合時宜的政策，而且在敬儒興學、關注民生、整頓律法、制度建設等方面均頗多建樹，因此說文宣帝在位期間乃是北齊的鼎盛時期，乃是毋庸置疑的史實。從軍事方面而言，文宣帝高洋不僅組建了「百保鮮卑」與「勇士」兩支精銳部隊，而且建成以長城、鎮戍為中心的北邊防禦體系，大大提高了國防能力。另外，文宣帝高洋還親自部署和指揮了十餘次對少數民族的征戰，均取得了輝煌的勝利，充分體現出治軍有方的傑出軍事才能。

到了統治後期，文宣帝高洋在政治上的表現確實大不如前，這主要是由於他患有精神疾病的緣故，而嗜酒如命，則進一步加劇了他的病情，從而影響到他的政治判斷能力。文宣帝高洋的許多荒唐行為，都是在他精神不清醒的狀態下做出的，而且基本局限於個人生活等所謂「私德」方面。在關涉到國家大政方針的政治決策方面，由於文宣帝高洋能夠委政於楊愔等人，故天保後期的政治並未受到根本性的影響，以至於當時有「主昏於上，政清於下」的說法。也就是說在高洋統治後期，雖然比不上前期，但在楊愔等人的努力下，國家機器仍然能夠正常運轉。呂思勉氏曾說：「北齊之事，始壞於文宣，而大壞於武成（高湛）。」〔註118〕呂氏此說，我認為有欠公允。就歷史實際情況來看，北齊政治上走向敗壞，是在文宣帝高洋去世之後。

之三：論北齊文宣帝高洋之器識——兼論渤海高氏之家族精神氣質

自唐代史學家李百藥給文宣帝高洋冠以「淫暴」之名，其後歷代史家多數承襲此說。對於這位素享惡名的封建君主，筆者曾先後撰文，對佔據主流的傳統「淫暴」說提出批評，認為文宣帝高洋是中國歷史上一位很有作為的封建皇帝，在政治、軍事方面頗多建樹，李百藥的「淫暴」說有欠公允。〔註119〕為進一步還原文宣帝高洋之真實面貌，並揭示所謂「淫暴」之真相，茲再撰本文分析文宣帝高洋之器識，並在此基礎上，對渤海高氏之家族精神氣質展開討論。

〔註118〕前揭《兩晉南北朝史》上冊第十四章《周齊興亡》，第713頁。
〔註119〕李文才撰：《論北齊文宣帝高洋之用人》、《試論北齊文宣帝高洋之政治措置》，分別刊於《許昌學院學報》2008年第1期、《貴州社會科學》2008年第2期，二文經整理後收入本書，分別為《北齊史三題：之一、之二》。

一、文宣帝高洋之韜光養晦與成就大業

　　儘管李百藥送給文宣帝高洋一頂「淫暴」的桂冠，但對於文宣帝高洋的器識才具，李氏還是同時給予了高度評價，云：「帝少有大度，志識沉敏，外柔內剛，果敢能斷。」〔註120〕徵諸史實，李百藥對文宣帝高洋性格器識所作的總體評價，允屬確當。

　　文宣帝高洋器識不凡，實自幼年時代即有表露，如《北齊書》本紀說他從小「不好戲弄，深沉有大度」、「高祖（按，即齊神武高歡）嘗試觀諸子意識，各使治亂絲，帝獨抽刀斬之，曰：『亂者須斬。』高祖是之。又各配兵四出，而使甲騎偽攻之。世宗（按，即齊文襄高澄）等怖撓，帝乃勒眾與彭樂敵，樂免冑言情，猶擒之以獻……幼時師事范陽盧景裕，默識過人，景裕不能測也。」〔註121〕從中可見，文宣帝高洋從小即顯得少年老成、富於心機，且處事果敢能斷、不拖泥帶水，表現出與尋常兒童不同的性格特徵及同齡人所不能具備的城府。

　　文宣帝高洋少年時代的這些不同於尋常孩童的表現，會不會是因為他後來禪魏成齊做了皇帝，故而史臣在修史時故意進行誇飾呢？換句話說，《北齊書·文宣紀》的記載是否可靠？對此，我們可以通過對史實的進一步分析，來驗證《北齊書·文宣紀》有關記載的可靠性。

　　徵諸史載，與長兄高澄相比，文宣帝高洋一向為眾臣所輕視。文襄帝高澄自幼為人矚目，史載高澄「生而岐嶷，神武（高歡）異之……敏悟過人……時年十二，神情儁爽，便若成人。神武試問以時事得失，辨析無不中理，自是軍國籌策皆預之。」〔註122〕從中可知，高澄屬於那種比較典型的「早慧型」兒童，很小就表現出「敏悟過人」、「神情儁爽」的過人智慧。與高澄相比，文宣帝高洋就顯得愚笨多了，以至於高澄經常當眾取笑於他，史言高洋「內雖明敏，貌若不足，世宗每嗤之，云：『此人亦得富貴，相法亦何由可解。』」〔註123〕也就是說，在高澄心目中，二弟高洋簡直就是傻瓜一個。

　　不僅哥哥高澄看不起文宣帝高洋，就連三弟高浚對他也是心存輕視，如史書就記載：「文宣性雌懦，每參文襄（按，即高澄），有時洟出。浚常責帝

〔註120〕《北齊書》卷四《文宣紀》，第67頁。
〔註121〕《北齊書》卷四《文宣紀》，第43～44頁。
〔註122〕《北齊書》卷三《文襄紀》，第31頁。
〔註123〕《北齊書》卷四《文宣紀》，第43頁。

左右，何因不爲二兄拭鼻，由是見銜。」〔註124〕文宣帝高洋早年在參見高澄時鼻涕橫流，是否出於韜晦而故意爲之，姑且不論，高浚責備高洋左右隨從，卻適足顯示他一向輕忽二哥的心態，則並無疑問。

不僅高澄、高浚等兄弟們看不起高洋，就連生母婁昭君也一直輕視於他。甚至在高洋和高岳、高隆之、楊愔、高德政等人商量禪代大計時，婁昭君不僅表示懷疑，還極力反對，她的理由是：「汝父如龍，汝兄如虎，尚以人臣終，汝何容欲行舜、禹事？此亦非汝意，正是高德政教汝。」〔註125〕顯然，在婁太后看來，既然連丈夫高歡、長子高澄都不能辦成的事情，高洋更加無法辦到。基於此，她認爲高洋之所以會生出這些「非份之想」，都是高德政等人竄掇所致。這不正是母親婁昭君一向渺視高洋的明證嗎？

在文宣帝高洋少年時代，比較看好其前程者，只有父親高歡和老師盧景裕等少數幾個人。史言「唯高祖異之，謂薛琡曰：『此兒意識過吾。』幼時師事范陽盧景裕，默識過人，景裕不能測也。」〔註126〕高歡到底是憑什麼判斷出，高洋「意識」必將超過於他，盧景裕「不能測也」，內涵究竟又是什麼，抑或這段文獻的眞實程度到底如何，這裏均不加評論，可以肯定的是，在高洋少年時代對其能夠慧眼識珠者，必定寥無幾人。

那麼，高洋在少年甚至是幼年時代，爲什麼會表現出如此的少年老成甚至有點老气橫秋呢？因爲大家都知道，遊戲乃是兒童的天性，然而文宣帝高洋從小就「深沉有大度，不好戲弄」，這明顯不符合一般正常兒童的心理特徵，按照現代兒童心理學的理論來判斷，少年老成實際上是一種不健康的心理特徵。我認爲，高洋從小「深沉有大度，不好戲弄」，是一種有意識的行爲，是出於韜光養晦和自我保護的需要而刻意僞裝出來。

文宣帝高洋早年「深自晦匿」，甚至裝瘋賣傻，自有其原因，根本目的無非是爲了保護自己。就史籍所透露的信息來看，高澄雖常常取笑高洋，但內心深處對他還是心存猜忌。如司馬溫公就曾指出：

> 勃海文襄王（高）澄以其弟太原公（高）洋次長，意常忌之。
> 洋深自晦匿，言不出口，常自貶退，與澄言，無不順從。澄輕之，
> 常曰：「此人亦得富貴，相書亦何可解！」洋爲其夫人趙郡李氏營服

〔註124〕《北齊書》卷一〇《高祖十一王·永安簡平王浚傳》，第132頁。
〔註125〕《北齊書》卷三〇《高德政傳》，第408頁。
〔註126〕《北齊書》卷四《文宣紀》，第43～44頁。

玩小佳，澄輒奪取之；夫人或悲未與，洋笑曰：「此物猶應可求，兄
須何容吝惜！」澄或愧不取，洋即受之，亦無飾讓。每退朝還第，
輒閉閣靜坐，雖對妻子，能竟日不言。或時袒跣奔躍，夫人問其故，
洋曰：「為爾漫戲。」其實蓋欲習勞也。〔註127〕

從中可見，面對兄長高澄咄咄逼人之勢，高洋處處表現出逆來順受，甚至是忍辱負重，實為一種有意識的韜晦之計，目的就是為了減輕高澄對他的猜忌之心。

文宣帝高洋韜光養晦十分成功，不僅成功地保全了自己的身家性命——史言「澄輕之」即其明證；而且磨練了隱忍堅強的性格——「蓋欲習勞也」即指此意。需知，「隱忍」的性格涵養，在任何時代都是從事政治活動的必要素質，要做到含垢忍辱、寵辱不驚，除了天生的「隱忍」性格之外，後天的磨礪更為重要。所以，文宣帝高洋能夠在錯綜複雜、危機四伏的宮廷爭鬥中，成功地保全了自己，並在後來突發的宮廷政變中，能夠指揮若定、壓平叛亂、控制政局，固然離不開他過人的器識才幹，更得益於他自幼年以來的磨練。

文宣帝高洋韜晦之計，不僅成功化解高澄對他的猜忌、保護了自己，也幾乎瞞過所有臣僚，當時高氏臣僚對高洋多數鄙夷不屑。對此，唐代史學家李百藥曾有過精彩的評論，云：「顯祖弱齡藏器，未有朝臣所知，及北宮之難，以年次推重，故受終之議，時未之許焉。」〔註128〕可見，即便到武定七年（549）八月，高澄遇刺身亡，文宣帝高洋主持平定叛亂的時候，大多數臣僚對他依然只是「以年次推重」，至於「受終之議」，仍然是「時未之許焉」，也就是說，直到高洋主持平定叛亂、控制局勢的時刻，他依然沒有能夠引起高氏臣僚的足夠重視。

然而，高洋在平叛時所表現出來的臨危不亂、鎮靜從容，以及隨後的一系列政治措施，就開始讓那些輕乎於他的臣僚大大地吃了一驚。據《北齊書·文宣紀》略云：

武定七年八月，世宗（高澄）遇害，事出倉卒，內外震駭。帝神色不變，指麾部分，自臠斬羣賊而漆其頭，徐宣言曰：「奴反，大將軍被傷，無大苦也。」當時內外莫不驚異焉。乃赴晉陽，親總庶政，務從寬厚，事有不便者咸蠲省焉。〔註129〕

〔註127〕《資治通鑑》卷一六二梁武帝太清三年（549）八月，第5025～5026頁。
〔註128〕《北齊書》卷二四「史臣曰」，第354頁。
〔註129〕《北齊書》卷四《文宣紀》，第44頁。

胡三省在評述此事時，曾說：「洋素自晦匿，今遇變而不爲之變，故皆驚而異之。」〔註130〕如果說這個時候的「莫不驚異」、「驚而異之」，還帶有一種將信將疑、不敢相信的味道，那麼高洋到達晉陽以後所進行的一系列措施，就不能不讓這些心存狐疑者開始相信高洋的政治能力了，史言「晉陽舊臣、宿將素輕洋，及至，大會文武，神彩英暢，言辭敏洽，眾皆大驚。（胡注：晉陽文武之驚洋，猶鄴城內外也。）」〔註131〕胡三省此處注釋不盡恰當，實則「晉陽文武之驚洋」，與鄴城還是有所不同，如果說鄴城群臣的「驚異」還是半信半疑，那麼晉陽文武百官已經被高洋的「神彩英暢，言辭敏洽」所折服，乃是一種心悅誠服的驚訝！

不過，更值得深入分析的是，在壓平叛亂之後，文宣帝高洋所表現出來的政治大局觀。由於當時高澄正在謀劃禪代大計，因此，高澄遇刺一事僅謂之「倉促」，實不足以形容其時政局震蕩之嚴重局面。在這充滿危機的關鍵時刻，如果處置不當，不僅高氏所謀劃的禪代將成爲泡影，甚至有可能失控整個政局。文宣帝高洋又該如何應對呢？徵諸史載，文宣帝所採取的政治措置，主要包括如下幾個方面：

（1）安定人情：文宣帝高洋主持平叛後，首先要做的，就是迅速安定惶惑不安的人心，爲此，他主要做出三個方面的安排。其一，秘不發喪，隱瞞高澄已死的眞相，對外宣稱高澄只是受傷而已；其二，隱瞞陳元康死亡的消息，因爲陳元康乃是高澄的心腹，也在事變中被殺，高洋對外宣稱陳元康已經奉命出使，並宣佈任命其爲中書令，以安定鄴城人心，即「並秘陳元康死問，亦所以鎮安人情。」〔註132〕其三，諷喻東魏孝靜帝以立太子爲名宣佈大赦，以安定叛黨，即「託建儲大赦，以安蘭京之黨心懷反側者。」〔註133〕

（2）控制晉陽：眾所週知，晉陽乃是高氏政治、軍事根本之所在，文宣帝高洋在平叛之後，除留下領左右都督王紘、太尉高岳、太保高隆之，開府儀同三司司馬子如、侍中楊愔等人鎮守鄴城外，立即率領其餘勳貴趕赴晉陽，將這個政治、軍事根本牢牢控制在手中。

〔註130〕《資治通鑑》卷一六二梁武帝太清三年（549）八月胡注，第5027頁。
〔註131〕《資治通鑑》卷一六二梁武帝太清三年（549）八月，第5027頁。
〔註132〕《資治通鑑》卷一六二梁武帝太清三年（549）八月胡注，第5027頁。
〔註133〕《資治通鑑》卷一六二梁武帝太清三年（549）八月胡注，第5027頁。

（3）調整政策：到達晉陽，穩定政局之後，文宣帝高洋立即召見早先留守晉陽的「舊臣、宿將」，並隨即進行政策調整，對於高澄執政時所頒佈的政令，凡認爲已經不合時宜者，即刻加以調整，即「（高）澄政令有不便者，洋皆改之。」〔註134〕

由以上措置可知，文宣帝高洋的器識才具，實不在其兄高澄之下，而就忍辱負重、韜光養晦等政治性格涵養來說，則明顯強過高澄。誠然，高澄也表現出頗高的政治才能與智慧，但他鋒芒過於外露，謀事亦欠周密，以至於功虧一簣，在謀劃大事之夕竟猝死於區區膳奴之手。〔註135〕文宣帝高洋則不同，由於天生的「深沉」性格，更由於後天「深自晦匿」的礪練，使得他在處理事務時，不僅果敢決斷，而且計劃周密。舉例而言，同樣是謀劃禪代，文宣帝高洋的前期準備工作，就比高澄做得更爲充分從容，史言「顯祖將受魏禪，自晉陽至平城都，命（杜）弼與司空司馬子如馳驛先入，觀察物情。」〔註136〕從中我們看到，即便到受禪已成定局、十拿九穩的時候，高洋仍然十分謹慎小心。對於高洋與高澄的才具器識，前揭呂思勉氏也曾有過對比評價：「文宣本性，或較文襄爲深沉，其吏才亦不讓文襄……使其獲登大位，亦未必愈於文宣也。」〔註137〕徵諸史載，呂氏此論可謂精當。

二、文宣帝高洋之精神病態與基因遺傳

將精神分析方法引入歷史研究，對歷史人物的心理活動或精神狀態進行分析，在西方史學界乃是經常使用的一種方法，中國史學界對這種方法迄今

〔註134〕《資治通鑑》卷一六二梁武帝太清三年（549）八月，第5027頁。
〔註135〕按，高澄之死，《北齊書》卷三《文襄紀》有記載（《北齊書》本卷亡佚，係後人據《北史·文襄紀》並參諸他書所補），茲錄之如下：「初，梁將蘭欽子京爲東魏所虜，王命以配廚。欽請贖之，王不許。京再訴，王使監廚蒼頭薛豐洛杖之，曰：『更訴當殺爾。』京與其黨六人謀作亂。時王居北城東柏堂蒞政，以寵琅邪公主，欲其來往無所避忌，所有侍衛，皆出於外。太史啓言宰輔星甚微，變不出一月。王曰：『小人新杖之，故嚇我耳。』將欲受禪，與陳元康、崔季舒等屏斥左右，署擬百官。京將進食，王却，謂諸人曰：『昨夜夢此奴斫我，宜殺却。』京聞之，置刀於盤，冒言進食。王怒曰：『我未索食，爾何遽來！』京揮刀曰：『來將殺汝！』王自投傷足，入于牀下。賊黨去牀，因而見殺。」（第37頁）《資治通鑑》敘事同此。從中可見，高澄死於膳奴蘭京之手，具有一定偶然性。
〔註136〕《北齊書》卷二四《杜弼傳》，第351頁。
〔註137〕前揭《兩晉南北朝史》上冊第十四章《周齊興亡》，第704頁。

仍然不太願意接受。然而，我們在研究歷史人物的時候，往往還是不自覺地運用了這個方法，比如我們依據史料所進行的一些分析或推測，就或多或少地帶有「心理分析」的味道，只不過在很多時候，我們可能並不願意公開承認這就是精神分析的方法。對於文宣帝高洋這樣一個在心理特徵方面有明顯異常現象的人物，如果嘗試著從精神分析法的角度展開探討，或許能有一些意想不到的收穫。

細繹史籍所載，不難發現，高歡、高洋父子在心理特徵、精神氣質等方面有很多相同之處，包括性格、器識、用人、才幹甚至到基因遺傳等方面，文宣帝高洋都十分酷似其父高歡。茲據相關史載，將高氏父子的這些「相同」之處，臚列如下：

（1）性格：從性格來說，高歡、高洋父子均屬於深沉內斂、處事果敢型的人物，史言高歡「深沉有大度」〔註138〕、「性深密高岸，終日儼然，人不能測，機權之際，變化若神」、「聽斷昭察，不可欺犯。」〔註139〕高洋「不好戲弄，深沉有大度」、「內雖明敏，貌若不足」〔註140〕、「少有大度，志識沉敏，外柔內剛，果敢能斷。」〔註141〕

（2）用人：從用人來說，高歡、高洋父子也頗有相似之處，他們駕馭屬下都是依法、從嚴，且看重實際才幹。如高歡「統馭軍眾，法令嚴肅」〔註142〕；高洋，「以法馭下，公道為先，或有違犯憲章，雖密戚舊勳，必無容舍。」〔註143〕

除此而外，他們都強調實際才幹，而不用虛誕之人，如高歡，「擢人授任，在於得才，苟其所堪，乃至拔於廝養，有虛聲無實者，稀見任用」〔註144〕；高洋也曾因為王昕「疏誕，非濟世所須」〔註145〕而擯棄之。

（3）軍事：從軍事方面來說，高歡、高洋父子均表現出卓越的軍事才能，對於重要軍事行動往往自我決斷。如高歡，「至於軍國大略，獨運懷抱，文武

〔註138〕《北齊書》卷一《神武紀上》，第1頁。
〔註139〕《北齊書》卷二《神武紀下》，第24頁。
〔註140〕《北齊書》卷四《文宣紀》，第43頁。
〔註141〕《北齊書》卷四《文宣紀》，第67頁。
〔註142〕《北齊書》卷二《神武紀下》，第24頁。
〔註143〕《北齊書》卷四《文宣紀》，第67頁。
〔註144〕《北齊書》卷二《神武紀下》，第24頁。
〔註145〕《北齊書》卷三一《王昕傳》，第416頁。

將吏罕有預之」〔註146〕；高洋，「至於軍國幾策，獨決懷抱。」〔註147〕

差有不同者，高洋還經常衝鋒陷陣、身先士卒，表現得更加勇猛，史言高洋「每臨行陣，親當矢石，鋒刃交接，唯恐前敵之不多，屢犯艱危，常致克捷。」〔註148〕

（4）生理遺傳：就史實所透露的信息來看，在生理遺傳基因方面，高洋也更多地傳承了乃父的因子，如高氏父子都愛喝酒，且似乎都對酒精有一定的免疫力，如果說有什麼不同，那就是高歡的剋制能力要強許多，能夠抵禦美酒的誘惑，史言高歡「少能劇飲，自當大任，不過三爵」〔註149〕；高洋則經常「縱酒肆欲」，特別是統治晚年竟到了「不能進食，唯數飲酒」〔註150〕的地步。

文宣帝高洋與其父高歡有如此多的相似之點，為什麼歷史對他們的評價卻迥然不同？其中原因，大概就在於，高歡的政治生涯始終處在創業階段，直到去世，他仍然在為了高氏基業而勵精圖治，因此所表現出來的，也都是積極有為，以及剋制自身欲望的一面。文宣帝高洋則因為所處時代條件與乃父不同，他不僅一手締造了齊朝，而且在其統治前期，在政治軍事等各個方面均取得了佳績，將北齊推向了鼎盛，但隨著他「征伐四克，威振戎夏」以後，他開始自矜功業，放縱自己的欲望，從而變成一個「留連沉湎，肆行淫暴」的昏君，他人性醜惡的一面也因而暴露出來。

毋庸諱言，作為封建帝王，文宣帝高洋確有其極端殘暴和腐朽的一面，特別是在他統治後期，行為乖張、舉措荒誕、縱情酒色、濫殺無辜等種種惡行暴露無遺，包括李百藥在內的諸多史家都曾有所指陳。鄙意，在評價文宣帝高洋的時候，不必刻意迴避這些負面的史實紀錄。

我們所要關注的是，文宣帝高洋在其統治的前後期，為什麼會表現出如此巨大的反差，甚至是判若兩人？竊意其中主要原因，就在於文宣帝高洋原本就有精神方面的疾病，他從幼年到青年時代，長期生活在受壓抑的環境中，特別是受到兄長高澄的猜逼和諸弟的蔑視，為了保護自己而不得不刻意隱忍，這就進一步加重了他的精神疾病。在統治前期，由於面臨國內外的巨大

〔註146〕《北齊書》卷二《神武紀下》，第24頁。
〔註147〕《北齊書》卷四《文宣紀》，第67頁。
〔註148〕《北齊書》卷四《文宣紀》，第67頁。
〔註149〕《北齊書》卷二《神武紀下》，第25頁。
〔註150〕《北齊書》卷四《文宣紀》，第68頁。

壓力，文宣帝高洋把主要精力用在治國理政上，因此精神上的病態還沒有表現出來；而到天保六、七年以後，隨著國力強盛，尤其是「征伐四克，威振戎夏」以後，他的注意力就開始轉移到個人的生活，及統治集團的內部矛盾方面來了，與此同時，高洋精神上的病態也開始暴露，並呈現出加劇的狀態。另外，高洋從天保六年以後，變得嗜酒如命，經常飲酒過度，則進一步加劇了精神疾病。〔註151〕

　　驗諸李百藥所記載的文宣帝高洋種種反常的行為舉止，呂思勉氏所云高洋患有「狂易之疾」、熊德基氏高洋患「躁狂抑悒型精神病」的看法，確實頗有道理。徵諸史籍，包括濫殺無辜在內的「淫暴」行為，多數是在文宣帝高洋精神病發作的時候所為，一旦清醒，他不僅對所作所為表示後悔，而且能夠正常處置政務。另外，我們還注意到，文宣帝高洋的「濫殺無辜」也有被誇大的嫌疑，如天保十年大殺諸元一事，清代考據學家王鳴盛曾以「高洋大誅元氏」為條目，將《北齊書》所載高洋大殺元氏子孫三千人一事坐實，並說到唐代元氏惟西魏有子孫存者，而東魏元氏已經滅絕。〔註152〕王氏此說並非事實，呂思勉氏已經予以駁正。〔註153〕

　　實際上，即便是在已經「失德」的情況下，文宣帝高洋依然沒有濫殺無辜。如魏愷在天保後期，曾「固辭」青州長史一職，楊愔將事情上奏以後，引起文宣帝的極大不滿，據《北齊書‧魏愷傳》云：

　　　　（魏）愷，少抗直有才辯。魏末，辟開府行參軍，稍遷尚書郎、
　　齊州長史。天保中，聘陳使副。遷青州長史，固辭不就。楊愔以聞。
　　顯祖大怒，謂愔云：「何物漢子，我與官，不肯就！明日將過，我自

〔註151〕前揭呂思勉、熊德基二氏，均是從這兩個方面來解釋高洋何以肆意妄為、濫殺無辜。如呂氏分析文宣帝高洋殺高浚、高渙、高岳等人的原因時，就說：「高氏兄弟相忌，初非獨文宣一人，此當時風氣使然，無足為怪。至其殺之之慘酷，則自由文宣有狂易之疾故也。」（前揭氏著《兩晉南北朝史》上冊第十四章《周齊興亡》，第707頁）呂氏論點值得注意者，一為兄弟手足相殘，有時代風氣的原因，二為高洋有「狂易之疾」，故表現得更為殘忍。熊氏則認為，高洋在統治後期由於各種壓力，特別是皇位繼承問題上所帶來的壓力，導致他出現精神病的症狀，並終於釀成「躁狂抑悒型精神病」，又由於過度飲酒的刺激，使得其性愈亢進而縱慾，縱慾又進一步損害了神經，以致於狂躁狀態發展到兇狠殘殺、全無人理。（前揭氏著《六朝史考實》，第140～141頁。）
〔註152〕【清】王鳴盛撰：《十七史商榷》卷六八「高洋大誅元氏」條，第567～568頁，上海，上海書店出版社，2005。
〔註153〕前揭《兩晉南北朝史》上冊第十四章《周齊興亡》，第706頁。

共語。」是時顯祖已失德，朝廷皆爲之懼，而愷情貌坦然。顯祖切責之，仍云：「死與長史孰優，任卿選一處。」愷答云：「能殺臣者是陛下，不受長史者是愚臣，伏聽明詔。」顯祖謂愷云：「何慮無人作官職，苦用此漢何爲，放其還家，永不收採。」由是積年沉廢。後遇楊愔於路，微自披陳。楊答曰：「發詔授官，咸由聖旨，非選曹所悉，公不勞見訴。」愷應聲曰：「雖復零雨自天，終待雲興四嶽。公豈得言不知？」楊欣然曰：「此言極爲簡要，更不須多語。」數日，除霍州刺史。在職有治方，爲邊民悅服。大寧中，卒於膠州刺史。〔註154〕

類似的例子還有李集，據諸史載：

典御丞李集面諫，比帝於桀、紂。帝令縛置流中，沈沒久之，復令引出，謂曰：「吾何如桀、紂？」集曰：「向來彌不及矣！」帝又令沈之，引出，更問，如此數四，集對如初。帝大笑曰：「天下有如此癡人，方知龍逢、比干未是俊物！」遂釋之。〔註155〕

如果文宣帝高洋果眞已經不問是非、濫殺無辜，魏愷、李集二人恐怕都難以活命。尤其是魏愷，在文宣帝高洋「切責」的情勢下，還敢於當面頂撞，但文宣帝並沒有下令殺之，不過將其放還回家；不久之後，又採納楊愔的建議，將魏愷召回，任命爲霍州刺史，而魏愷就任後也十分稱職。

總之，對文宣帝高洋在統治前、後期的不同表現，我們可以從精神狀態的角度加以解釋。文宣帝高洋在統治後期所表現出來的種種荒唐行爲，主要是由精神病發作所造成，嗜酒如命，則進一步加劇了病情，從而影響到他的政治判斷能力。但是我們必須看到，文宣帝高洋的許多荒唐行爲，都是在精神狀態不清醒的情況下做出，而且基本局限於個人生活等所謂「私德」方面。在關涉到國家大政方針的政治決策方面，由於文宣帝高洋能夠委政於楊愔等人，故天保後期的政治並未受到根本性影響，以至於當時有「主昏於上，政清於下」〔註156〕的說法，這表明文宣帝末年的政治狀況，並非如某些著作中所說的那樣一團糟。

〔註154〕《北齊書》卷二三《魏蘭根附族弟魏愷傳》，第332頁。
〔註155〕《資治通鑒》卷一六六梁敬帝太平元年（556）六月，第5149～5150頁。
〔註156〕據《資治通鑒》卷一六六梁敬帝太平元年（556）六月：「又能委政楊愔，愔總攝機衡，百度脩敕，故時人皆言主昏於上，政清於下。」（第5150頁）又，《北齊書》卷三四《楊愔傳》也說：「自天保五年已後，一人喪德，維持匡救，實有賴焉。」（第457頁）

三、渤海高氏之家族精神氣質

作爲一個局部性政權，北齊王朝在中國歷史上的影響力並不顯赫，但如果要列舉中國歷史上的「個性」皇帝，那麼爲數不多的北齊皇帝，可能全部都會入選——包括北齊政權的奠基者高歡、高澄，也都表現出與眾不同的鮮明個性，甚至可以說，整個高氏皇室都表現出一種與眾不同的特有家族氣質。

如所週知，在君主專制集權的政治體制下，由於皇權的至高無上，故而帝王個人的器識才具、精神狀態、品德操行等「私德」，直接影響到整個國家的治亂興衰。因此，在對高氏人物進行比對分析的基礎上，對渤海高氏家族的精神氣質進行一些探討，或有助於揭示北齊皇權政治運作狀況之一斑。

爲便於檢勘，茲將《北齊書》中所載渤海高氏人物簡況列爲如下二表，其中「表一」爲高氏宗室人物（有事蹟可尋者）之簡況；「表二」則爲《北齊書》卷二十一《高乾傳》所載渤海高氏人物之簡況。〔註157〕

表一：高歡家族主要人物簡況表

姓　名	人物關係	性格特徵（智商）	才　能	資料出處
高歡	（神武帝）	深沉有大度；深密高岸	軍事、政治	卷1、卷2
高澄	高歡長子（文襄帝）	生而岐嶷；敏悟過人；神情儁爽	軍事、政治	卷3
高洋	高歡次子（文宣帝）	不好戲弄，深沉有大度；少有大度，志識沉敏，外柔內剛	軍事、政治	卷4

〔註157〕《北齊書》卷二一《高乾傳》所載高乾家族，渤海蓨縣人，爲正宗之渤海高氏。至於北齊皇室之渤海郡望，學界看法尚有分歧，如周一良氏指出：「故高歡之任領民酋長或以其本非漢人與？」（《領民酋長與六州都督》，前揭氏著《魏晉南北朝史論集》，第202頁）繆鉞氏則說：「故高歡可能是鮮卑，至少亦係塞上漢人之鮮卑化者。」（前揭氏著《東魏北齊政治上漢人與鮮卑之衝突》）日本濱口重國氏則明確認定：高歡不出自渤海高氏，他是在與高乾兄弟聯合對抗尒朱兆時與之合譜。（《高齊出自考——高歡の制霸と河北豪族高乾兄弟の活躍》，《秦漢隋唐史の研究》（下），第710頁～726頁，東京大學出版會1966年版。）本文採取《魏書·高湖傳》、《北齊書·神武紀》、《北史·神武紀》之記載，認定高歡仍出自渤海高氏，只不過由於從其曾祖高謐起即徙居懷朔鎮，因此「累世北邊，故習其俗，遂同鮮卑。」（《北齊書》卷一《神武紀上》）也就是說，高氏皇室早已經鮮卑化了。基於此，本文不將高乾兄弟子侄列入北齊宗室。但在討論渤海高氏的家族精神氣質時，則將其一族列入參考。

高殷	高洋長子（廢帝）	性敏慧	文學、禮學	卷5
高演	高歡第六子（孝昭帝）	幼而英特，早有大成之量；聰敏有識度，深沉能斷	政治（善剖斷，長於文理；長於政術）	卷6
高湛	高歡第九子（武成帝）	時年八歲……神情閒遠（風度高爽，經算弘長，有帝王之量）	政治（善於駕馭臣下，猜忌心重）	卷7、卷8
高緯	高湛長子（後主）	中庸之資（幼而令善，及長，頗學綴文；言語澀吶，無志度；性懦不堪，人視者，即有忿責）	政治混亂（雅信巫覡；重用佞臣）	卷8
高恒	高緯長子（幼主）	即位時年僅8歲		卷8
高濬	高歡第三子	早慧	豪爽氣力，善騎射；有雄略	卷10
高淹	高歡第四子	性沉謹，以寬厚稱		卷10
高浟	高歡第五子	早慧	政治（明練世務，果於斷決，事無大小，咸悉以情）	卷10
高渙	高歡第七子	天姿雄傑，俶儻不群	軍事（童幼恒以將略自許；及長，力能扛鼎，材武絕倫）	卷10
高淯	高歡第八子	容貌甚美，弱年有器望	文學（頗引文藝清識之士）	卷10
高亮	高演第二子（出嗣高淯）	性恭孝，美風儀，好文學	文學	卷10
高湝	高歡第十子	少明慧；寬恕（頻牧大藩，雖不潔己，然寬恕為吏人所懷）	政治、軍事（孝昭、武成時，常鎮晉陽，總并省事）	卷10
高湜	高歡第十一子	滑稽便辟		卷10
高凝	高歡第十三子	諸王中最為孱弱；其愚如此		卷10
高潤	高歡第十四子	幼時，神武稱曰：「此吾家千里駒也。」及長，廉慎方雅	政治（習於吏職）	卷10
高孝瑜	高澄長子	精彩雄毅，謙慎寬厚，兼愛文學，讀書敏速，十行俱下，覆棋不失	政治、文學	卷11

高孝珩	高澄次子	愛賞人物	政治、軍事、文學（學涉經史，好綴文，有伎藝）	卷 11
高孝琬	高澄第三子	驕矜自負	軍事	卷 11
高正禮	高孝琬子	幼聰穎，能誦《左氏春秋》		卷 11
高長恭（孝瓘）	高澄第四子	貌柔心壯，音容兼美	軍事（為將躬勤細事，每得甘美……必與將士共之）	卷 11
高延宗	高澄第五子	「驕縱多不法」，「深自改悔」	軍事（氣力絕異，馳騁行陣，勁捷如飛）	卷 11
高紹義	高洋第三子	好與群小同飲	（曾得突厥相助）	卷 12
高紹廉	高洋第五子	性粗暴；能飲酒，一舉數升		卷 12
高綽	高湛長子	好微行，遊獵無度，姿情強暴		卷 12
高儼	高湛第三子	「聰明雄勇」	政治、軍事	卷 12
高廓	高湛第四子	性長者，無過行		卷 12
高貞	高湛第五子	沉審寬恕，帝常曰：「此兒得我鳳毛」	政治（帝行幸，總留臺事）	卷 12
高仁英	高湛第六子	舉止軒昂，精神無檢格；清狂		卷 12
高仁光	高湛第七子	性躁且暴		卷 12
高仁雅	高湛第十一子	從小有瘖疾		卷 12
高琛	高歡弟	少時便弓馬，有志氣；既居禁旅，恭勤慎密	政治、軍事（推誠撫納，拔用人士）	卷 13
高叡	高琛子	聰慧夙成	政治、軍事（閑習吏職，有知人之鑒）	卷 13
高整信	高叡子	好學有行檢		卷 13
高岳	高歡從父弟	長而敦直，姿貌魁然，沉深有器量；性華侈，尤悅酒色歌姬舞女	軍事	卷 13
高勱	高岳子	夙智早成	政治	卷 13
高盛	高歡從叔祖	寬厚有長者風		卷 14

高長弼	高歡從祖兄子	性粗武		卷14
高顯國	高歡從祖弟	無才伎,「謹厚」		卷14
高思宗	高歡從子	性寬和,頗有武幹	軍事	卷14
高元海	高思宗子	縱酒肆情,廣納姬妾;器小志大,頗以智謀自許	軍事	卷14
高思好	高思宗養弟	「驍勇」,「甚得邊朔人心」	軍事	卷14
高歸彥	高歡族弟	少質樸,後更改節,放縱好聲色,朝夕酣飲	軍事	卷14
高普	高歸彥侄	性寬和有度量		卷14
高伏護	高歡族弟高靈山子	粗有刀筆;性嗜酒(多醉失,連日不食,酣酒,神識恍惚	政治(「歷事數朝,恒參機要」)	卷14

說明:《北齊書》卷1至卷8為帝紀,卷10、卷11、卷12、卷13、卷14則為高氏人物合傳,據此統計,包括帝王在內,高氏宗室人物共有81人,本表所列僅為高氏人物有事蹟可尋者。

表二:《北齊書》卷二一《高乾傳》所載高氏人物簡況表

姓　名	人物關係	性格特徵	才　能
高翼	高乾父	豪俠有風神,為州里所宗敬	軍事
高乾		性明悟,俊偉有知略,美音容,進止都雅。少時輕俠,數犯公法,長而修改,輕財重義,多所交結。	政治、軍事
高慎	高乾二弟	頗涉文史,與兄弟志尚不同;為政嚴酷	政治
高昂	高乾三弟	幼稚時,便有壯氣。長而倜儻,膽力過人,龍眉豹頸,姿體雄異(「以豪俠立名」)	軍事
高季式	高乾四弟	亦有膽氣;豪率好酒,不拘檢節	軍事
高永樂	高翼長兄子	和厚有長者稱	
高延伯	高翼次兄子	和厚有長者稱	
高長命	高永樂子	猛暴好殺,果於戰鬥	

　　就上述二表所載「性格特徵」及「才能」兩項指標來看,我們首先可以認定「尚武」、「豪俠」乃是渤海高氏最顯著的家族精神氣質。渤海高氏「尚武」、「豪俠」的門風,表現為兩個層次,其上者為富於軍事才能或勇武善戰,

其下者則表現爲粗鄙狂暴或好勇鬥狠。前者如高歡、高澄、高洋、高浚、高湝、高長恭、高琛、高叡、高岳、高乾、高昂；後者如高孝琬、高紹廉、高紹義、高綽、高仁光、高長弼、高思好〔註 158〕、高澳、高延宗、高歸彥、高元海、高季式。

　　何以渤海高氏會養成這種「尙武」、「豪俠」的家族精神氣質？〔註 159〕其中除了家族遺傳的因素外，更主要的還是由於外部環境使然。高歡一族從其曾祖高謐起，就世代居住於懷朔鎭，早已鮮卑化了，這就是《北齊書》卷一《神武紀上》所說的「神武既累世北邊，故習其俗，遂同鮮卑。」北方六鎭是北魏孝文帝南遷洛陽後所形成的洛陽漢化文官集團的反對者，素以武力著稱，職此之故，高歡（渤海高氏）家族「尙武」、「豪俠」實爲鮮卑化的結果。

　　需要討論的是，高乾一族爲何也呈現出濃厚的「尙武」、「豪俠」之風？因爲高乾一門始終居住於渤海蓨縣，並沒有遷徙塞外的經歷。實際上，高乾一族尙武之風，並無足多異，蓋尙武善戰乃是河北豪族的一個普遍性特徵，高乾家族就屬於十分典型的河北豪族。縱觀魏晉南北朝的歷史，河北豪族一直就以尙武善戰著稱。河北豪族之尙武善戰，同樣是社會環境所造成，由於地接北邊、處於胡漢交爭之地的特殊地理環境，河北地區從東漢末年以來，一直處於動蕩的狀態下，從慕容鮮卑入主中原，到拓跋鮮卑完成北方統一大業，再到北魏末年的動亂，河北地區始終都是變亂頻發之地。長期的社會動蕩，迫使留居故土的河北世家大族奮起自保，他們利用深厚的土著根基，以宗族爲紐帶、以門望爲號召，組建了家族武裝，從而使得河北地區形成了許多地方武力集團。

　　有學者指出，北魏末年，高歡因緣際會，一舉消滅尒朱氏勢力，進而把持了東魏政權。在高歡周圍不多的高級將領中，出力之多、立功之大、居位之顯赫者莫過於以高乾爲首的漢族渤海高氏集團。〔註 160〕李百藥甚至將北齊的創立全部歸功於渤海高氏，他說：「齊氏元功，一門而已。」〔註 161〕李百藥

〔註 158〕高思好本浩氏子，爲高思宗養弟，與高氏並無血緣關係，但由於長期生活在高氏家族，因此其在精神氣質上已經同化於渤海高氏。

〔註 159〕表中高氏人物也有崇尙文史或性格「寬厚」者，但從總體上來說，「尙武」仍爲渤海高氏最顯著的門風。

〔註 160〕陳群撰：《渤海高氏與東魏政治》，《中國史研究》1997 年第 2 期，第 70～80頁。

〔註 161〕《北齊書》卷二一「史臣曰」，第 309 頁。

的觀點容有誇張，但高歡與高乾兄弟的結緣，乃是高歡最終取得成功的主要原因之一，則無需討論。高歡與高乾何以能夠結緣，高乾又如何能夠在紛亂的世道中慧眼識英雄，將身家性命供高歡驅使？鄙意，「尚武」、「豪俠」的精神氣質，當是其中一個重要因由，換言之，氣類相投乃是高乾選擇高歡作爲擁戴或投靠對象的重要原因之一。〔註162〕

　　從上述二表所列還可以看到，高氏家族人物除少數智力低下之外，絕大多數智商都比較高，高歡家族更是頻頻出現「早慧」型的人物，如高澄、高殷、高演、高湛、高浚、高淯、高濟、高潜、高正禮、高叡、高勱等均屬此類。其中原因，當與家族遺傳有關係，考慮到高歡的夫人多數具有胡人血統，因此高歡子孫智商多數較高，且頻見「早慧」型人物，很可能就得益於民族混血的優勢，因爲根據基因學（Gene，Mendelian factor，也稱爲遺傳因子）的原理，混血有利於人類品質的優化。〔註163〕如果基因遺傳的說法成立，我們就可以解釋高歡家族高智商的問題了，因爲高澄、高演、高湛、高淯的生母婁昭君出身胡人，族屬鮮卑〔註164〕；高浚的生母大尒朱氏、高潜的生母小尒朱氏，均爲羯族，因此他們血統中胡人的成分十分明顯；高殷爲高洋長子、高正禮爲高澄之孫，因此也帶有胡人的血統；高叡的生母爲魏華陽公主元氏，因此他的血統也帶有鮮卑成分；高勱係高岳之子，其生母民族不詳，但高岳

〔註162〕《北齊書》卷二一《高乾傳》有云：「屬高祖出山東，揚聲來討，眾情莫不惶懼。乾謂其徒曰：『吾聞高晉州雄略蓋世，其志不居人下。且尒朱無道，殺主虐民，正是英雄効義之會也。今日之來，必有深計，吾當輕馬奉迎，密參意旨，諸君但勿憂懼，聽我一行。』乾乃將十數騎於關口迎謁。乾既曉達時機，閑習世事，言辭慷慨，雅合深旨。高祖大加賞重，仍同帳寢宿。」（第290～291頁）高歡與高乾一見如故，如非氣類相投，恐怕很難做到。

〔註163〕從基因遺傳的角度來說，混血確實有利於人類品質的優化，因爲混血有可能在單體中得到更多的抗病基因，當然，混血也有可能得到更多的致病基因。但是從長遠過程來看，混血會在淘汰過程中將人類基因中的優良成份集中起來，因此在總體趨勢上，混血利大於弊，有助於改善人類體質智力等方面的基因遺傳。

〔註164〕據《魏書·官氏志》：「匹婁氏後改爲婁氏。」據前揭姚薇元氏考定，匹婁乃吐谷渾所屬部落之一，原居於曼頭山（在今陝西西寧鎮西北）附近，北魏獻文帝拓跋弘皇興四年（470）因爲戰敗而歸降於北魏。（《北朝胡姓考》內篇第三《內入諸姓》「婁氏」條，第90～94頁。）而吐谷渾部落之得名，原由人名而來，即遼東鮮卑慕容（若洛）庾之兄，因與庾不協，遂擁眾西邊，止於甘松之南，洮水之西，南極白蘭山數千里之地，其後因以吐谷渾爲氏，故知吐谷渾氏爲鮮卑族。（詳參《北朝胡姓考》內篇第三《內入諸姓》「吐谷渾氏」條，第80頁）匹婁氏既爲吐谷渾所屬部落之一，其種族自然也就是鮮卑無疑。

血統中卻有胡人成分，因爲高岳的母親山氏〔註165〕，係由吐難氏所改，吐難氏在《魏書・官氏志》被列入「內入諸姓」，原本爲「代來北人」〔註166〕，因此高勱的血統中也就不可避免地帶有少數民族的成分。

除智商普遍較高之外，渤海高氏另一個顯著性的家族特徵爲嗜酒好色，其中特別是高氏皇室人物，縱情聲色、嗜酒如命表現得尤爲突出。對美酒靚女的異常喜好，不僅被稱爲「淫暴」之君的文宣帝高洋如此，就是其父高歡也不能例外，正如前文所說，文宣帝高洋好酒，其實有其父遺傳基因的影響，所不同者，是高歡後來能夠剋制自己，高洋則缺少這種自我控制的能力而已。不僅高歡、高洋嗜酒，高氏人物幾乎無不嗜酒，如高澄、高湛、高緯、高紹廉、高紹義、高綽、高岳、高元海、高歸彥、高伏護、高季式等人，均是如此。如果研究中國嗜酒的歷史，我想渤海高氏家族一定會引起史家的格外注意，因爲他們已經不是一般意義上的飲酒或酗酒，而表現爲一種徹底的放縱。爲什麼這樣說呢？因爲他們可以因飲酒而廢食，如高伏護，「歷事數朝，恒參機要，而性嗜酒，每多醉失，末路逾劇，乃至連日不食，專事酣酒，神識恍惚，遂以卒。」〔註167〕高氏人物甚至可以爲飲酒而喪命，如文宣帝高洋，「暨於末年，不能進食，唯數飲酒，麴蘗成災，因而致斃。」〔註168〕如高洋第五子隴西王高紹廉，「能飲酒，一舉數升，終以此斃。」〔註169〕更多情況下，則表現爲以酒助興、放縱情慾，如清河王高岳，「性華侈，尤悅酒色，歌姬舞女，陳鼎擊鐘，諸王皆不及也。」〔註170〕高元海，「縱酒肆情，廣納姬侍」〔註171〕；平秦王高歸彥，「少質樸，後更改節，放縱好聲色，朝夕酣飲。」〔註172〕

〔註165〕《北齊書》卷一三《清河王（高）岳傳》：「清河王岳，字洪略，高祖從父弟也。父翻，字飛雀，魏朝贈太尉，諡孝宣公……岳母山氏，嘗夜起，見高祖室中有光……山氏歸報高祖。後高祖起兵於信都，山氏聞之，大喜……」（第174頁）

〔註166〕按，「吐難氏」《魏書・官氏志》作「土難氏後改爲山氏」，據姚薇元氏考訂，「土難氏」係「吐難氏」脫誤所致，本爲代北地區之吐難族，詳參氏著《北朝胡姓考》內篇第三《內入諸姓》「山氏」條，第156～157頁。

〔註167〕《北齊書》卷一四《長樂太守（高）靈山附嗣子伏護傳》，第189頁。

〔註168〕《北齊書》卷四《文宣紀》，第68頁。

〔註169〕《北齊書》卷一二《隴西王（高）紹廉傳》，第157頁。

〔註170〕《北齊書》卷一三《清河王（高）岳傳》，第176頁。

〔註171〕《北齊書》卷一四《上洛王（高）思宗附子元海傳》，第183頁。

〔註172〕《北齊書》卷一四《平秦王（高）歸彥傳》，第186頁。

　　自古就有酒色不分家、酒壯色膽的說法，嗜酒進一步刺激了性慾，因此喜好美色、縱情肉慾就成爲高氏家族的又一大「門風特徵」。當然，我們可能會說，在專制皇權的政治體制之下，中國歷代皇家都是如此，這當然不錯。但是，高氏皇室在縱慾方面還是表現出與眾不同的特點，那就是亂倫的現象十分突出，如前揭趙甌北就曾以「北齊宮闈之醜」爲題，臚列高氏姦淫亂倫的種種醜態，並得出「古來宮闈之亂，未有如北齊者」的結論。〔註 173〕

　　高氏縱慾亂倫，實由齊神武高歡開啓。高歡的夫人中，除了元配婁昭君及柔然公主算是「明媒正娶」外，其它幾位都是奪人妻女。高歡在控制東魏政權之後，先後又將北魏孝莊帝皇后（尒朱榮女，即大尒朱氏）、建明帝皇后（尒朱兆女，即小尒朱氏）、魏廣平王妃鄭大車、任城王妃馮氏、城陽王妃李氏等北魏宗室后妃占爲己有。對高歡此種行徑，趙甌北就不無指斥，云：「是開國之初，已肆情蕩檢。」〔註 174〕

　　所謂「有其父必有其子」，高歡長子高澄也是一個實足的好色之徒，他在14 歲的時候，就和父親的妃子鄭大車私通，並差一點因此被廢黜；後來又因強姦高愼之妻，造成高愼叛逃西魏，從而引發了東西魏之間的邙山之戰；高澄還和高歡的妃子柔然公主私通，並生下一女；此外，高澄還多次調戲並姦污二弟高洋的夫人李祖娥。顯然，此事深深地刺激了高洋，故而高洋建國稱帝以後，就公然強姦高澄的夫人元氏，高洋在強姦元氏時直言不諱，云：「吾兄昔姦我婦，我今須報。」〔註 175〕同樣的事，高湛也做過，不知是否受到二哥高洋姦污大嫂一事的啓發，他在逼姦李祖娥時，也赤裸裸地威脅說：「若不許，我當殺爾兒。」〔註 176〕李祖娥爲了保護兒子高紹德，只好順從。除了二嫂李祖娥之外，高湛還姦污了六嫂元氏（孝昭帝高演皇后）。更爲變態的是，文宣帝高洋、武成帝高湛還曾聚眾淫亂，如高洋曾將「高氏女婦無親疏，皆使左右亂交之於前。」〔註 177〕高湛則把高洋的其他嬪妃，以及幾個功臣的女兒全部招入宮中，公開宣淫。

　　上行下效，在高氏皇室的帶領下，東魏北齊朝野到處彌漫著一股淫蕩之風。高齊皇室何以亂倫淫蕩成風？我們首先要考慮到鮮卑民族習俗的影響，

〔註 173〕前揭《廿二史札記校證》卷一五「北齊宮闈之醜」條，第 321～323 頁。
〔註 174〕前揭《廿二史札記校證》卷一五「北齊宮闈之醜」條，第 321 頁。
〔註 175〕《北齊書》卷九《文襄敬皇后元氏傳》，第 125 頁。
〔註 176〕《北齊書》卷九《文宣皇后李氏傳》，第 125 頁。
〔註 177〕《北齊書》卷九《文襄敬皇后元氏傳》，第 125 頁。

因爲北齊是一個鮮卑化色彩十分濃厚的政權，北齊皇室就自認爲鮮卑人。如所週知，包括「娶弟婦」、「納寡嫂」等在內的蒸、報習俗，一直就存在於周邊落後民族中，鮮卑族也不例外，受此影響，他們對於儒家文化中所宣揚的倫理綱常十分淡漠，如趙甌北就說「神武以草竊起事，本不知有倫理」〔註178〕。所以，從這個意義上來說，高齊皇室頗多亂倫現象，乃是民族習俗使然，是受到鮮卑族男女關係混亂等習俗影響所致。

除此之外，我們還得考慮高氏家族遺傳基因的因素。根據對高齊皇室人物的綜合分析，我認爲高氏家族在性格上可能有一定的缺陷，儘管他們可能有較高的智商，但是在情商上卻有欠缺，具體表現爲易走極端，容易亢奮，常有令人費解之行爲舉止。其最爲典型者，就是素有「淫暴」之稱的文宣帝高洋，如他經常通宵達旦地飲酒唱歌；或於盛夏嚴冬赤身裸體遊走於鄴城的大街之上；或在大庭廣眾之下裸露陰部；或「徵集淫嫗，悉去衣裳，分付臺官，朝夕臨視」；因溺愛高延宗，在高延宗 12 歲時還讓他向自己的肚臍中撒尿。諸如此類的行爲舉止，絕非精神健康之人所能做得出來，恐怕只能從性格缺陷上及精神病態上尋找解釋。〔註179〕

高氏家族人物的精神病態，還有很多表現，其中比較明顯者，如：

（1）武成帝高湛，「好捶撻嬪御，乃至有殺戮者」，不僅公然強姦文宣帝皇后李祖娥，還當面殺了她的兒子高紹德，李氏因而大哭，於是「帝愈怒，裸后亂撾撻之，號天不已。」〔註180〕

（2）後主高緯，「言語澀吶，無志度……性懦不堪，人視者，即有忿責。」〔註181〕

（3）高澄第五子、安德王高延宗，經常「於樓上大便，使人在下張口承之。以蒸豬糝和人糞以飼左右，有難色者鞭之……又以囚

〔註178〕前揭《廿二史札記校證》卷一五「北齊宮闈之醜」條，第321頁。
〔註179〕高洋種種不近情理的行爲，李百藥在《北齊書‧文宣紀》中有詳述，高洋爲何會有如此之多的荒唐行爲，我認爲除了性格遺傳方面的原因之外，與他早年的經歷也有關係，文宣帝高洋早年備受家人的冷嘲熱諷，在很大程度扭曲了他的人格，而毫無節制的酗酒，則進一步加重了他的精神病態。前揭熊德基氏也認爲，高洋的精神病態與早年經歷有關係，在其稱帝之後，皇位繼承等問題又帶給了他巨大壓力，再加上無節制的飲酒，終於釀成了「躁狂抑悒型精神病」。
〔註180〕《北齊書》卷九《文宣皇后李氏傳》，第125頁。
〔註181〕《北齊書》卷八《後主紀》，第112頁。

試刀，驗其利鈍。」〔註182〕

（4）武成帝高湛的長子高綽，「綽始十餘歲，留守晉陽。愛波斯狗，尉破胡諫之，欻然斫殺數狗，狼藉在地。破胡驚走，不敢復言。後爲司徒、冀州刺史，好裸人，使踞爲獸狀，縱犬噬而食之。左轉定州，汲井水爲後池，在樓上彈人。好微行，遊獵無度，恣情強暴，云學文宣伯爲人。有婦人抱兒在路，走避入草，綽奪其兒飼波斯狗。婦人號哭，綽怒，又縱狗使食，狗不食，塗以兒血，乃食焉。後主聞之，詔鎖綽赴行在所。至而宥之。問在州何者最樂，對曰：『多取蠍將蛆混，看極樂。』後主即夜索蠍一斗，比曉得三二升，置諸浴斛，使人裸臥斛中，號叫宛轉。帝與綽臨觀，喜噱不已，謂綽曰：『如此樂事，何不早馳驛奏聞。』綽由是大爲後主寵，拜大將軍，朝夕同戲。」〔註183〕

上述高氏家族人物的種種異常行爲，都表現出明顯的精神病態或變態人格特徵，如：武成帝高湛以折磨女人爲樂的行爲，屬於比較典型的虐待狂；後主高緯極度內向而偏執的行爲，則屬於較爲典型的分裂型人格；高延宗樓上大便，讓人以口承之，飼人以糞便，以囚徒試刀鋒利鈍等行爲，則是一種以權力爲依託，刻意尋求低俗樂趣的變態心理；高綽的行爲則更爲怪異殘忍，裸人飼之以犬、彈弓打人、縱狗食嬰、臥人於蠍窟等，無不是以他人極度痛苦爲代價，換來個人喜樂，充分體現出一種極度扭曲的變態心理。

尤其需要注意的是，高綽所說「學文宣伯爲人」，高綽此言並非一時興之所致，而是表明他的這些變態行爲，有「家學門風」影響的關係，高綽的行爲正是渤海高氏家族的普遍性變態心理特徵的突出表現。

陳寅恪氏在論述李唐皇朝所以崛興的原因時，曾指出：「李唐一族之所以崛興，蓋取塞外野蠻精悍之血，注入中原文化頹廢之軀，舊染既除，新機重啓，擴大恢張，遂能別創空前之世局。」〔註184〕顯然，胡漢民族融合推動了歷史的進步，大唐王朝之所以成爲中華文明發展史上的盛世時代，就得益於胡漢民族之間的相互取長補短。循此思路，我們可以反思歷史，就在數十年

〔註182〕《北齊書》卷一一《安德王（高）延宗傳》，第148頁。

〔註183〕《北齊書》卷一二《南陽王（高）綽傳》，第159～160頁。

〔註184〕陳寅恪撰：《李唐氏族之推測後記》，載《金明館叢稿二編》，第344頁，北京，三聯書店，2001。

前，同樣出自北方六鎮的渤海高氏，他們也同樣面臨著整合胡漢民族的契機，但是，作爲李唐皇朝先驅的他們，卻沒有能夠把握機遇，創造輝煌，而是像流星一樣劃過天空，只爲中國的歷史徒添了幾位「昏君暴主」。其中原因何在？或曰統治者的政策有誤，或曰歷史的時機尚未成熟……所有這些，都不無道理。我想，作爲歷史活動主體的人類，是否也可以作爲探討歷史成敗的切入點呢？渤海高氏能夠在紛亂擾攘的世道中脫穎而出，並迅速控制大半個北方中國，其最主要的因素當然離不開人；然而，渤海高氏在佔據極大優勢的情況下，又最終敗亡於偏據關中的北周，其最主要的原因是否也在於人呢？我認爲答案應該是肯定的，渤海高氏家族的精神氣質固然是成就其功業的一個重要原因，同樣，家族精神氣質中的缺陷，也是高氏不能進一步「別創空前之世局」的重要原因之一。

尒朱氏興衰的政治與文化考察

　　北魏末期的政治舞臺上出現了一個傳奇式的人物——尒朱榮。從北魏孝明帝正光（520～524）年間領兵征討開始，到 530 年被殺身亡，在短短十年時間中，尒朱榮先後經歷了殄葛榮、滅六鎮、平元顥、擁立孝莊帝、策動河陰之變等重大政治事件，並在此過程中形成了一個以尒朱氏家族爲核心的軍事集團。

　　從本質上講，尒朱氏集團與孝文帝改革所造就的洛陽漢化集團相對立，是北魏後期反漢化政治勢力的典型，具有保守、落後的歷史反動性。尒朱氏集團在歷史上存在的時間並不長，但他們的活動卻對北魏末期政壇，以及其後的北齊、北周政治格局都產生了巨大影響。基於此，對尒朱氏集團興起、發展、壯大、覆滅的歷史，及其所包含的政治文化意義加以研究，有助於我們深化對北魏後期出現的反漢化逆流問題的認識和理解。

一、從平城時代到洛陽時代的尒朱氏

　　尒朱榮能夠出現並活躍於北魏末年的政治舞臺，並非偶然，而是因爲尒朱氏與北魏皇室拓跋氏本來就有著極深的淵源。尒朱氏與拓跋鮮卑的淵源，最遲可以追溯到北魏的平城時代。尒朱榮及其先世事蹟，《魏書·尒朱榮傳》有載，略云：

> 　　尒朱榮，字天寶，北秀容人也。其先居於尒朱川，因爲氏焉。常領部落，世爲酋帥。高祖羽健，登國初爲領民酋長，率契胡武士千七百人從駕平晉陽，定中山。論功拜散騎常侍。以居秀容川，詔割方三百里封之，長爲世業。太祖初以南秀容川原沃衍，欲令居之。

羽健曰：「臣家世奉國，給侍左右。北秀容既在劃內，差近京師，豈以沃堉更遷遠地？」太祖許之。所居之處，曾有狗舐地，因而穿之，得甘泉焉，至今名狗舐泉。羽健，世祖時卒。曾祖鬱德，祖代勤，繼爲領民酋長。代勤，世祖敬哀皇后之舅。以外親兼數征伐有功，給復百年，除立義將軍。曾圍山而獵，部民射虎，誤中其髀，代勤仍令拔箭，竟不推問，曰：「此既過誤，何忍加罪？」部內聞之，咸感其意。高宗末，假寧南將軍，除肆州刺史。高祖賜爵梁郡公。以老致仕，歲賜帛百匹以爲常。年九十一，卒。賜帛五百匹、布二百匹，贈鎮南將軍、并州刺史，諡曰莊。孝莊初，榮有翼戴之勳，追贈太師、司徒公、錄尚書事。

　　父新興，太和中，繼爲酋長。家世豪擅，財貨豐贏。曾行馬羣，見一白蛇，頭有兩角，遊於馬前。新興異之，謂曰：「爾若有神，令我畜牧蕃息。」自是之後，日覺滋盛，牛羊駝馬，色別爲羣，谷量而已。朝廷每有征討，輒獻私馬，兼備資糧，助裨軍用。高祖嘉之，除右將軍、光祿大夫。及遷洛後，特聽冬朝京師，夏歸部落。每入朝，諸王公朝貴競以珍玩遺之，新興亦報以名馬。轉散騎常侍、平北將軍、秀容第一領民酋長。新興每春秋二時，恒與妻子閱畜牧於川澤，射獵自娛。肅宗世，以年老啓求傳爵於榮，朝廷許之。正光中卒，年七十四。贈散騎常侍、平北將軍、恒州刺史，諡曰簡。孝莊初，贈假黃鉞、侍中、太師、相國、西河郡王。〔註1〕

北秀容，即《魏書・地形志》所載之肆州秀容郡，地居塞上，即今山西西北部流經神池、五寨、保德三縣之朱家川，朱家川當時叫「尒朱川」，尒朱川之得名，大概就是尒朱氏祖先世代居住於此。秀容郡一直就是北方游牧民族部落的居住地，尒朱氏從漢魏之際即生活在這裏，並世代充當部落之「酋帥」。

　　有跡象表明，尒朱氏很有可能早在拓跋鮮卑還在稱「代」國的時候，就與拓跋鮮卑發生聯繫，因爲這一帶也是拓跋鮮卑早期的重要活動區之一。與拓跋鮮卑不同的是，尒朱氏的民族屬性爲羯族，歷史上通常稱爲「羯胡」或「契胡」，「羯胡」諸族在中國中古時代素以能征善戰著名。〔註2〕尒朱氏後來正是憑藉在沙場上的南征北戰，從而在拓跋鮮卑建立的北魏政治舞臺上立

〔註 1〕《魏書》卷七四《尒朱榮傳》，第 1643～1644 頁。
〔註 2〕前揭《北朝胡姓考》外篇第八《羯族諸姓》「尒朱氏」條，第 360～362 頁。

足，進一步印證了羯胡諸族之勇悍能戰。不過，尒朱氏與拓跋鮮卑的淵源關係，史籍有明確記載者，卻只能追溯到北魏平城時代，這大概因為，北魏有明確文字記載的歷史，也是從定都平城以後才開始的緣故。

眾所週知，北魏平城時代的基業由道武帝拓跋珪所開創，道武帝登國時期（386～395）在北魏歷史上具有重要意義。當時最重要的政治任務就是，通過戰爭對賀蘭、獨孤等部落進行強制性離散，而且也正是登國時期離散諸部的一系列行動，奠定了其後北魏的帝業。〔註3〕尒朱氏在道武帝離散部落的戰爭中，到底有什麼樣的作為，以史不足徵而不能確知，但可以肯定的是，尒朱榮的高祖尒朱羽健，曾在登國時期的軍事征戰中屢立功勳，並且憑藉這些軍功，為尒朱氏贏得獨霸秀容川的權利。

尒朱羽健最主要的軍功，是率部參加了道武帝拓跋珪平定晉陽、中山這兩次戰役。需知，晉陽、中山之役是拓跋珪正式定都平城之前的關鍵性戰役。這兩次關鍵之戰，尒朱羽健全部參與，並在事後論功行賞中，官拜散騎常侍。不過，這個職務對尒朱羽健來說，並沒有多麼重要，重要的是，他獲得了方圓三百里「長為世業」的秀容川，尒朱氏的政治根基由此奠定。

自從尒朱羽健率部隨從拓跋珪征戰以後，尒朱氏部落就開始成為拓跋鮮卑東征西討的一支勁旅，為拓跋鮮卑效命沙場。尒朱羽健死後，他的兒子尒朱鬱德、孫子尒朱代勤，相繼擔任秀容川的領民酋長，尒朱氏領軍征討的次數也更加頻繁，如尒朱代勤就曾「數征伐有功」。

除了軍事上的密切關係外，尒朱氏與拓跋鮮卑之間還有姻親關係，這就進一步強化了尒朱氏與拓跋氏的密切關係。徵諸史載，尒朱代勤為「世祖敬哀皇后之舅」，所云「世祖敬哀皇后」，即《魏書》卷一三《皇后列傳》所載之太武帝拓跋燾敬哀皇后賀氏。賀氏即賀蘭氏，恭宗拓跋晃的生母，賀氏死於神䴥元年（428），賀氏之死，有兩種可能，一種可能是根據北魏後宮「子貴母死」制度的規定，拓跋晃被立為太子，他的生母就必須賜死；第二種可能是，與太武帝拓跋燾繼續執行離散部落的政策有一定關係，因為直到這時賀

〔註3〕有關北魏「離散諸部」的問題，以田餘慶氏的研究最具代表性，氏著《北魏後宮子貴母死之制的形成和演變》、《賀蘭部落離散問題——北魏「離散部落」個案考察之一》、《獨孤部落離散問題——北魏「離散部落」個案考察之二》三篇論文，全面分析拓跋鮮卑離散部落及其建國的過程，對於我們重新認識北魏建國的歷史具有十分重要的參考價值。三文後均收入氏著《拓跋史探》，第9～91頁，北京，三聯書店，2003。

蘭氏的餘緒仍然讓拓跋鮮卑統治者心存疑懼。〔註4〕但無論是哪一種情況，尒朱氏與拓跋鮮卑之間的姻親關係都是不爭之事實。

如所週知，在剛剛開始邁向文明開化的部落時代，婚姻是聯絡兩個部落的重要紐帶之一，部落婚姻往往是政治性的婚姻。因此，尒朱代勤在太武帝拓跋燾時以軍功被封為立義將軍，同時獲得「給復百年」的特殊優待，雖然主要是依靠軍功，但與拓跋氏的姻親關係也應當起到一定作用。史實表明，尒朱代勤在北魏平城時代，頗受北魏統治者優待，曾被文成帝拓跋濬任命為假寧南將軍、肆州刺史，孝文帝時又賜爵為梁郡公，在退休以後，每年朝廷都要賞賜一百匹布帛。尒朱代勤死後，北魏朝廷除了賞賜布帛之外，還特別給他贈官「鎮南將軍、并州刺史」，贈諡為「莊」。

或問，死後贈官、贈諡，難道真有什麼意義嗎？答案是肯定的。對於死後贈官贈諡，我們一定不要等閒視之，這是一種極高的榮譽。尒朱氏勤死後獲贈，對於尒朱氏家族來說意義重大，它不僅進一步證明了尒朱氏在北魏平城時代所受到的重視，也表明尒朱氏家族在政治上的特殊地位。

尒朱榮的父親尒朱新興，也是我們必須關注的重要人物，平城時代末期的尒朱新興在政治上的表現，和他的前輩已經大為不同。經過尒朱羽健、鬱德、代勤三代人的經營之後，到尒朱新興接掌家門之際，尒朱氏已經積纍起雄厚的財富，即「太和中，繼為酋長。家世豪擅，財貨豐贏」。尒朱新興也是一位理財高手，在他的手中，尒朱氏的經濟實力更加壯大，「自是之後，日覺滋盛，牛羊駝馬，色別為群，谷量而已。」這就是說，到尒朱新興掌管家門的時候，尒朱氏所擁有的牛羊駝馬之多，只能憑顏色一群一群的加以區分，或者一個山谷一個山谷的計算。整個秀容川儼然成為尒朱氏的大牧場了。

日益壯大的經濟實力為尒朱新興提供了更多參與政治的機會，也為他開闢了一條不同於乃父乃祖的參政路徑。平城時代末期，也就是孝文帝南遷洛陽之前的太和前期，北魏最主要的軍事行動，仍然是在西、北兩個方向上對柔然等族的防禦與征戰。在對柔然的軍事戰爭中，尒朱新興並沒有直接率部落參戰，但他一直為朝廷的征戰提供物資支持，即「朝廷每有征討，輒獻私馬，兼備資糧，助裨軍用。」眾所週知，古代戰爭中的後勤供給工作極其重要，常常直接決定著軍事活動的成敗，所謂「兵馬未動，糧草先行」，說的就是後勤保障的重要性。因此，尒朱新興雖然沒有像他的先輩那樣直接參加征

〔註4〕前揭《拓跋史探》，第9～76頁。

戰，卻以其強大的經濟實力為北魏的軍事征討提供有力的後勤支持，在軍供方面做出了特殊貢獻，並因此受到孝文帝的嘉獎，被授予右將軍、光祿大夫之職。

北魏孝文帝元宏是一位勇於改革的傑出領袖，從太和九年（485）開始，孝文帝在祖母馮太后的支持下，先後在政治、經濟、文化等方面進行了一次自上而下的漢化改革。但由於北魏其時的首都平城（今山西大同）地處偏北，土地瘠薄、交通不便，又是拓跋鮮卑貴族的聚居之地，保守勢力很大，不利於漢化改革繼續進行。因此，孝文帝就在太和十七年（493）以南征為名，率軍遷至洛陽，並下令定都於此。並在此後陸續平定保守勢力的多次叛亂，將漢化政策推向深入。以孝文帝南遷洛陽為標誌，北魏的歷史也進入了新的時期——洛陽時代。

尒朱氏並沒有隨孝文帝南遷，而是繼續留居秀容川，並依然保持著原有的部落制生活方式。讓尒朱氏保持原樣留居故地，乃是孝文帝對尒朱氏的特殊優待，同時也可能是孝文帝對祖先遺制的繼承。何以言之？據史籍記載，太武帝拓跋燾統治時期，也曾試圖讓尒朱氏遷居南秀容川，據前揭史料云：「太祖初以南秀容川原沃衍，欲令居之。羽健曰：『臣家世奉國，給侍左右。北秀容既在劃內，差近京師，豈以沃塉更遷遠地？』」太武帝拓跋燾為什麼想讓尒朱氏離開北秀容故地？其中原因，大概是為了將離散部落的政策繼續下去，加速尒朱氏向編戶齊民轉化，以利於北魏政府的進一步控制。但是，拓跋燾的建議卻被尒朱羽健以「家世奉國，給侍左右。北秀容既在劃內，差近京師」為藉口，而婉言謝絕。最後，太武帝拓跋燾只能放棄原有打算，同意尒朱氏繼續留在北秀容。

我們注意到，孝文帝遷都洛陽後，不但沒有要求尒朱新興率領部落同時南遷，還特別准許他「冬朝京師，夏歸部落」，應該說這是絕無僅有的特別優待！之所以說這是一個特別待遇，乃是因為允許尒朱新興這麼做，明顯和孝文帝推行的漢化政策相衝突。於是，我們不禁要問，孝文帝為什麼不惜自違其漢化政策，給尒朱氏以這種特殊優待？其中原因，我認為可從如下幾個方面加以分析：

其一，尒朱氏抵制漢化的文化潛意識。從尒朱氏自身來說，由於長期留居於塞上偏僻之地，從而游離於社會文明進步的主流之外，他們不僅習慣於游牧射獵的生活方式，而且在骨子裏已經形成拒絕漢化的潛意識。諸多史實

均表明，尒朱氏對於這種逐水草而居的生活方式十分受用。如尒朱新興「每春秋二時，恒與妻子閱畜牧於川澤，射獵自娛」；尒朱榮也是「性好獵，不舍寒暑，至於列圍而進，必須齊一，雖遇阻險，不得回避」〔註5〕，這就是說，尒朱榮酷愛射獵，不分冬夏，打獵的時候，就是遇到多大的危險，也從不迴避。甚至後來，在尒朱榮掌控北魏朝政、領兵征戰的繁忙軍政活動期間，還經常「會軍士列圍大獵」，其迷戀於游牧射獵的文化心態一覽無遺。因此，對於像尒朱氏這樣一個從頭到腳都浸潤於胡風氏俗中的游牧部落，孝文帝在決策時，不可能對他們的文化心態毫不顧及。

其二，孝文帝的特別政治用意。孝文帝南遷洛陽以後，允許尒朱氏繼續留在秀容川，並讓他們保留固有的部落生活方式，也有特定的政治用意，這個政治用意就是，利用尒朱氏鎮防西北邊境。在整個平城時代，捍禦柔然一直是北魏王朝的一項重要軍事活動，尒朱氏世代生活的秀容川，則是征戰柔然的重要前線基地之一，尒朱羽健在太武帝拓跋燾建議他遷居南秀容時婉言謝絕，太武帝並未作進一步勉強，與此就大有關係。因為只要尒朱氏繼續留居秀容川，并州、肆州一帶的軍事防務就可以由他們來承擔。此外，尒朱新興為北魏的軍事征戰提供軍需保障，又使得秀容川作為後勤保障基地的功能充分顯現。

正是基於歷史與現實的雙重考慮，孝文帝南遷洛陽後，同意尒朱氏繼續留居秀容，並保留其原有的部落生活方式，就是要利用尒朱氏在這一地區的強大軍事實力，充分發揮其捍禦北部邊防的作用。從這個角度來看，我們甚至可以認為，在北魏南遷洛陽後，北邊防務除了陸續設立的北方六鎮外，最主要的承擔者應該就是秀容川的尒朱氏。對於這一點，還可以從後來六鎮起兵叛亂，尒朱氏成為壓平六鎮最主要軍事力量一事得到反證。

其三，尒朱氏部落根基深厚，不易解散。早在平城時代以前，北魏離散部落的工作就已經陸續展開，道武帝拓跋珪登國時期，拓跋部與慕容鮮卑結盟，主要目的就是為了離散賀蘭諸部。登國二年、三年、四年、六年賀蘭及其附屬高車諸部連續受到攻擊，都可視為拓跋鮮卑對賀蘭部的離散行動。〔註6〕賀蘭部而外，獨孤部也是北魏離散的重點，離散獨孤部幾乎與離散賀蘭部同時進行，都是在道武帝拓跋珪登國時期展開的。經過近百年的解散，絕大多數部

〔註 5〕《魏書》卷七四《尒朱榮傳》，第 1653 頁。
〔註 6〕前揭《拓跋史探》，第 62～76 頁。

落都被解散了，從而建立了拓跋帝國。〔註7〕從這個意義上說，拓跋帝國的建立過程，也就是離散諸部落的過程，在這個過程中，賀蘭、獨孤等強大部落基本上都被離散而成為編戶齊民。像尒朱氏這樣能夠完整保留下來的部落，只是其中的少數。

為何尒朱氏能夠保留部落制，並在後來得到進一步發展呢？其中原因在於，在道武帝強制推行離散部落時，尒朱氏不如賀蘭、獨孤等部落那樣強大，與拓跋鮮卑的關係也不如他們那樣緊密，因此不會成為拓跋珪建立帝國的阻礙，從而非常「幸運」地保留了下來。但是隨著獨孤、賀蘭等部落被解散，保持部落制的尒朱氏得以一枝獨秀，並終於在孝文帝南遷以後，發展成為足以抗衡洛陽漢化政權的軍事力量。如果在這個時候，再對它強行離散，則很有可能造成部落的暴動，從而直接影響到六鎮，不利於政局的穩定。所以，孝文帝南遷洛陽，尒朱氏得以再一次留居原地。

其四，地位位置的關係。從地理位置上來說，秀容川大致相當於今天的山西西北部雲中山、句注山迤西，桑乾河、汾河上游和黃河東岸一帶。這個地區與北魏新的政治中心洛陽之間，相對更加遠離，對於孝文帝所推行的漢化政策的負面影響，要比平城時代小得多，所以孝文帝也就沒有必要採取強制性措施迫使其解散部落。

不論出於何種考慮，孝文帝漢化改革時沒有強制尒朱氏一同南遷，而同意其留居原地，就使得秀容川成為孝文帝推行漢化改革中的一個「特區」。由於遠離政治中心，新都洛陽所發生的一切激烈爭鬥，基本上沒有給偏居西北的尒朱氏造成任何負面影響，尒朱氏反而獲得了一個更加順暢的發展環境，秀容川成為尒朱氏不斷壯大勢力的樂土。

但是，遠離政治中心並不意味著尒朱氏對北魏政治就漠不關心。如，尒朱新興總是利用朝見的時候，結交洛陽的王公大臣，因此，尒朱新興與洛陽政壇的關係還是較為密切，並未因偏居僻處而疏離政治，這也正是他在生前能夠遷轉、死後獲得贈官贈諡的重要原因。還有史實表明，尒朱新興對繼承人尒朱榮在政治上寄予厚望，經常對他勛勉有加，希望他將來能夠官至「公輔」〔註8〕。

〔註7〕前揭《拓跋史探》，第77～91頁。

〔註8〕據《魏書》卷七四《尒朱榮傳》載：「秀容界有池三所，在高山之上，清深不測，相傳曰祁連池，魏言天池也。父新興，曾與榮遊池上，忽聞簫鼓之音。

　　總之，孝文帝南遷洛陽之際，對尒朱氏所採取的特殊政策，使得尒朱氏依然保持著部落制，和其它接受漢化改革洗禮的胡族相比，尒朱氏沒能做到「與時俱進」，與北魏漢化政治中心日漸疏遠，幾乎成為北魏政治的「邊緣人」，但這卻使得尒朱氏保持了驚人的軍事潛力，埋下了日後尒朱氏在北魏政壇呼風喚雨的伏筆。

二、魏末政治變動與尒朱氏之興起

　　尒朱氏在北魏末年的興起，與尒朱榮富有軍事指揮才能有直接關係，與北魏末年的社會政治變動有著更大的關係。

　　尒朱榮的軍事指揮才能幾乎是與生俱來，他在日常性的射獵活動中已然表現出良好的軍事素質。據《魏書》本傳記載，尒朱榮長大以後，「好射獵，每設圍誓眾，便為軍陳之法，號令嚴肅，眾莫敢犯。」孝明帝元詡正光（520～524）年間，尒朱榮繼承父親尒朱新興的爵位，來到京師洛陽，被任命為「直寢、游擊將軍」。儘管在洛陽任職的時間並不是很長，但為尒朱榮瞭解北魏末期的宮廷政治狀況卻很有幫助。這是因為，包括直後、直齋、直寢、直閣在內的「直衛諸職」，乃是北魏後期君主最親近的禁衛武官，承擔近侍君主、守衛宮廷等護衛工作，地位十分重要。〔註9〕不過，尒朱榮在政治、軍事上進一步崛起，並最終形成強大軍事政治集團，卻是在隨後的一系列征戰中實現。特別是「六鎮之亂」的發生，為尒朱榮施展軍事才能提供了平臺。

　　孝明帝正光年間，胡太后總持朝政，四方兵起，天下大亂。面對動盪的局勢，尒朱榮憑藉雄厚的財富投身軍事征戰，他自己出資組建了一支隊伍，史言「正光中，四方兵起，（尒朱榮）遂散畜牧，招合義勇，給其衣馬。」〔註10〕尒朱榮所參與的第一次較大規模作戰，是跟隨李崇北征柔然，當時柔然可汗阿那瑰侵掠北邊，尒朱榮以假節、冠軍將軍、別將的身份率部從征，此役尒朱榮率部屬四千奮勇出擊，一直追至大漠，軍事才能初露崢嶸。在隨後的軍事征戰中，尒朱榮先後壓平乞扶莫于（秀容郡）、萬子乞真（南秀容）、劉阿如（汾肆）、敕勒北列步若（沃陽）、敕勒斛律洛陽（桑乾河西）等人的叛亂活動。〔註11〕

　　　新興謂榮曰：『古老相傳，凡聞此聲皆至公輔。吾今年已衰暮，當為汝耳。汝
　　　其勉之。』」（第 1644 頁）
〔註 9〕詳參前揭《魏晉南北朝禁衛武官制度研究》（下），第 788～800 頁。
〔註10〕《魏書》卷七四《尒朱榮傳》，第 1644 頁。
〔註11〕以上俱見《魏書》卷七四《尒朱榮傳》，尒朱榮所壓平的每個人物，後面括號

正是憑藉這些軍功，尒朱榮官拜武衛將軍，不久加使持節、安北將軍、都督恒朔討虜諸軍，進封博陵郡公，成爲北魏末期政治舞臺新興的重要人物，初步奠定尒朱榮在北魏政治軍事舞臺上的地位。

不過，尒朱榮在軍事政治舞臺上達到鼎盛，還是到壓平「六鎮之亂」以後。北魏初年，爲防禦柔然侵襲，拱衛京師平城，緣北邊自西而東設置了沃野（今内蒙古澄口縣東北）、懷朔（今内蒙古包頭市西北）、武川（今内蒙古武川縣西南）、撫冥（今河北省張北縣西）、柔玄（今河北省張北縣）、懷荒（今河北省張北縣東北）六鎮。六鎮將兵本爲拓跋貴族或其部民，身份極爲高貴，任務主要是防邊。然而，自孝文帝遷都洛陽推行漢化政策以後，留在六鎮的貴族兵，地位大爲降低，甚或與發配到北邊當兵的中原罪犯地位同等。523 年，匈奴人破六韓拔陵帶領兵士殺死鎮將，在沃野鎮率先起事，其它五個鎮紛起響應，是爲「六鎮之亂」。

在相當長一段時間裏，大陸學界多將「六鎮之亂」視爲「農民起義」，如今這個觀點已成無稽之談。就本質來說，「六鎮之亂」的領導者和參與者，都是和孝文帝洛陽漢化集團相對立的胡化勢力，他們極端仇視漢化，因此具有歷史反動性，從文化層面上講，它們所要反對的是孝文帝的漢化政策。我們這裏不擬討論「六鎮之亂」的性質，只是想指出，隨著「六鎮之亂」愈演愈烈，「六鎮之亂」已經引起全國性動亂，並從根本上動搖了北魏王朝的統治，洛陽朝廷已無力應對日益壯大的反政府勢力。尒朱榮正是在此情形下臨危受命，前往征討六鎮。在鎮壓六鎮的過程中，尒朱榮的勢力進一步壯大，並逐漸與六鎮官兵結合起來，許多六鎮將領轉而投靠尒朱氏，從而形成以尒朱榮爲領導、以尒朱氏家族爲核心、以六鎮將領爲骨幹、以六鎮兵爲主要武力的軍事政治集團——尒朱氏集團。

尒朱氏集團能夠在北魏末年一步步發展壯大，其憑藉主要有三點，一是有穩固的根據地，秀容川經過尒朱氏的幾代經營，已經成爲其家族的絕對控制區，這就爲他們外出征戰提供了堅強保障和可資依憑的大後方；二是尒朱氏家族人物眾多，他們在北魏末期的政治舞臺上已經積聚起一定的實力；三是與六鎮兵將的結緣。以下對此三點略加闡述。

首先，來看第一點。經過幾代人的經營之後，秀容川已經成爲尒朱氏的

___

內均爲地名，爲其人作亂之地點。「敕勒北列步若」、「敕勒斛律洛陽」二人前面之「敕勒」，指的是他們所屬民族爲「敕勒」。

政治老巢，這是尒朱氏參與政治的根本保障。在行政隸屬關係上，秀容地屬肆州，但在地理構成上，卻是并、肆二州之間的屏蔽，秀容川因此成爲爭奪、經營并肆地區所必須控制的關鍵性區域。〔註12〕尒朱榮要從根本上確保秀容川的安全，就必須進一步控制并、肆地區，將其經營爲自己的勢力範圍。

從北魏朝廷方面來說，一方面雖然不得不借助尒朱氏的力量以壓平動亂，但同時又不願意并肆地區從此成爲尒朱氏的一統天下。據記載，當尒朱榮率部到達肆州的時候，「（肆州）刺史尉慶賓畏惡之，閉城不納。榮怒，攻拔之，乃署其從叔羽生爲刺史，執慶賓於秀容。自是榮兵威漸盛，朝廷亦不能罪責也。」〔註13〕此事值得深思，肆州刺史尉慶賓爲何拒絕尒朱榮入城？我認爲，尉慶賓此舉應當是奉朝廷旨意行事，正反映了北魏朝廷不希望尒朱氏在肆州地區進一步發展的心態。對於尉慶賓拒絕自己入城一事的隱情，尒朱榮自然心知肚明，所以，他不惜冒著與朝廷決裂的危險，一舉攻克肆州，並任命從叔尒朱羽生爲刺史，將肆州控制在自己手中。「自是榮兵威漸盛，朝廷亦不能罪責也」一句，反映的正是尒朱榮控制肆州以後與朝廷的關係，這意味著尒朱榮勢力集團的真正形成就是在控制肆州之後，以此爲始，北魏朝廷對尒朱氏只能求助或仰仗，而不能有任何指責。控制肆州不久，并州也落入尒朱榮之手，這樣一來，以秀容川爲中心的并肆地區就成爲尒朱氏集團東征西討的根據地。

并、肆二州相比較，尤其以肆州最爲尒朱氏之政治根本，史言尒朱榮「既據并肆，仍以（尒朱）天光爲都將，總統肆州兵馬。肅宗崩，榮向京師，以天光攝行肆州，委以後事。建義初，特除撫軍將軍、肆州刺史、長安縣開國公，食邑一千戶。榮將討葛榮，留天光在州，鎮其根本。謂之曰：『我身不得至處，非汝無以稱我心。』」〔註14〕由此可見，肆州乃是尒朱榮心目中的「根本」，故正常情況下，肆州軍政事務一概由其本人處置，一旦外出征討，他總是要留下關係最爲親密、也最有能力的侄子尒朱天光代理肆州事務。〔註15〕

〔註12〕 并、肆一帶的地理構成，以及秀容川在地緣構成中的特殊位置，可參前揭《中國歷史地圖集》第四冊，「并、肆、恒、朔等州」，第52頁。

〔註13〕 《魏書》卷七四《尒朱榮傳》，第1645頁。

〔註14〕 《魏書》卷七五《尒朱天光傳》，第1673頁。

〔註15〕 據《魏書》卷七五《尒朱天光傳》：「榮從祖兄子。少勇決，善弓馬，榮親愛之，每有軍戎事要，常預謀策。」（第1673頁）可見，尒朱天光乃是尒朱榮最爲信重的族人，綜合考察尒朱天光本傳可知，他也是尒朱氏家族中軍事才能突出、政治素質較高的傑出人物。

如上引史料所載，尒朱榮領兵到河北征討葛榮的時候，肆州的鎮守任務，就交給了尒朱天光。

作爲尒朱氏的發跡之地，秀容川則爲其最後之老巢，特別是并州、肆州失守的情況下，這裏就成爲尒朱氏負隅頑抗的最後一窟。對此，我這裏可舉二例略加以說明。

事例一：503年九月，尒朱榮在入朝的時候，被孝莊帝元子攸刺殺。得知尒朱榮被殺的消息，其侄尒朱兆即刻率部進攻洛陽，以爲尒朱榮報仇。然而，就在尒朱兆行將攻克洛陽之時，卻突然撤兵。尒朱兆此舉何爲？原因就在於秀容川出現了緊急情況。原來，孝莊帝在謀劃刺殺尒朱榮之前，就已經「密敕」紇豆陵步藩等人做好襲擊秀容川的準備。〔註16〕就在尒朱兆進攻洛陽的時候，紇豆陵步藩也對晉陽展開攻勢，並做出攻擊秀容川的態勢，這就迫使尒朱兆不得不放棄進攻洛陽的計劃，轉而回師抵禦紇豆陵步藩對秀容川的攻擊行動。〔註17〕

孝莊帝在誅殺尒朱榮的同時，遣軍襲擊秀容，目的就是爲了從根本上摧毀尒朱氏的戰略基地，尒朱兆不敢繼續進攻洛陽而回師防禦，則是爲了確保秀容這一戰略基地的安全。秀容川對尒朱氏之重要性無與倫比，此爲強證之一。

事例二：531年七月，高歡北伐尒朱兆，「尒朱兆大掠晉陽，北保秀容……尒朱兆既至秀容，分兵守險，出入寇抄。」〔註18〕此時尒朱兆，實爲負隅頑抗之敗軍殘將，卻讓兵強馬壯之高歡一時難以措手。直到次年正月，高歡始利用尒朱兆歲首宴會、防守懈怠之機，派遣竇泰偷襲，攻破秀容川，消滅尒朱氏。〔註19〕尒朱兆能夠以敗軍之師抗衡高歡半年之久，也表明秀容川乃是

〔註16〕《北齊書》卷一《神武紀上》：「初，孝莊之誅尒朱榮，知其黨必有逆謀，乃密敕（紇豆陵）步藩令襲其後。」（第4頁）
〔註17〕《魏書》卷七五《尒朱兆傳》：「初，（尒朱）榮既死，莊帝詔河西人紇豆陵步蕃等令襲秀容。兆入洛後，步蕃兵勢甚盛，南逼晉陽，兆所以不暇留洛，回師禦之。」（第1663頁）
〔註18〕《北齊書》卷一《神武紀上》，第9頁。
〔註19〕據《北齊書》卷一《神武紀上》載，普泰元年（531）七月，尒朱兆大掠晉陽，北保秀容，分兵守險，出入寇抄，「神武揚聲討之，師出止者數四，兆意怠。神武揣其歲首當宴會，遣竇泰以精騎馳之，一日一夜行三百里，神武以大軍繼之。二年正月，竇泰奄至尒朱兆庭。軍人因宴休惰，忽見泰軍，驚走，追破之於赤洪嶺。兆自縊，神武親臨厚葬之。」（第9頁）

尒朱氏經營數世的根本，很不容易摧毀。

接下來，讓我們看第二點。尒朱氏能夠在北魏末年政治舞臺領一時之風騷，與其家族一時人物鼎盛也有關係。如前所言，尒朱榮的父親尒朱新興雖然偏居秀容川，但仍與洛陽政壇往來密切，並以雄厚的財力爲尒朱氏參政鋪開了一條坦途。僅據《魏書》尒朱氏列傳所載，在尒朱榮領兵進入洛陽之前，已經有相當數量的尒朱氏家族人物任職於北魏朝廷，分別爲尒朱榮（直寢、游擊將軍）、尒朱菩提（尒朱榮子，羽林監→直閤將軍）、尒朱兆（平遠將軍、步兵校尉）、尒朱侯眞（孝文帝時，并、安二州刺史，始昌侯）、尒朱買珍（宣武帝朝，武衛將軍→華州刺史）、尒朱彥伯（奉朝請→奉車都尉）、尒朱世隆（孝明帝時，直齋→直寢→直閤，加前將軍）。由此可見，尒朱榮後來能夠在魏末政治舞臺叱吒風雲，並非萍飄藻寄、浮水無根，而是源遠流長、其來有自，因爲早在孝文帝南遷洛陽之時，尒朱氏就已經有人在朝廷任職，特別是其中有些還是近侍皇帝的禁衛武官；及至魏孝明帝時，尒朱氏已經積聚起一定的政治實力。因此，到尒朱榮入洛成爲北魏朝廷的擎天之柱以後，尒朱氏之勢力遂臻於一時之盛。

最後，來看第三點。尒朱榮奉命征討六鎭，從另一個角度來說，也是爲他提供了接近六鎭的機會，徵諸史載，尒朱榮勢力空前膨脹並形成軍事政治集團，是在征討六鎭的過程中收降大批六鎭將領之後。尒朱氏集團中的骨幹分子，絕大部分出自北方六鎭，或本來就是六鎭叛亂將帥。茲據《魏書》、《北齊書》、《周書》等所載，將尒朱氏集團骨幹分子，粗略統計如下：

> 叱列延慶、賈顯度、樊子鵠、賀拔勝、賀拔岳、賀拔允、侯莫
> 陳悅、侯淵（《魏書》卷八〇），侯景（《梁書》卷五六），高歡（《北
> 齊書》卷一），竇泰、尉景、厙狄干、潘相樂（《北齊書》卷一五），
> 段榮（《北齊書》卷一六），斛律金（《北齊書》卷一七），孫騰、司
> 馬子如（《北齊書》卷一八），蔡俊、韓賢、劉貴、任敬延（《北齊書》
> 卷一九），張瓊、斛律羌舉、慕容紹宗、步大汗薩（《北齊書》卷二
> 〇），王基（《北齊書》卷二五《王紘附父基傳》），万俟普、万俟洛、
> 可朱渾元、破六韓孔雀（《北齊書》卷二七），宇文泰（《周書》卷一），
> 宇文導（《周書》卷一〇），寇洛、于謹（《周書》卷一五），趙貴、
> 獨孤信、侯莫陳崇（《周書》卷一六），梁禦、若干惠、怡峰、劉亮、
> 王德（《周書》卷一七），達奚武、侯莫陳順、豆盧寧、宇文貴、楊

忠（《周書》卷一九），王盟（《周書》卷二○），韓果、厙狄昌、田
弘、梁椿（《周書》卷二七），王勇、宇文虬、耿豪（《周書》卷二九），
竇熾（《周書》卷三○）。

上述 57 人，均為後來西魏北周或東魏北齊創基的主要軍事將領，其中包括高
歡、宇文泰這兩位東、西政權的締造者。他們本皆出身北方六鎮，或原屬破
六韓拔陵、杜洛周、葛榮等六鎮叛亂勢力的將領，他們都是在與尒朱榮作戰
的過程中或尒朱榮「舉義旗」的時候，投身尒朱氏麾下。

因此，尒朱榮的勢力能夠在極短時間內空前發展，成為魏末最強大之軍
事政治集團，與他拉攏、收容六鎮反叛勢力實有直接關係。陳寅恪氏在論述
六鎮起兵的問題時就曾指出：「六鎮兵經過三次轉手。第一次由破六韓拔陵轉
到葛榮手上，葛宋賴之以繼續與洛陽統治者作鬥爭。第二次從葛榮轉到葛榮
的鎮壓者尒朱榮手上，尒朱榮欲倚之以壯大自己的勢力。第三次從尒朱氏手
上轉到高歡手上，高氏賴之以建立東魏與北齊……自殺朝士，禽葛榮，尒朱
氏的勢力不可一世。但是後來卻敗在高歡手上。這是什麼原因呢？最重要的
原因是尒朱榮所得六鎮軍人又轉入了高歡之手。」〔註 20〕可見，正是在打垮
葛榮、收編其六鎮數十萬軍人之後，尒朱榮的勢力始盛極一時。

三、尒朱氏由盛轉衰之原因

在經過「河陰之變」殺戮朝士及攻破葛榮之後，尒朱榮的軍事實力臻於
鼎盛，終於成為北魏末期最為強大的軍事政治集團。但是，尒朱氏集團的強
盛局面並沒有能夠維持多長時間，隨著尒朱榮被孝莊帝元子攸刺殺，尒朱氏
集團迅速由盛而衰，尒朱氏集團由崛起到興盛，再到滅亡，前後只有短短十
餘年。

對於尒朱氏集團迅速由盛轉衰原因的分析，前揭陳寅恪氏認為，「最重要
的原因是尒朱氏所得六鎮軍人又轉入了高歡之手」〔註 21〕。眾所週知，包括
高歡在內的高氏集團骨幹人物也都是鮮卑化極深的六鎮軍人，在氣質上與尒
朱榮實屬同類，為什麼六鎮軍人在高歡的手中能夠成為其創業之資本，尒朱
氏卻未能長久控制以為己用呢？換言之，六鎮軍人何以很快轉入到高歡手

〔註20〕前揭《陳寅恪魏晉南北朝史講演錄》第十七篇《六鎮問題（附魏齊之兵）》，
　　　　第 281～283 頁。
〔註21〕前揭《陳寅恪魏晉南北朝史講演錄》第十七篇《六鎮問題（附魏齊之兵）》，
　　　　第 283 頁。

上？因此，尒朱氏由盛轉衰的原因，仍值得我們進一步深思。

尒朱氏集團迅速衰敗的原因，竊意可概括爲如下四個方面。

其一，尒朱氏集團出現了內訌。無數史實表明，一個民族、一個國家、一個政權或一個集團，其最致命的威脅往往不是外敵的入侵，而是來自內部的分裂或矛盾。尒朱氏集團迅速由盛轉衰，關鍵在於內部出現了問題，是由於尒朱氏集團領導核心並不團結。在尒朱榮軍事政治集團中，尒朱榮的軍事才能和政治智慧相對較高，因此當他作爲集團的領導核心時，還能夠有效駕馭其軍事政治集團的運轉，對於集團內部出現與潛在的分裂傾向或離心因素，基本上還能控制得住。但是，隨著尒朱榮被殺，尒朱氏集團內部潛在的權力爭奪及離心傾向就開始浮出水面，特別是領導層的權力爭奪愈演愈烈，甚至於尒朱氏家族內部也出現了尒朱兆、尒朱天光、尒朱仲遠、尒朱度律等人之間的爭鬥。

例如，尒朱氏集團的骨幹成員之一、東魏北齊的開創者高歡，在投靠尒朱榮之前曾先後追隨過杜洛周、葛榮。尒朱榮對高歡的才能頗爲欣賞，曾多次對別人說，只有高歡具備取代自己主持軍事事務的能力。至於尒朱兆，尒朱榮並未因爲彼此之間的血親關係，而刻意抬高或誇飾其才具，尒朱榮曾毫不客氣地指出，尒朱兆絕非高歡的敵手，終當被其「穿鼻」〔註 22〕。所以，尒朱榮在世的時候，還能夠效駕馭高歡等人，及尒朱榮一死，高歡很快就以討伐尒朱氏爲號召而另「舉義旗」。不過，更致命的威脅還是尒朱氏家族的內耗，例如尒朱度律、尒朱世隆、尒朱仲遠就曾因爲擁立問題而發生爭執。尒朱度律等人擁立長廣王元曄爲帝，尒朱世隆卻極力反對，並因此「甚恨之」。後來，尒朱世隆、尒朱仲遠又準備立元恭爲帝（按，元恭即前廢帝），但尒朱度律卻主張立元寶矩爲帝（按，元寶矩即後來的西魏文帝），尒朱氏家族內部的矛盾，由此進一步加深。〔註 23〕

〔註 22〕據《北齊書》卷一《神武紀上》載：孝昌元年，高歡轉投尒朱榮不久，即受其重用，並成爲親信，「常在榮帳內」。尒朱榮曾經問左右侍從，云「一日無我，誰可主軍？」眾皆曰尒朱兆。榮答曰：「此正可統三千騎以還，堪代我主眾者唯賀六渾耳。」因而告誡尒朱兆，云：「爾非其匹，終當爲其穿鼻。」按，據本紀，高歡，字賀六渾。（第1～4頁）

〔註 23〕《魏書》卷七五《尒朱彥伯傳》：「尒朱彥伯，榮從弟也……元曄立，以爲侍中，前廢帝潛默龍花佛寺，彥伯敦喻往來，尤有勤款。廢帝既立，尒朱兆以己不預謀，大爲忿恚，將攻（尒朱）世隆。詔令華山王（元）鷟兼尚書僕射、北道大使慰喻兆，兆猶不釋。世隆復遣彥伯自往喻之，兆乃止……天光等敗

　　尒朱氏家族內爭，嚴重削弱了尒朱氏集團對外作戰的力量。尒朱氏家族的內耗，集中在廣阿之戰和韓陵之戰。公元 531 年十月，高歡攻克殷州〔註24〕以後，尒朱兆和尒朱仲遠、尒朱度律約定共同出兵討伐高歡。仲遠、度律屯軍陽平（治館陶，今河北館陶）、尒朱兆兵出進陘，進駐廣阿（在今河北隆堯縣東），三方合軍，有眾十萬，「廣阿之戰」正式開始。此役高歡使用反間計，說尒朱世隆準備謀害尒朱兆，還說尒朱當和自己早有暗中約定，要共同對付尒朱仲遠云云。尒朱氏兄弟遂相互猜疑，終於因此敗亡。據諸史載：

> 齊獻武王之克殷州也，兆與仲遠、度律約共討之。仲遠、度律次於陽平，兆出井陘，屯於廣阿，眾號十萬。王廣縱反間，或云世隆兄弟謀欲害兆，復言兆與王同圖仲遠等，於是兩不相信，各致猜疑，徘徊不進。仲遠等頻使斛斯椿、賀拔勝往喻之，兆輕騎三百來就仲遠，同坐幕下。兆性粗獷，意色不平，手舞馬鞭，長嘯凝望，深疑仲遠等有變，遂趨出馳還。仲遠遣椿、騰等追而曉譬，兆遂拘縛將還，經日放遣。仲遠等於是奔退。王乃進擊兆，兆軍大敗。
>
> 兆與仲遠、度律遂相疑阻，久而不和。〔註25〕

尒朱氏家族內部分歧和爭鬥，在廣阿之戰公開顯露，魏收所說「廣阿之役，

於韓陵，彥伯欲領兵屯河橋以為聲勢，世隆不從。」（第1665頁）同傳附《弟仲遠傳》：「後移屯東郡，率眾與度律等拒齊獻武王（按，即高歡）。尒朱兆領騎數千自晉陽來會，軍次陽平，王縱以間說，仲遠等迭相猜疑，狼狽遁走。」（第1667頁）同傳附《弟世隆傳》：「及至長子，與（尒朱）度律等共推長廣王曄為主……先赴京師，會（尒朱）兆於河陽。兆既平京邑，自以為功，讓世隆曰：『叔父在朝多時，耳目應廣，如何不知不聞，令天柱（按，即尒朱榮，尒朱榮曾被封為天柱大將軍，故以天柱呼之。）受禍！』按劍瞋目，聲色甚厲。世隆遜辭拜謝，然後得已。世隆深恨之。時仲遠亦自滑臺入京，世隆與兄弟密謀，以元曄疏遠，欲推立前廢帝。而尒朱度律意在寶炬，乃曰：『廣陵不言，何以主天下？』世隆兄彥伯密相敦喻，乃與度律同往龍花佛寺觀之，後知能語，遂行廢立。」（第1668～1669頁）由此可見，尒朱氏內部之紛爭不僅由來已久，而且矛盾重重、錯綜複雜，這種來自內部全方位、無休止的內耗大大消弱了尒朱氏家族及其軍事集團的戰鬥力。

〔註24〕據《魏書》卷一〇六上《地形志上》：殷州，北魏孝明帝元翊孝昌二年（526）分定、相二州置，治廣阿（在今河北隆堯縣東），領趙郡（治平棘，今河北趙州）、鉅鹿（治曲陽，在今河北晉縣西）、南趙郡（治廣阿）三郡，轄十五縣，其中趙郡領平棘、房子、元氏、高邑、樂城五縣；鉅鹿領廮陶、宋子、西經、廮遙四縣；南趙郡領平鄉、南樂、鉅鹿、栢人、廣阿、中丘六縣。（第 2470～2472 頁）

〔註25〕《魏書》卷七五《尒朱兆傳》，第1664頁。

葉落冰離」，所謂如此。及至韓陵之戰發生以後，尒朱氏土崩瓦解之趨勢，便不可避免了。公元 532 年三月，高歡攻克相州，尒朱兆、尒朱天光、尒朱仲遠、尒朱度律再度聯兵進討，雙方在韓陵（在今河南安陽東北，漳河南岸一帶）〔註26〕擺陣決戰，史云：

> 於是尒朱兆及天光、仲遠、度律等眾十餘萬，陣於韓陵。兆率鐵騎陷陣，出齊神武之後，將乘其背而擊之。度律惡兆之驕悍，懼其陵己，勒兵不肯進。（賀拔）勝以其攜貳，遂率麾下降于齊神武。度律軍以此先退，遂大敗。〔註27〕

不難想像，就在尒朱兆率軍與高歡厮殺的時候，尒朱度律卻出於擔心尒朱兆戰後陵駕於自己之上，從而按兵不動，結果不僅貽誤了取勝的戰機，還造成賀拔勝臨陣降敵。這樣，怎麼可能不敗？廣阿之役，表明尒朱氏內部矛盾開始公開化；韓陵之役及其失利，不僅加劇了尒朱氏內部矛盾的進一步激化，還直接造成尒朱氏精華損失殆盡，尒朱氏集團一蹶不振，正是從此開始。追究這兩次戰役失敗的原因，歸根結底都在於尒朱氏家族內部不團結。

　　對於尒朱氏內部不團結所造成的嚴重後果，《魏書》的作者魏收早已有清醒認識，他明確指出：尒朱兆控制晉陽，尒朱天光佔據隴右，尒朱仲遠鎮守洛陽東南一帶，尒朱世隆居中把持朝政，北魏的的內外政局全部掌握在尒朱氏的手中，他們廢立君主就像下棋一樣容易。如果尒朱氏兄弟能夠「脣齒相依，同心協力」，那麼，他們的統治肯定是「磐石之固」，其它人絕對沒有圖謀的機會。〔註28〕但是，尒朱兆和尒朱仲遠、尒朱度律不僅不能「布德行義，憂公忘私」，且彼此之間「遂相疑阻，久而不和」〔註29〕，這種來自家族內部

〔註26〕據《資治通鑒》卷一五五梁武帝中大通四年（532）三朋壬戌條胡注：「《五代志》：鄴縣有韓陵山。杜佑曰：在相州安陽縣東北。」（第4819頁）參諸《中國歷史地圖集》第四冊《相冀幽平等州》，韓陵山大致在今河南安陽東北，漳河南岸一帶。（第50～51頁）

〔註27〕《周書》卷一四《賀拔勝傳》，第218頁。

〔註28〕《魏書》卷七五《史臣曰》：「尒朱兆之在晉陽，天光之據隴右，仲遠鎮捍東南，世隆專秉朝政，于時立君廢主易於弈棊，慶賞威刑咸出於己。若使布德行義，憂公忘私，脣齒相依，同心協力，則磐石之固，未可圖也。然是庸才，志識無遠，所爭唯權勢，所好惟財色，譬諸溪壑，有甚豺狼，天下失望，人懷怨憤，遂令勁敵得容覘間，心腹內阻，形影外合。是以廣阿之役，葉落冰離；韓陵之戰，土崩瓦解。一旦殄滅，豈不哀哉！《傳》稱『師克在和』，《詩》云『貪人敗類』，貪而不和，難以濟矣。」（第1677頁）

〔註29〕《魏書》卷七五《尒朱兆傳》，第1664頁。

的消耗，乃是造成尒朱氏集團迅速衰敗的關鍵性原因。

其二，尒朱氏集團整體政治素質較低。尒朱氏集團是一個主要靠武力攻討起家的軍政集團，其領導層的整體政治素質不高，特別是集團的核心領導層——尒朱氏家族人物的政治素質較低，也是尒朱氏集團迅速衰敗的重要原因。

眾所週知，在傳統政治文化背景下，一個政治軍事集團的盛衰強弱，一般來說主要取決於這個集團領導層的素質。尒朱氏集團是一個建立在部落制基礎之上、封閉性很強的武力集團，其領導層基本上出自胡化色彩濃厚的尒朱部落，或與其鄰近的鮮卑化六鎮軍將。這樣的武力集團，單純的軍事戰鬥力可能很強，他們在攻城掠地的野戰中可能所向無前，一旦局勢穩定、安邦治國，它缺乏治國良策的先天不足，很快就顯現出來了。所以，尒朱氏集團領導層的政治智慧，並不足以領導這個集團有更大發展，因爲處於最核心部分的尒朱氏人物，絕大多數都是有野戰之力而無經邦之才的武夫。

在尒朱氏集團中，除尒朱榮以外，尒朱兆、尒朱天光、尒朱世隆三人的政治素質還算相對較高。但是，尒朱榮還是認爲他們不足以繼承大業。如尒朱兆，「果於戰鬥，每有征伐，常居鋒首，當時諸將伏其材力。而粗鄙少智，無將領之能。（尒朱）榮雖奇其膽決，然每云『兆不過將三千騎，多則亂矣。』」〔註30〕尒朱兆爲尒朱榮子侄一輩中的佼佼者，但是他在尒朱榮的眼中，也不過只是一個頂多只能統率三千騎兵的武夫，如果給他再多一點軍隊，那就肯定指揮混亂，也就是說尒朱兆並沒有總攬全局的統帥之才。至於尒朱仲遠、尒朱度律等人，就更加是「恃強」、「愚戇」之徒〔註31〕，以今言況之，就是一群頭腦簡單、恃強凌弱的暴徒。

眾所週知，魏收在撰寫《魏書》的時候，曾經接受過尒朱榮之子的賄賂，因此不排除他在寫作時，對尒朱氏人物有故意美化的可能。〔註32〕不過，就

〔註30〕《魏書》卷七五《尒朱兆傳》，第1664頁。

〔註31〕據《魏書》卷七五《尒朱彥伯附弟世隆傳》：「及齊獻武王起義兵，仲遠、度律等愚戇，恃強不以爲慮，而世隆獨深憂恐。」（第1670頁）

〔註32〕據《北齊書》卷三七《魏收傳》：「尒朱榮於魏爲賊，收以高氏出自尒朱，且納榮子金，故減其惡而增其善，論云：『若修德義之風，則韋、彭、伊、霍夫何足數。』」（第488頁）關於魏收納尒朱氏賄賂而爲其隱惡增善之事，學界多不否認有此可能，如前揭姚薇元氏就明確指出：《尒朱榮傳》卻未明言榮爲契胡。惟既云其先世爲部落酋帥，又云所領爲契胡，則榮之本身爲契胡，自在言外。《魏書》本多曲筆，伯起（按，魏收字伯起）以高齊出自尒朱，且

《魏書》所記載的內容來看，魏收對尒朱氏家族人物的評價，還是基本符合史實，例如他評價尒朱兆、尒朱彥伯、尒朱度律、尒朱天光四人，就說：「然是庸才，志識無遠，所爭唯權勢，所好惟財色，譬諸溪壑，有甚豺狼」。可見，在魏收看來，尒朱氏諸人不過是沒有遠見卓識的「庸才」、是爭權奪利、好色無厭的「豺狼」罷了。一個由「庸才」或「豺狼」領導的政治集團，即使一時強大，也決不可能維持長久。所以，尒朱氏集團的迅速失敗，與其核心領導層——尒朱氏家族人物的整體政治素質不高也是有著很大的關係。

其三，政治決策及施政方針存在嚴重失誤或錯誤。尒朱氏集團政治決策的失誤，以及在錯誤決策指導下的施政方針，則是造成尒朱氏集團日後失敗的根本原因。作為尒朱氏集團的締造者與核心人物，尒朱榮最大的決策失誤，就是他在費穆等人竄掇之下而發動了「河陰之變」。「河陰之變」充分暴露出尒朱榮的殘忍與反動，引起了社會各階層的恐懼與痛恨，從而使得尒朱氏過早失去人心；更重要的是，「河陰之變」將朝士殺戮殆盡，基本摧毀了北魏的官僚體系，造成了國家機器無法正常運轉，因此，尒朱榮即使在事變之後控制了北魏朝政，也不可能將統治維持下去。

武泰元年（528）二月，孝明帝元詡被母親胡太后毒殺，胡太后另立孝明帝的堂侄、年僅三歲的元釗為帝。其年四月，尒朱榮以此為藉口率兵南下。四月十一日，尒朱榮在河陰（今河南洛陽東北）立元子攸為帝，是為孝莊帝。同一天，駐守洛陽東北門戶河橋的守將向尒朱榮投降。胡太后被迫削髮為尼。十三日，尒朱榮先派人將胡太后和元釗溺死於黃河，又以祭天為名，將王公百官二千多人誘騙至河陰。尒朱榮宣稱，天下大亂、孝明帝被殺，完全由朝臣貪婪殘暴、不相輔佐所造成。責罵之後，尒朱榮縱兵將這兩千多手無寸鐵的公卿百官全部殺害。此即歷史上駭人聽聞的「河陰之變」。

眾所週知，洛陽經孝文帝遷都以來數十年的發展，已成為北方的政治、經濟和文化中心。但是，經過「河陰之變」以後，繁華熱鬧的洛陽城頓時呈現出一片恐怖淒涼景象。尤其是北魏的官僚隊伍，更是遭到滅頂之災，史言「京邑士子不一存，率皆逃竄，無敢出者。直衛空虛，官守廢曠。」〔註33〕北魏的國家機器已然陷於全面癱瘓！

曾納榮子賂金，故作此曲折之筆，諱言其為胡族耳。」（前揭《北朝胡姓考》外篇第八《羯族諸姓》「尒朱氏」條，第 360 頁。）

〔註33〕《魏書》卷七四《尒朱榮傳》，第 1648 頁。

對於「河陰之變」所造成的嚴重後果，尒朱榮事後顯然也有所認識，爲此他採取了包括向朝廷「謝罪」、爲死難者加官進爵等措施，企圖重建國家官僚體系。然而終究由於「河陰之變」已將北魏的職官體系基本摧毀，所以，尒朱榮的這些措施雖然也招回來了一些逃亡者，但並不足以重建國家機器。無奈之下，尒朱榮只好放手招官，試圖構建一套新的政權體系。然而，尒朱氏集團自身的落後性、野蠻性，決定了它根本就沒有什麼治國方策，因此在選拔官吏時，也就不可能有章程可依而只能是任人唯親，所以，這個由尒朱氏家族、親信所拼湊起來的新官僚體系，根本就不可能正常運轉北魏國家機器。「河陰之變」以後，尒朱榮掌控下的北魏朝廷，吏治更加腐敗，統治更加混亂。〔註34〕

無數史實表明，任何一個政治集團如果一味恃強凌弱、殘忍暴虐，統治終究不可能長久維持。尒朱氏在掌控北魏政權的過程中，不能適時調整政治方略，始終堅持暴力殺戮的野蠻做法，特別是尒朱榮發動「河陰之變」、濫殺無辜，結果使得尒朱氏集團徹底失去人心，引起包括北魏皇室在內的社會各階層的普遍反感，從而成爲尒朱氏敗亡的重要原因。對此，當時的有識之士就已經明確認識到了，如高歡起兵，至信都與諸將議事，高隆之替他分析形勢，云：「尒朱暴虐，天亡斯至，神怒民怨，眾叛親離，雖握重兵，其強易弱。」〔註35〕531 年，廣阿之戰前，高歡對戰爭前景不太樂觀，謂段韶云：「彼眾我寡，其若之何？」段韶答曰：「所謂眾者，得眾人之死；強者，得天下之心。尒朱狂狡，行路所見，裂冠毀冕，拔本塞源，邙山之會，搢紳何罪，兼殺主立君，不脫旬朔，天下思亂，十室而九。」高歡仍不無疑慮，云：「吾雖以順討逆，奉辭伐罪，但弱小在強大之間，恐無天命，卿不聞之也？」段韶給他鼓勁打氣，說道：「韶聞小能敵大，小道大淫，皇天無親，唯德是輔，尒朱外賊天下，內失善人，知者不爲謀，勇者不爲鬥，不肖失職，賢者取之，復何疑也。」〔註36〕魏收也指出：「河陰之下，衣冠塗地。此其所以得罪人神，而終於夷戮也。向使（尒朱）榮無姦忍之失，修德義之風，則彭、韋、伊、霍

〔註34〕據《魏書》卷七四《尒朱榮傳》載：「榮聞之，上書曰：『……然追榮褒德，謂之不朽，乞降天慈，微申私責。無上王請追尊帝號，諸王、刺史乞贈三司，其位班三品請贈令僕，五品之官各贈方伯，六品已下及白民贈以鎮郡。諸死者無後聽繼，即授封爵。均其高下節級別科，使恩洽存亡，有慰生死。』……自茲已後，贈終叨濫，庸人賤品，動至大官，爲識者所不貴。」（第 1648～1649 頁）

〔註35〕《北齊書》卷二一《封隆之傳》，第 301～302 頁。

〔註36〕《北齊書》卷一六《段榮附子韶傳》，第 208 頁。

夫何足數？」〔註37〕可見，「河陰之變」大殺公卿朝士，實爲尒朱榮政治決策中的最大失誤，尒朱氏集團的最後失敗，根子上在於失去了人心，所謂「得人心者得天下」，從來都是眞理。

其四，胡漢文化衝突決定了尒朱氏失敗的命運。尒朱氏集團在魏末政壇曇花一現式的表演，如果上陞到文化的層面上，則應視爲胡漢文化衝突的結果。尒朱氏集團的大部分成員是鮮卑胡人，即便不是胡人，也是被鮮卑化了的漢人，所以這是一個徹底胡化或鮮卑化的軍事政治集團。這就決定了它與洛陽漢化集團之間存在不可彌合的鴻溝或無法調和的矛盾，尒朱氏集團在控制北魏朝政後所採取的統治措施，無不是對六鎮反漢化勢力做法的繼承而又同孝文帝所推行的漢化改革背道而馳。這種根源於文化基礎上的衝突，隨著尒朱榮進入洛陽而愈加凸顯。

如尒朱榮天性喜歡打獵，不捨寒暑，以致「天下甚苦之」，太宰元天穆曾就此事規勸他，云：「大王勳濟天下，四方無事，惟宜調政養民，順時蒐狩。何必盛夏馳逐，傷犯和氣。」尒朱榮聽後卻說：「如聞朝士猶自寬縱，今秋欲共兄戒勒士馬，校獵嵩原，令貪污朝貴入圍搏虎……待六合寧一，八表無塵，然後共兄奉天子，巡四方，觀風俗，布政教，如此乃可稱勳耳。今若止獵，兵士懈怠，安可復用也？」〔註38〕尒朱榮與元天穆的這番對話，應該從胡漢文化衝突的層面上加以分析。尒朱榮喜歡打獵，不捨寒暑，正是他習慣於游牧射獵生活方式的表現，他對元天穆所說「朝士猶自寬縱」、「令貪污朝貴入圍捕虎」等話，實質上是對漢化生活方式的拒絕和敵視。再如，尒朱榮和吏部尙書李神儁、孝莊帝等人在選舉問題上都有衝突，城陽王元徽和侍中李彧等人之間的爭鬥等，都不應僅僅視爲由政見不同所造成的權力之爭，而要注意其中所包含的胡漢文化衝突方面的意義。

尒朱氏集團的胡化本質，從根本上決定了它與洛陽漢化集團之間的衝突無法調和。作爲集團的最高領導人，尒朱榮在控制朝政的過程中，本應設法去彌合二者之間的鴻溝，但是，尒朱榮卻採取然相反的做法，實行了一系列加劇彼此對立的反動措施，尤其是發動「河陰之變」，充分暴露出尒朱氏集團殘忍暴虐的反動本性。最後的結果，就是使得胡漢之間的衝突愈演愈烈，並最終造成尒朱氏集團的迅速敗亡。

〔註37〕《魏書》卷七四《尒朱榮傳》「史臣曰」，第 1657 頁。
〔註38〕《魏書》卷七四《尒朱榮傳》，第 1653～1654 頁。

尒朱榮集團敗亡的經驗教訓，顯然為其後的高歡提供了前車之鑒。高歡在「舉義旗」以後，就特別注意調和胡漢矛盾。如，高歡在起兵時就與邊鎮鮮卑兵將約定：「爾鄉里難制，不見葛榮乎，雖百萬眾，無刑法，終自灰滅。今以吾為主，當與前異，不得欺漢兒，不得犯軍令，生死任吾則可，不爾不能為取笑天下。」〔註39〕及其掌握政權以後，高歡更是盡力調和胡漢衝突，他對鮮卑人講話時，說：「漢民是汝奴，夫為汝耕，婦為汝織，輸汝粟帛，令汝溫飽，汝何為陵之？」如果講話對象為漢人，高歡就會這樣說：「鮮卑是汝作客，得汝一斛粟、一匹絹，為汝擊賊，令汝安寧，汝何為疾之？」對此，胡三省評價云：「史言高歡雜用夷、夏，有撫御之術。」〔註40〕

由此可見，同樣是掌握了六鎮鮮卑的武力，尒朱榮及其家族終無成功，高歡卻能「因之，以成大業。」〔註41〕其中根本原因，即如胡三省所說「有撫御之術」，也就是說在於高歡能夠想方設法調和胡漢民族矛盾，尒朱榮卻激化了胡漢之間的衝突。如果尒朱榮當初也能意識到這一點，並採取相應的對策，那麼這個盛極一時的軍事政治集團不應該轉瞬之間就煙消雲散，畢竟一味依恃武力絕不能長久。所以說，胡漢文化之間的差異與衝突，乃是造成尒朱氏集團快速衰敗的深層原因。

四、尒朱氏興衰之政治與文化意義

就像流星劃過夜空一樣，尒朱氏集團在北魏末年的政壇上也是稍縱即逝，但它卻對歷史產生了極其深遠的影響。這種影響，首先體現在政治層面上，就是直接影響到北魏末年的政治格局，尒朱氏消亡以後東魏北齊與西魏北周之間的東西對立格局，就是尒朱氏興衰所造成的重大政治後果；其次，從文化上講，東魏北齊的鮮卑化與西胡化，以及西魏北周的賜復胡姓等「胡化」逆流回潮，都可視為尒朱氏興衰給時代文化所打上的烙印。

（一）尒朱氏興衰的政治後果

尒朱氏集團給時代政治所造成的深廣影響，並沒有隨尒朱氏的滅亡而消散，其在魏末政治舞臺上的翻雲覆雨，不僅直接成為高歡的先驅，而且由於

〔註39〕《北齊書》卷一《神武紀上》，第 7 頁。
〔註40〕《資治通鑒》卷一三七梁武帝大同三年（537）九月胡注，第 4882 頁。
〔註41〕《隋書》卷二四《食貨志》：「尋而六鎮擾亂，相率內徙，寓食於齊、晉之郊。齊神武因之，以成大業。」（第 675 頁）

尒朱天光領兵西征，從而爲宇文泰崛起關中埋下伏筆。所以，放開歷史的視野，我們就會發現，尒朱氏集團的由興到衰，實則開創了其後關中與關東（即西魏北周與東魏北齊）東西政權對峙的政治局面，而東西對立格局的形成，又進一步延長了中國分裂局面的時間。

高歡集團的興起，乃是尒朱氏孵育的結果。高歡本來就是尒朱氏集團的骨幹分子，正是在追隨尒朱氏東征西討的過程中，高歡積聚起「舉義旗」的軍事實力，尒朱氏的決策失誤則爲他進一步擴充實力提供了契機。只要查閱一下高歡集團骨幹分子的背景，我們就會發現，他們中的絕大多數人曾經都是尒朱氏舊將。西魏北周的情況也是如此，宇文泰賴以創業的軍事將領，原本也都是尒朱天光、賀拔允西征關中的軍團將帥。茲據諸史籍，臚列如下（東魏北齊者據《北齊書》，西魏北周者據《周書》，括號內則爲卷數）：

東魏北齊——竇泰、尉景、厙狄干、潘（相）樂（卷一五），段榮（卷一六），斛律金（卷一七），孫騰、司馬子如（卷一八），蔡俊、韓賢、劉貴、任敬延（卷一九），張瓊、斛律羌舉、慕容紹宗、步大汗薩、牒舍樂、范舍樂、厙狄伏連（卷二〇），張纂、張亮、王紘（卷二五）、平鑒（卷二六），万俟普、万俟洛、可朱渾元、破六韓孔雀、破六韓常、金祚、韋子粲（卷二七），赫連子悅（卷四〇），綦連猛、元景安（卷四一）。

西魏北周——宇文導（卷一〇），寇洛、賀拔勝、賀拔允、賀拔岳、念賢（卷一四），寇洛、李弼、李樹、于謹（卷一五），趙貴、獨孤信、侯莫陳崇（卷一六），梁禦、若干惠、怡峰、劉亮、王德（卷一七），達奚武、侯莫陳順、豆盧寧、宇文貴、楊忠、王雄（卷一九），王盟（卷二〇），長孫儉（卷二六），、赫連達、韓果、常善、辛威、厙狄昌、田弘、梁椿、梁臺（卷二七），王勇、宇文虬、耿豪、高琳（卷二九），竇熾（卷三〇），陸通（卷三二），楊薦、王悅（卷三三），趙善、元定、楊摽（卷三四），梁昕（卷三九）。

以上所列東魏北齊將領共 33 人，西魏北周將領共 46 人，這兩個數字可能還不是全部。他們原本都是尒朱氏集團的軍事將領，後來又成爲東、西政權創業的核心骨幹。

所以說，以高歡、宇文泰爲核心的東、西兩大軍事政治集團，正是尒朱氏在魏末政治舞臺活動之後所遺留下來的最大政治後果，北魏滅亡之後中國

北方地區的東西對抗格局，也正是爾朱氏集團一分爲二之後所展開的內部爭鬥。進而言之，中國北方的東西對峙，又在一定程度上暫時弱化了北方對南方的優勢地位，使得南北統一的進程又被延緩了幾十年。所以，從這個角度來說，爾朱氏興衰給政治所帶來的影響，不僅表現在它造成了北方中國的再次分裂，還表現在它對南北朝之間的政治格局也有所改變。

（二）爾朱氏興衰的文化後果

爾朱氏在魏末政治舞臺的一興一衰，給文化所帶來的影響更加深遠。陳寅恪氏在談到北齊的鮮卑化中曾指出：「北齊的民族成見很深。這種民族成見以『化』分，非以血統分。其表現爲佔據統治地位的鮮卑化人，反對、排斥與殺害漢人或漢化之人。北齊之所以會出現這種反常情況，是因爲北齊的建立，依靠六鎮軍人。而六鎮軍人作爲一個保持鮮卑化的武裝集團，本是洛陽漢化文官集團的反對者。六鎮起兵是對孝文帝漢化政策的反動，這種反動，在北齊的鮮卑化中表現出來了。」〔註42〕鮮卑文化在東魏北齊的盛行，其根本原因即在於東魏北齊是依靠六鎮軍人建立起來。實際上，不僅東魏北齊存在著鮮卑化的問題，西魏北周同樣存在這個問題，原因是西魏北周的建立也與六鎮軍人有關。

東魏北齊、西魏北周的建立和六鎮軍人有關，也就是和爾朱氏集團的興衰有關。爾朱氏集團在爾朱榮掌控北魏朝政的過程中，就已經採取了一系列抵制漢化的政策，鮮卑化現象的抬頭從爾朱榮在世時就已經開始。所以我們說，正是爾朱氏集團的興起，使得孝文帝所推行的漢化改革出現了逆轉，造成了漢化的中斷，儘管爾朱氏很快從政治舞臺上銷聲匿跡，但接踵其後的東魏北齊、西魏北周卻到處彌漫著胡族文化的氣息。關於北齊的鮮卑化與西胡化，前揭陳寅恪氏在講演魏晉南北朝史時已有精闢論述，陳氏進而指出，胡化風氣一直影響到隋唐。〔註43〕以下再撮舉數例，對陳氏所論略加申述：

其一、胡語、胡俗的流行。東魏北齊境內流行少數民族語言，尤其是鮮卑語言。由於六鎮軍人是東魏北齊軍隊的主力，所以，鮮卑話就成爲軍中的主要語言，如高歡「每申令三軍，常鮮卑語，（高）昂若在列，則爲華言。」

〔註42〕 前揭《陳寅恪魏晉南北朝史講演錄》第十八篇《北齊的鮮卑化及西胡化》，第297頁。
〔註43〕 前揭《陳寅恪魏晉南北朝史講演錄》第十八篇《北齊的鮮卑化及西胡化》，第292～300頁。

〔註44〕再如，樂安人孫搴曾在高歡霸府擔任主簿，專典文筆，史載孫搴「又能通鮮卑語，兼宣傳號令」〔註45〕，孫搴「宣傳號令」所用當然是鮮卑語言。再如，《顏氏家訓・教子篇》曾諷刺一個自命善於教子的北齊士大夫，他的辦法是「教其鮮卑語及彈琵琶，稍欲通解，以此伏事公卿，無不寵愛」〔註46〕，這個士大夫爲什麼要教兒子學習鮮卑語言，原因就在於鮮卑話在北齊很流行、很時髦。在北齊，不僅官僚貴族喜歡講鮮卑話，民間也有很多人通曉鮮卑語言，如前揭同書《省事篇》還記載：「近世有兩人，朗悟士也，性多營綜……天文、畫繪、棋博、鮮卑語、胡書、煎油桃胡、煉錫爲銀，如此之類，略得梗概，皆不通熟。」〔註47〕除鮮卑語言以外，其它少數民族語言也比較流行，有些人還因爲通「四夷語」而受到寵幸，如祖珽除了「解鮮卑語」，還「解四夷語」，並憑藉通曉鮮卑語而免除罪責。〔註48〕再如，劉世清「能通四夷語，爲當時第一」，北齊後主高緯曾命令他用突厥語言翻譯《涅槃經》，贈送給突厥可汗。〔註49〕

西魏北周在對待漢文化的態度上與北齊有所差異，曾有意於漢化，但由於其統治集團和軍隊同樣出自北方六鎮，所以，鮮卑語仍然是通用語言之一。如，周武帝宇文邕就曾經用鮮卑話對群臣進行訓示，這說明北周大臣中有很多人是懂得鮮卑語言的，否則周武帝怎麼會使用鮮卑話呢？〔註50〕《續高僧傳》還記載，有一次周武帝曾用鮮卑話問訊眾僧，當時有個叫法藏的和尚，「挺出眾立，作鮮卑語答」〔註51〕，此事一則表明周武帝可能經常講鮮卑話；二

〔註44〕 《北齊書》卷一三《高乾附（第三弟）昂傳》，第 295 頁。
〔註45〕 《北齊書》卷二四《孫搴傳》，第 341 頁。
〔註46〕 《顏氏家訓集解》卷一《教子第二》，第 21 頁。
〔註47〕 《顏氏家訓集解》卷四《省事第十二》，第 327 頁。
〔註48〕 《北齊書》卷三九《祖珽傳》，第 515～516 頁。
〔註49〕 《北齊書》卷二〇《斛律羨舉附劉世清傳》，第 267 頁。
〔註50〕 《隋書》卷四二《李德林傳》：「武帝嘗於雲陽宮作鮮卑語謂群臣云：『我常日唯聞李德林名，及見其與齊朝作詔書移檄，我正謂其是天上人。豈言今日得其驅使，復爲作文書，極爲大異。』」（第 1198 頁）
〔註51〕 〔唐〕釋道宣：《續高僧傳》卷十九《習禪四・唐終南山紫蓋沙門釋法藏傳》：「釋法藏，姓荀氏，穎川穎陰人……周天和二年四月八日，明帝度僧，便從出俗。天和四年誕育皇子，詔選名德至醴泉宮，時當此數，武帝躬趨殿下，口號鮮卑，問訊眾僧，兀然無人對者，藏在末行，出眾獨立，作鮮卑語答，殿庭僚眾，咸喜斯酬。敕語百官：『道人身小心大，獨超群友，報朕此言，可非健人耶！』」（第 260 頁，上海古籍出版社 1991 年影印《高僧傳合集》本，《續高僧傳》所用底本爲磧砂藏本。）

則表明說鮮卑語，可能為當時朝野好尚之一，這就是釋法藏能夠解鮮卑語的時代背景。另外，《隋書‧經籍志》記載有 13 種用鮮卑語言書寫的字書〔註 52〕，其中《鮮卑號令》一卷的作者，就是周武帝宇文邕，由此推知，北周軍隊同樣通用鮮卑語。

至於北齊境內胡風胡俗的盛行，陳寅恪氏在講演魏晉南北朝史時，已經有比較詳細的講述，此處不再贅述。關中地區由於一直就是少數民族族聚居的地區，所以北周境內胡風胡俗的流行程度，應當不亞於北齊，如「後周之時，咸著突騎帽，如今胡帽，垂裙覆帶，蓋索髮之遺象也。」〔註 53〕北周流行之胡帽，當係鮮卑服制之遺留。

其二、重用胡人。胡語胡俗的盛行，與胡人當權、受重用有直接關係。在北齊重用胡人，而輕視漢族士族，如北齊文宣帝高洋曾問杜弼「治國當用何人」，杜弼回答「鮮卑車馬客，會須用中國人」，結果高洋「以為此言譏我」〔註 54〕。可見，在高洋的心目中，鮮卑人是「我」，而「中國人」即漢人則是外人，因此北齊用人重鮮卑車馬客。北周也同樣重用胡人或胡化的漢人。前面所羅列的北齊、北周主要軍事將領，絕大多數都是胡人或胡化的漢人，就足以表明胡人在北齊北周政權中受重視的程度。另外，北齊後主高緯曾聽信韓長鸞的話，大殺崔季舒等「漢兒文官」，也正是對介朱榮發動「河陰之變」、大殺朝士的繼續或翻版。

其三、賜復胡姓。北齊、北周都出現了賜、復胡姓的現象，特別是北周，為了加強府兵制建軍，更是掀起了幾次賜復胡姓的高潮。〔註 55〕賜復胡姓與此前孝文帝改胡姓為漢姓的做法正好相反，顯然是對孝文帝漢化政策的反動。

綜上所述，北魏末年的政治變動為介朱氏乘時而起創造了條件，在特定的社會政治背景下，很快形成了一個以介朱榮為核心的軍事政治集團——介

〔註 52〕據《隋書》卷三二《經籍志一》：「《國語》十五卷、《國語》十卷、《鮮卑語》五卷、《國語物名》四卷（後魏侯伏侯可悉陵撰）、《國語真歌》十卷、《國語雜物名》三卷（侯伏侯可悉陵撰）、《國語十八傳》一卷、《國語御歌》十一卷、《鮮卑語》十卷、《國語號令》四卷、《國語雜文》十五卷、《鮮卑號令》一卷（周武帝撰）、《雜號令》一卷。」（第 945 頁）其中所謂「國語」，當指鮮卑語，這 13 種字書中除《雜號令》一種，語言不能確定外，餘者均為鮮卑語。

〔註 53〕《隋書》卷一二《禮儀志七》，第 266 頁。

〔註 54〕《北齊書》卷一六《杜弼傳》，第 353 頁。

〔註 55〕李文才撰：《試論西魏北周時期的賜、復胡姓》，《民族研究》2001 年第 3 期，第 40～47 頁。

朱氏集團。尒朱氏集團以武力起家而盛極一時，憑藉強大軍事實力一度掌控北魏朝政。但是，尒朱氏集團自身的落後性與野蠻性，使得它在掌握政權以後沒有能夠適時調整統治政策，而是繼續堅持暴力屠殺的方針，公然與漢化主流對抗，結果引起朝野各種勢力、社會各個階層的一致反對。隨著集團創始人尒朱榮被殺，這個強悍一時的軍事政治集團很快陷入土崩瓦解的境地。

　　尒朱氏由盛而衰以至於敗亡的原因是多方面的，胡漢文化的對立與衝突，則是其中深層原因，從文化意義上來說，尒朱氏集團的失敗乃是胡化勢力與漢化勢力對抗的結果，是胡漢文化之間的差異和衝突造成了尒朱氏的最後敗亡。

　　「爾曹身與名俱滅，不廢江河萬古流」，尒朱氏集團在歷史舞臺上雖然稍縱即逝，卻對歷史產生了十分深遠的影響。從文化層面來說，由尒朱氏集團所掀起的反漢化逆流高峰，直接造成了北魏孝文帝以來所推行的漢化改革暫時中斷，漢化成果也遭到一定程度的破壞，胡漢矛盾、民族對立情緒一度有所加深，這具體表現在東魏北齊、西魏北周所推行的一系列反漢化政策以及彌漫於整個中國北方的胡化氣息。從政治層面來講，由尒朱氏集團分裂、孕育出來的東魏北齊與西魏北周這兩大軍事集團，使得北方中國再一次形成了對峙局面，東西對抗的政治格局不僅在一定程度上削弱了北朝對南朝的軍事優勢，又使得天下形勢一度演變為北齊、北周與南方梁陳政權三國鼎立的政治格局，從而延續了中國分裂的局面，遲緩了中國實現再次統一的進程。

附錄：參考書目暨徵引文獻

一、古籍文獻

1. 【漢】司馬遷撰，【南朝‧宋】裴駰集解，【唐】司馬貞索引，【唐】張守節正義：《史記》，中華書局 1959 年版。

2. 【漢】班固撰，【唐】顏師古注：《漢書》，中華書局 1962 年版。

3. 【漢】鄭玄注，【唐】賈公彥疏：《周禮注疏》，中華書局 1980 年據原世界書局縮印本《十三經注疏》影印（世界書局本據清阮元校刻本縮印）。

4. 【漢】東方朔撰：《海內十洲記》，明顧氏文房小說本。

5. 【晉】司馬彪撰，【梁】劉昭注補：《後漢書志》，中華書局 1965 年版。

6. 【晉】陳壽撰，【南朝‧宋】裴松之注：《三國志》，中華書局 1959 年版。

7. 【晉】戴凱之撰：《竹譜》，宋百川學海本。

8. 【晉】陸翽撰：《鄴中記》，清武英殿聚珍版叢書本。

9. 【南朝‧宋】范曄撰，【唐】李賢等注：《後漢書》，中華書局 1965 年版。

10. 【南朝‧宋】劉義慶著，【南朝梁】劉孝標注，余嘉錫箋疏，周祖謨、余淑宜、周士琦整理：《世說新語箋疏》，上海古籍出版社 1993 年版。

11. 【南朝‧梁】沈約撰：《宋書》，中華書局 1974 年版。

12. 【南朝‧梁】蕭子顯撰：《南齊書》，中華書局 1972 年版。

13. 【南朝‧梁】蕭統編，【唐】李善注：《文選》，上海古籍出版社 1986 年版。

14. 【南朝‧梁】蕭統編，【唐】李善、呂延濟、劉良、張銑、李周翰、呂向注：《六臣注文選》中華書局（據《四部叢刊》本影印）2012 年版。

15. 【南朝‧梁】釋僧祐撰：《高僧傳》，中華書局 1992 年版（湯用彤校注，湯一玄整理）。

16. 【南朝・梁】釋僧祐撰，蘇晉仁，蕭鍊子點校：《出三藏記集》，中華書局 1995 年版。

17. 【北魏】楊衒之著，范祥雍校注：《洛陽伽藍記校注》，上海古籍出版社 1978 年版。

18. 【北魏】酈道元撰，王國維校，袁英光、劉寅生整理標點：《水經注校》，上海人民出版社 1984 年版。

19. 【北齊】魏收撰：《魏書》，中華書局 1974 年版。

20. 【北齊】顏之推著，王利器集解：《顏氏家訓集解》，中華書局 1993 年版。

21. 【唐】徐堅撰：《初學記》，中華書局 1962 年版。

22. 【唐】歐陽詢撰，汪紹楹校：《藝文類聚》，上海古籍出版社 1965 年版。

23. 【唐】房玄齡撰：《晉書》，中華書局 1974 年版。

24. 【唐】姚思廉撰：《梁書》，中華書局 1973 年版。

25. 【唐】姚察，姚思廉撰：《陳書》，中華書局 1972 年版。

26. 【唐】魏徵，令狐德棻撰：《隋書》，中華書局 1973 年版。

27. 【唐】歐陽詢編，汪紹楹校：《藝文類聚》，上海古籍出版社 1982 年版。

28. 【唐】李延壽撰：《南史》，中華書局 1975 年版。

29. 【唐】李百藥撰：《北齊書》，中華書局 1972 年版。

30. 【唐】令狐德棻等撰：《周書》，中華書局 1971 年版。

31. 【唐】許嵩撰：《建康實錄》，中華書局 1986 年版。

32. 【唐】劉知幾撰，【清】蒲起龍釋：《史通通釋》，上海古籍出版社 1978 年版。

33. 【唐】李林甫撰：《唐六典》，中華書局 1992 年版（陳仲夫點校）。

34. 【唐】李林甫撰：《大唐六典》，三秦出版社 1991 版（影印日本・廣池千九郎點校本）。

35. 【唐】杜佑撰：《通典》，中華書局 1988 年版。

36. 【唐】釋道宣撰：《廣弘明集》，上海古籍出版社 1991 年版（據《影印宋磧砂版大藏經》本縮印）。

37. 【唐】釋道宣撰：《續高僧傳》，上海古籍出版社 1991 年版（縮微影印《高僧傳合集》本，《續高僧傳》所用底本爲《影印宋磧砂版大藏經》本）。

38. 【唐】釋智昇撰：《開元釋教錄》，大正藏本。

39. 【宋】李昉等編：《太平御覽》，中華書局 1960 年版（據上海涵芬樓影印宋本複製重印）。

40. 【宋】李昉等編：《文苑英華》，中華書局 1966 年版。

41. 【宋】李昉撰：《歷代宮殿名》，清鈔本。

42. 【宋】張敦頤撰：《六朝事迹編類》，明古今逸史本。

43. 【宋】周應合撰：《景定建康志》，清文淵閣四庫全書本。

44. 【北宋】司馬光編，【元】胡三省音注：《資治通鑒》，中華書局 1956 年版。

45. 【明】屠喬孫，項琳之輯：《十六國春秋》，上海古籍出版社縮微影印文淵閣四庫全書本。

46. 【清】顧炎武撰，顧宏義校點：《顧炎武全集 4·歷代宅京記》，上海古籍出版社 2011 年版。

47. 【清】畢沅撰：《續資治通鑒》，中華書局 1957 年版。

48. 【清】王夫之撰：《讀通鑒論》，中華書局 1975 年版。

49. 【清】趙翼撰，王樹民校證：《廿二史札記校證》，中華書局 1984 年版。

50. 【清】王鳴盛撰：《十七史商榷》，上海書店出版社 2005 年版。

51. 【清】錢大昕撰：《廿二史考異》，中華書局 1985 年版。

52. 【清】顧祖禹撰，賀次君點校：《讀史方輿紀要》，中華書局 2005 年版。

53. 【清】楊守敬撰：《水經注圖》，清光緒三十一年刻本。

54. 趙超編：《漢魏南北朝墓誌彙編》，天津古籍出版社 1992 年版。

二、近人今人著作（專著、論文集）

1. 安作璋，熊鐵基撰：《秦漢官制史稿》，齊魯書社 1984 年版。

2. 陳寅恪撰：《金明館叢稿二編》，三聯書店 2001 年版。

3. 陳寅恪撰：《隋唐制度淵源略論稿》，三聯書店 2001 年版.

4. 陳垣撰：《中國佛教史籍概論》，中華書局 1962 年版。

5. 陳仲安，王素撰：《漢唐職官制度研究》，中華書局 1993 年版。

6. 程樹德撰：《九朝律考》，中華書局 2003 年版。

7. 韓樹峰撰：《南北朝時期淮漢迤北的邊境豪族》，社會科學文獻出版社 2003 年版。

8. 黃永年撰：《文史探微》，中華書局 2000 年版。

9. 吉少甫主編：《中國出版簡史》，學林出版社 1991 年版。

10. 呂思勉撰：《兩晉南北朝史》，上海古籍出版社 1984 年版。

11. 黎虎撰：《漢唐外交制度史》，蘭州大學出版社 1998 年版。

12. 李瑞良撰：《中國古代圖書流通史》，上海人民出版社 2000 年版。

13. 李文才撰：《南北朝時期益梁政區研究》，商務印書館 2001 年版。

14. 李文才撰：《魏晉南北朝隋唐政治與文化論稿》，世界知識出版社 2006 年版。

15. 梁冰主編：《伊克昭盟志》第一冊，現代出版社 1994 年版。

16. 林幹、陸峻嶺編：《中國歷代各族紀年表》，內蒙古人民出版社 1984 年版。

17. 劉策撰：《中國古代苑囿》，寧夏人民出版社 1983 年版。

18. 蘆仲進，杜秀榮主編：《陝西省地圖》，中國地圖出版社 2012 年版。

19. 馬長壽撰：《烏桓與鮮卑》，廣西師範大學出版社 2006 年版。

20. 繆鉞撰：《讀史存稿》，三聯書店 1963 年版。

21. 牛潤珍撰：《漢至唐初史官制度的演變》，河北教育出版社 1999 年版。

22. 任乃強撰：《華陽國志校補圖注》，上海古籍出版社 1987 年版。

23. 譚其驤主編：《中國歷史地圖集》（第四冊），中國地圖出版社 1982 年版。

24. 譚其驤主編：《中國歷史地圖集》（第五冊），中國地圖出版社 1982 年版。

25. 唐長孺撰：《魏晉南北朝史論叢續編》，三聯書店 1959 年版。

26. 唐長孺撰：《魏晉南北朝史論拾遺》，中華書局 2011 年版。

27. 湯用彤撰：《漢魏兩晉南北朝佛教史》，北京大學出版社 1997 年版。

28. 田餘慶撰：《拓跋史探》，三聯書店 2003 年版。

29. 萬繩楠整理：《陳寅恪魏晉南北朝史講演錄》，黃山書社 1987 年版。

30. 王素撰：《三省制略論》，齊魯書社 1986 年版。

31. 王永平撰：《六朝江東世族之家風家學研究》，江蘇古籍出版社 2003 年版。

32. 王仲犖撰：《北周六典》，中華書局 1979 年版。

33. 汪征魯撰：《魏晉南北朝選官體制研究》，福建人民出版社 1995 年版。

34. 向達撰：《唐代長安與西域文明》，河北教育出版社 2001 年版。

35. 熊德基撰：《六朝史考實》，中華書局 2000 年版。

36. 許鎖孚撰：《河洛定鼎地·洛陽卷》，中國人民大學出版社 1994 年版。

37. 閻步克撰：《樂師與史官——傳統政治文化與政治制度論集》，三聯書店 2001 年版。

38. 閻步克撰：《品位與職位——秦漢魏晉南北朝官階制度研究》，中華書局 2002 年版。

39. 嚴耀中撰：《北魏前期政治制度》，吉林教育出版社 1990 年版。

40. 楊誠虎，李文才撰：《發達國家決策咨詢制度》，時事出版社 2001 年版。

41. 楊光輝撰：《漢唐封爵制度》，學苑出版社 1999 年版。

42. 楊鴻年撰：《漢魏制度叢考》，武漢大學出版社 1985 年版。

43. 楊寬撰：《中國古代都城制度史研究》，上海古籍出版社 1993 年版。

44. 姚薇元撰：《北朝胡姓考》，科學出版社 1958 年版。

45. 張金龍撰：《北魏政治史研究》，甘肅教育出版社 1996 年版。

46. 張金龍撰：《魏晉南北朝禁衛武官制度研究》，中華書局 2004 年版。

47. 張金龍撰：《北魏政治史》（第一冊），甘肅教育出版社 2008 年版。

48. 張金龍撰：《北魏政治與制度論稿》，甘肅教育出版社 2003 年版。

49. 張金龍主編：《黎虎教授古稀紀念——中國古代史論叢》，世界知識出版社 2006 年版。

50. 中國魏晉南北朝史學會編：《魏晉南北朝史研究》（論文集），湖北人民出版社 1996 年版。

51. 《中國自然地理》編輯委員會編：《中國自然地理》，科學出版社 1985 年版。

52. 周一良撰：《魏晉南北朝史札記》，中華書局 1985 年版。

53. 周一良撰：《魏晉南北朝史論集》，北京大學出版社 1997 年版。

54. 周一良先生八十生日紀念論文集組委會編：《周一良先生八十生日紀念論文集》，中國社會科學出版社 1993 年版。

55. 祝總斌撰：《兩漢魏晉南北朝宰相制度研究》，中國社會科學出版社 1998 年版。

三、其它論著（單篇論文、未刊學位論文）

1. 鮑遠航撰：《晉陸翽〈鄴中記〉考論——〈水經注〉徵引文獻考之一》，《華北水利水電大學學報》2014 年第 3 期。

2. 陳群撰：《吳興沈氏與南朝政治》，北京師範大學歷史學碩士學位論文（指導教師：陳琳國教授；完成時間：1997 年 5 月；文藏北京師範大學圖書館。）

3. 陳群撰：《渤海高氏與東魏政治》，《中國史研究》1997 年第 2 期。

4. 陳寅恪撰：《李唐氏族之推測後記》，載《金明館叢稿二編》，三聯書店 2001 年版。

5. 陳蘇鎮撰：《西省考》，載《周一良先生八十生日紀念論文集》，中國社會科學出版社 1993 年版。

6. 崔漢林、夏振英撰：《華陰北魏楊舒墓發掘簡報》，《文博》1985 年第 2 期。

7. 鄧輝、夏正楷、王瑪瑜撰：《從統萬城的興廢看人類活動對生態環境脆弱地區的影響》，8，《中國歷史地理論叢》第 16 卷第 2 輯，2001 年 6 月。

9. 鄧輝、夏正楷、王瑪瑜撰：《利用彩紅外航空影像對統萬城的再研究》，《考古》2003 年第 1 期。

10. 鄧樂群撰：《北魏統一中原前十六國政權的漢化先聲》，《清華大學學報》2006 年第 2 期。

11. 杜葆仁、夏振英撰：《華陰潼關出土的北魏楊氏墓誌考證》，《考古與文物》1984 年第 5 期。

12. 高詩敏撰：《十六國北朝時期渤海封氏的變遷》，《大同職業技術學院學報》2000 年第 3 期。

13. 侯仁之撰：《從紅柳河上的古城廢墟看毛烏素沙漠的變遷》，《文物》1973 年第 1 期。

14. 侯甬堅、周傑、王燕新撰：《北魏（AD386～534）鄂爾多斯高原的自然——人文景觀》，《中國沙漠》2001 年第 2 期。

15. 【韓】金大珍撰：《北魏洛陽城市風貌研究——以〈洛陽伽藍記〉爲中心》，北京師範大學歷史學博士學位論文（指導教師：黎虎教授；完成時間：2002 年 12 月；文藏北京師範大學圖書館。）

16. 金裕哲撰：《梁武帝天監年間官制改革思想及官僚體制上之新趨向》，載《魏晉南北朝史研究》，湖北人民出版社 1996 年版。

17. 勞幹撰：《北魏洛陽城圖的復原》，《中央研究院歷史語言研究所集刊》第二十本上（1948 年）。

18. 李海葉撰：《漢士族與慕容氏政權》，《内蒙古師大學報》2001 年第 4 期。

19. 李文才撰：《高肇伐蜀與所謂「高肇專權」》，《北朝研究》第 1 輯，燕山出版社 2000 年版。

20. 李文才撰：《論北齊文宣帝高洋之用人》，《許昌學院學報》2008 年第 1 期。

21. 李文才撰：《試論北齊文宣帝高洋之政治措置》，《貴州社會科學》2008 年第 2 期。

22. 李文才撰：《太史令與十六國政治》，《人文雜誌》（韓）第 52 輯，2007 年。

23. 李文才撰：《太極東堂與十六政治北朝政治述論——以東堂決策爲中心論述》，《北華大學學報》2008 年第 2 期。

24. 李文才撰：《試論西魏北周時期的賜、復胡姓》，《民族研究》2001 年第 3 期。

25. 李文才撰：《太極殿與魏晉南北朝政治》，載《黎虎教授古稀紀念——中國古代史論叢》，世界知識出版社 2006 年版。

26. 李文才、賀春燕撰：《張敬兒、王敬則政治生涯之異同及其時代意義》，《許昌師專學報》2000 年第 1 期。

27. 劉長旭撰：《兩晉南朝贈官研究》，北京師範大學歷史學博士學位論文（指導教師：黎虎教授；完成時間：2002 年 5 月；文藏北京師範大學圖書館。）

28. 羅新撰：《青齊豪族與宋齊政治》，《原學》第 1 期，中國廣播電視出版社 1994 年版。

29. 羅新撰：《五燕政權下的華北士族》，《國學研究》第四卷，北京大學出版社 1997 年版。

30. 牛俊傑、趙淑貞等撰：《關於歷史時期鄂爾多斯高原沙漠化問題》，《中國沙漠》2000 年第 1 期。

31. 龐駿撰：《南北朝儲君制度淺析》，北京師範大學歷史學博士學位論文（指導教師：黎虎教授；完成時間：2001 年 5 月；文藏北京師範大學圖書館。）

32. 任世芳、趙淑貞、任伯平撰：《再論北魏契吳的眞實地理位置問題》，《山西大學師範學院學報》2002 年第 1 期。

33. 陝北文物調查徵集組（俞少逸執筆）：《統萬城遺址調查》，《文物參考資料》1957 年第 10 期。

34. 陝西省文管會（戴應新執筆）：《統萬城城址勘測記》，《考古》1981 年第 3 期。

35. 史念海撰：《兩千三百年來鄂爾多斯高原和河套平原農林牧地區的分佈及其變遷》，《北京師範大學學報》1980 年第 6 期。

36. 唐長孺撰：《魏書·楊播傳「自云恒農華陰人」辨》，《魏晉南北朝隋唐史資料》第 5 輯（1983 年 12 月），香港中華科技（國際）出版社 1992 年版。

37. 王北辰撰：《毛烏素沙地南沿的歷史演變》，《中國沙漠》1983 年第 4 期。

38. 王剛、李小曼、王杰瑜撰：《「統萬城」復原圖考》，《文物世界》2004 年第 6 期。

39. 王尚義、董靖保撰：《統萬城的興廢與毛烏素沙地之變遷》，《地理研究》第 20 卷第 3 期，2001 年 7 月。

40. 吳洪琳撰：《試論十六國時期契吳山的地理位置》，《中國歷史地理論叢》第 20 卷第 1 輯，2005 年 1 月。

41. 閻步克撰：《仕途視角中的南朝西省》，《中國學術》2004 年第 1 期。

42. 楊滿忠撰：《統萬城建築規模及其歷史作用》，《寧夏大學學報》2005 年第 3 期。

43. 張小穩撰：《魏晉南朝時期的秩級》，《史學月刊》2004 年第 5 期。

44. 張旭華撰：《南朝勳品制度試釋》，載《魏晉南北朝史研究》，湖北人民出版社 1996 年版。

45. 趙淑貞、任世芳撰：《秦至北魏黃河中游環境變遷與下游水患關係》，《土壤侵蝕與水土保持學報》1998 年第 6 期。

46. 趙永復撰：《歷史上毛烏素沙地的變遷問題》，《歷史地理》創刊號。

47. 朱士光撰：《評毛烏素沙地形成與變遷問題的學術討論》，《西北史地》1986 年第 4 期。

48. 【日】濱口重國撰：《高齊出自考》，《史學雜誌》49～78，1938 年。
49. 【日】鹽澤裕仁撰：《六朝建康的城市防衛體系試探》，《東南學術》2001
    年第 1 期。

後　記

這本名爲《魏晉南北朝史事考釋》的冊子，收錄的是書名斷代範圍內的讀史之作。這些文章業已發表，多完成於近十餘年間，而今集結成書出版，主要基於兩個考慮，一是各篇當初發表時，因受限於刊物體例、篇幅，多數文章並不能完全表達對相關問題的看法，故利用這次集結出版的機會，庶幾可以彌補上述缺憾；二是集結出版，權作近十年來魏晉南北朝史研究的一個階段性總結，抽空對曾經走過的路程回顧一下，對今後的學術旅途或不無裨益。

自 1995 年考入北京師範大學，師從著名歷史學家黎虎先生攻讀博士學位，我的專業研究方向便由隋唐史轉入魏晉南北朝史。早在陝西師範大學讀碩士研究生時，我就知道了黎先生的大名，因爲準備入學考試的緣故，也曾閱讀過黎先生所發表的一些學術論文，但那個時候對於先生的學術研究範圍和旨趣、治學思路和風格等情況，所知者實爲皮相，至於先生學問之廣博宏大、思想之泓窈深邃、品格之崖岸高峻，以及教育理念之誨爾淳淳，那都要在之後的三年學習期間，我才慢慢地體會得到。而今回想起從師求學的日子，不禁感慨良多，有時甚至臆想，假如時光能夠倒流，讓我再回到先生身邊問學，那該有多好！至今仍然清晰地記得，剛入學的第一天晚上，我和王元軍、張金龍二位師兄前去先生家拜望的情景，當時正下著毛毛小雨，就在先生不大的書房裏，我們三人靜靜地聆聽先生的講述，先生堅定從容的表情、條理清晰的思路、娓娓道來的語態……如今二十多年過去，此情此景卻恍如目前！以予之不敏，竟在博士入學的第一天，得以分享導師精彩的人生感悟，何其幸也！

在接下來的三年時間裏，我時時體會到先生對我的關愛有加。大概因爲我們三人是先生招收的第一屆博士生，所以，先生對我們也就格外關注，其中又以我爲最。先生對我的特殊眷顧，倒不是因爲對我心存偏袒，而是出於對我學業的關心。在我們師兄弟三人中，元軍、金龍二位師兄，不僅天資聰穎，且均已學有所成，在各自學術領域早就崢嶸初露了，因此對於他們的學業，先生自然無需擔心。唯有我，本科、碩士、博士一直連讀，素無學術積纍，專業方向又從隋唐史轉向魏晉南北朝史，儘管這兩個專業方向有相通之處，但眞正深入進去，其實還是有相當的難度。我清楚地記得，自入學以後，先生就對我提出了特別要求，不僅親自爲我開列出必讀的基礎史料，及學術界相關代表性經典著作。同時，先生還要求我每周到他家裏一次，彙報本周的讀書情況，不僅要當面報告讀書的內容和想法，還要把所讀書籍和讀書筆記一同帶去，以資檢查。這種情況，大概持續兩個月左右，先生見我每次都能按照要求讀書，這才不再繼續檢查我的讀書筆記，但定期彙報讀書情況的要求，還是繼續保留了一段時間。

「師者，所以傳道授業解惑也」，韓退之對爲師者的經典概括，可謂於我心有戚戚焉。在專業學習和學術研究過程中，先生不僅傳道授業，更在於解惑釋疑，凡學習所遇之疑惑，我從來都可以從先生那裏得到啓發。先生治學，素以嚴謹著稱，對吾輩弟子向來嚴格要求，但嚴而不苛，給予我們充分信任的同時，又體現出極大耐心。先生治學，又以創新爲最高旨皈，在學術探索中，先生總是熱情鼓勵我們要提出創新性看法，哪怕是對他的觀點提出質疑。先生在學術上何以高山仰止，又何以有如此容人之雅量？竊意，根本原因即在於，先生治學一貫倡導學術創新，我清楚地記得，先生曾反覆強調，學術研究必須有所創新，一項學術成果如果缺少創新性內容，那便不是眞正的學術研究。先生之於學術創新，實爲我輩之楷模，他先後出版的《漢唐外交制度史》（蘭州大學出版社，1998 年）、《漢代外交體制研究》（商務印書館，2014年），不僅第一次將「中國古代外交制度」作爲一門獨立學科提出，而且從「體制」的層面對其進行了全面、系統而深入的理論闡釋，從而架構起中國古代外交制度史研究的學科體系（季羨林先生在《推薦書》中評介說：「過去研究中外交通史或中外文化交流史的學者頗有一些，成就亦斐然可觀．但是研究中國政府內部的外交制度者，則黎虎教授恐係第一人，所以我們不妨稱這種研究爲一門新興的學科。」）先生之學問博大精深，可謂「日日新，又日新」，

不僅僅體現於他本人一直踐行這個學術研究準則，亦表現在對吾輩弟子亦作如此要求，如今，以張金龍、王元軍二位師兄爲代表的師門弟子，有不少人已在各自學術領域獨樹一幟，或許就是對先生學術研究準則的最好詮釋，也是對如海師恩的最好報答。

學習中的嚴師，生活中的慈父，這是我從師三年的又一個切身體會。在跟隨黎先生治學的日子裏，我時時感受到先生對我的關愛，儘管都是些生活中的小事，卻讓我一生銘記。記得有一年暑假，我留在學校未回，適逢北京奇熱無比，故而不思茶飯，逐日飲啤酒一瓶以袪除酷暑。先生知道後，便專門到學生宿舍找我，認爲如此「避暑」方式不妥，勸我不可繼續如此。我還記得，先生當時建議我可用西紅柿代替啤酒，並告知學校旁邊的菜場就可以買到，新鮮西紅柿拌以白糖，既營養健康，又可袪暑。我在後來的日常生活中，尤其是炎炎夏日，經常做一道西紅柿拌白糖的涼菜，其源蓋始於此。類似這樣的小事，還有很多，儘管這些都是十多年前的往事，但每每憶及，總有昨日重現之感。可以這樣說，如果沒有先生昔日的教誨與關懷，也就沒有今天的我了。無如弟子駑鈍，迄今未能拿出讓先生滿意的學術成果，心中良多慚愧！所以，這裏首先要向業師黎虎先生表達由衷的謝意！

本書以「考釋」爲名，原因有三：一，本書所收論文的風格，以對魏晉南北朝史實、制度或文化現象之考索解釋爲主，以「考釋」爲名似較爲允當。二，相關魏晉南北朝史論著甚多，諸如「研究」、「史論」、「論叢」、「論稿」、「考論」、「史探」、「史論集」之類，凡所想到之名目，似乎都已花落人家，故不敢以之命名，以免掠美之譏。三，取法名家，當年攻讀碩士學位期間，曾隨著名歷史學家黃永年先生聽課一年，實事求是地說，我的治學方法頗受黃先生之影響。黃先生乃是我最尊崇的學者之一，先生大著《唐代史事考釋》則是我多年精心研讀的一部經典。基於以上三點，遂斗膽模仿黃先生大作名稱，將這本不成熟的冊子命名爲《魏晉南北朝史事考釋》，不敏如我，當然清楚自己在學術上距離黃先生的要求甚遠，惟恐有辱其道；同時，也希望藉此表達對黃先生的追思之情：哲人其萎，斯文猶在！

在本書編撰過程中，本擬再請業師黎虎先生賜一序文，後念及先生已屆朝杖之年，且不久之前已蒙先生賜序（《〈隋唐政治與文化研究論文集〉序言》），故未敢再次叨擾。其間，也曾考慮另請名家賜予序文，以增光寵，終因顧念勞煩他人，或強人所難，遂罷此想。從前出書，亦曾自爲序言，現在

看來，幼稚固然難免，更有爲賦新詞強說愁之感。轉念一想，還不如用已經發表過的文字代替序言，《亂世流離：魏晉南北朝的時代特色》（代序）一篇，原本是我應中國國際廣播出版社之邀，所撰《兩晉南北朝十二講》之第一講。該書出版後，臺灣《歷史月刊》曾全文轉載其中第一講和第十一講，這既出乎出版社之意料，亦非我所設想。事後我曾反思，當初寫作時，第一講確實最讓我費神，因爲沒有類似文章可資依傍，只能全憑自己構思，且因出版社將叢書定位爲可讀性書目，要求行文盡可能通俗化。而今自忖，當初對魏晉南北朝時代特色的概括，應該能夠經得起時間的檢驗，遂決定以之代充本書序言。又鑒於本書其它篇目語言表述學術色彩較濃，故收入時對其進行了適當修改，以使語言風格更趨一致。

編制本書目錄時，原本分爲上、下兩編，上編命曰「魏晉南朝篇」，下編命曰「十六國北朝篇」，然後各編再依時間先後排序。如今，因爲考慮到版面編排的原因，故不再特別標出「上編」、「下編」。又，當初這些文章發表，行文風格差異較大，兼之各刊物對注釋方式要求不盡相同，故這次集結出版，其中一項主要工作就是將注釋方式統一爲頁下注，並盡可能做到敘述風格一致。爲方便讀者查閱核對文獻，還在最後「附錄」部分，具列「參考書目暨徵引文獻」一項，參考文獻書目的編排順序，依學界慣例，先列古籍文獻（按修撰者時代先後排序），次列近人今人專著（按著作者姓名拼音排序），最後列單篇論文及未刊學位論文（按著作者姓名拼音排序）。關於本書徵引文獻，還有一點要特別指出，即所引中華書局點校本「二十四史」相關史料，對於那些標點斷句明顯有誤者，在徵引時徑按本人理解加以點斷，不再另外出注。又，本書徵引文獻，不免言及今人時賢，爲避親疏遠近之嫌，前面均不冠以「先生」字樣，而全部以「XX 氏」相稱，並非對其不敬。

寫到這裏，照例又該說些感謝的話了。我看過很多著作，「後記」中似乎幾無例外都有這一項。沉思默念，其中究竟有多少眞心誠意的話呢？至少那些所謂感謝領導一類的諛辭，就很可能言不由衷。那麼，有沒有需要眞心感謝的人呢？當然有。首先，要感謝我的妻子賀春燕女士，結婚十八年來，與我可謂相濡以沫，不僅對我一向寬容理解，伴我共同應對生活中的風雨，且從不在物質方面苛求於我。有妻若此，夫復何求！其次，還要向臺島花木蘭文化出版社致以由衷的感謝，拙撰得以忝列出版規劃，倍感榮耀，謹向高小娟社長、楊嘉樂博士、許郁翎編輯及其它所有編校人員，表達深深的敬意和

衷心的感謝！復次，要感謝揚州大學圖書館文史研究室的尹一雋、姚海英、
吳庭宏、趙宣、朱青五位老師，他（她）們的工作崗位都很平凡，所提供的
服務卻十分周到，不僅對我所需之圖書資料，不厭其煩地幫忙查找，而且總
是準備好飲用開水，讓包括筆者在內的每一位讀者，能夠在口渴的時候不致
惶惶。謹此向他（她）們表示誠摯的謝意！最後，謹向所有眞正給予我關心、
幫助的朋友們，致以眞誠的感謝！

李文才　2015 年夏於揚州瘦西湖畔玄素閣